会走路的钱

（下）

（简体大字版）

MONEY WALKS

(PART II)

（Large Print）

Money Walks (Part II)

会走路的钱 （下）

A true story of an average income family that has made

ten million dollars in ten years through investments...

普通家庭十年一千万美元理财实录

Bayfamily

贝版

旧金山，加利福尼亚州，美国

San Francisco, California，USA

2020

Money walks: A true story of an average income family that has made ten million dollars in ten years through investments...

First Printing: Jan 2020

ISBN 978-1-79486-219-7

Total number of Chinese characters： 161,978 (Part II)

Proofread and Editing: Hong Hong, Amy Bai, HenryMa

Publisher is identified as the owner of the email address bayfamily2020@gmail.com

San Francisco, California, USA

The author and the owner of this book can be reach at bayfamily2020@gmail.com

Author's blog is https://blog.wenxuecity.com/myoverview/23244/

Author's WeChat ID is: key-east

Author's WeChat Public Channel: WXC-Bayfamily

献给我的家人

To my family

目录

The author, Bayfamily, was the forum moderator of Investment BBS on Wenxuecity.com, a popular Chinese American social website. Since 2005, he has published a series of blogs on investment and personal finance, and he has attracted millions of page viewers. In 2006, he posted a blog on this investment forum about his goal to make ten million dollars in ten years by investing. He named his plan "Ten Million in Ten Years Investment Plan for an Average Income Family." Since then, he has published his investment activities and financial records every year for 11 years, and eventually he achieved his goal and made ten million in 2018; a total of eleven and a half years, which is a bit longer than the planned 10 years. This book is a memoir and a record of his efforts to fulfill his ten-million-dollar goal. The book includes details of all of his investment activities, how he prepared himself, how he accumulated capital, how he found investment opportunities, and most importantly, the failures and hard lessons learned throughout the process.

Bayfamily came to the US in 1997 with only 200 dollars in his pocket as a PhD student in engineering. With his student stipend and interning income, he saved up ten thousand dollars in two years. Afterwards, he moved to the San Francisco Bay Area where he and his family only earned the average income. However, they made their first one hundred thousand in two years, and one million dollars in six years, all though saving and investments. This book is organized in four sections to describe this investment history: from zero to ten thousand dollars, ten thousand to a hundred thousand dollars, a hundred thousand to a million dollars, and finally, from a million to ten million dollars. The wealth accumulated in each section is one level of magnate higher than before.

After the 2008 financial crisis, Bayfamily graduated from a top MBA in the US and worked in a famous investment bank. During the last ten years, most of his wealth has accumulated through three investment activities: investing in the real estate market in China, purchasing Bay Area real estate at the market downturn in 2010, and holding Bitcoin since 2016.

Under his "Money Walks" theory, a good investor should understand their own personality first before investing, whether they are a "lazy man" or a "diligent man". In an efficient competitive market, investors should use the "lazy man" investment strategy; in an inefficient competitive market, they should use the "diligent man" investment strategy. In terms of saving, Bayfamily believes diligent work and a simple life are virtues. An extravagant and exorbitant lifestyle is wasteful. People can always save one third of their money, no matter what income level. This is simply because those who earn one third less than you are still living with a similar quality of life.

On his first day in the US, he was taught five simple rules on personal finance, which was passed down by generations of new Chinese Americans immigrants. The rules of saving money are: keep a good credit score, avoid loans and excessive consumption, avoid legal disputes, fix and repair stuff yourself, and stay fit and healthy. This book "Money Walks" uses the author's own life experiences as an example to describe all these rules and principles.

摘要

钱是会走路的，即使你把钱压在箱子里，抱在被窝里，换成金银股票放在保险柜里，都挡不住钱会像长脚一样走来走去。投资理财，就是要专找那些别人看不见，正在走路的钱。

BAYFAMILY(贝版）曾是北美文学城投资理财论坛的版主，从 2006 年开始陆陆续续发表投资理财的博客文章，累计阅读人数超过数百万。贝版 2006 年因为提出"普通家庭十年一千万美元理财计划"而引发热议，该计划于 2018 年最终实现。本书用纪实的方式记录了贝版实现该投资计划的每一步细节，涵盖他对市场趋势的判断，积累资本的方式，和每一笔投资交易的细节与心态历程，当然也包括众多失败的经验教训。全文按照 0-1 万，1 万-10 万，10 万-100 万，100 万-1000 万美元四个数量级的增长历程，把他投资的经历原汁原味地呈现给读者。

贝版记录了美国老中代代传下来的五条理财真经：提高信用分数、避免超前消费、开二手车、亲自维修、不打官司多运动。这本书现身说法证明你总是可以存三分之一的收入的，因为那些比你少挣三分之一的人的生活质量不比你差很多。这世上，没有人可能比你自己对自己的钱更加上心，不要指望任何人能够管好你的钱。

2007-2018 年投资理财贝版做了三件事：投资中国房地产，次贷危机湾区抄底，持有比特币。贝版投资的核心理念就是"会走路的钱"。在充分效率的市场，用懒人投资法；在非充分效率的市场，用勤快人投资法。投资要跟着屌丝年轻人走，你只需要比新钱抢先一步，永远不要和旧钱拼体力。

本书为全文的下册。记录了从 1,000,000 美元到 10,000,000 美元财富的成长历史，以及投资心得。

第九章 投资不是为了退休

01 为退休而投资是令人丧气的

在美国绝大多数时候投资理财通常和退休挂在一起。我在美国第一次接触到投资的入门读物，也是教你怎么投资退休的。然而我觉得为退休而投资，这是一个最无聊、最无趣、最让人丧气、最让人失去奋斗精神的理由。

为退休而理财就好比中国旧社会常说的"人活着一辈子就是为了攒棺材板钱"一样。你在年轻的时候存一些钱，这样你死了之后可以给自己买一个金丝楠木的好棺材。如果你没钱，可能就是草席子卷一卷就被埋掉了。

全世界几乎没有哪个地方像美国这样对着年轻人天天宣传退休的思想了。20多岁的中国年轻人，几乎都没有像美国人这样想着退休。当美国年轻人每个月忙着数自己 401K 的 nest egg（金蛋）有多大的时候，太平洋对面的中国人在四处盘算着哪里去开个公司，怎样赚钱，商业模式是什么。美国社会把提早退休作为梦想的宣传，让整个国家失去了锐气。

年轻人很难接受为退休而理财这样的想法，这样的想法也很容易被"活在当下"这样的口号所推翻。退休都七老八十了，走也走不动，跑也跑不动，要那么多钱干什么？因为舆论宣传上把退休和投资挂钩在一起，所以很多年轻人压根不想着投资的事情，吃光用尽再说。

如果你赘述人类历史，甚至不用回到古代的人类历史，看一看其他国家的文化，一般都没有人是为了退休攒钱去投资的。农业社会养老问题是通过家庭内部解决的。中国叫作养儿防老。也就是说多生一些子女，为了自己养老做准备。等你老了，孩子会照顾你。

其实为了退休你不需要多少资产。因为退休之后通常你有 social security（社保），或者有 pension（年金）。更主要的是你的开支降了下来，你不再抚养孩子，你的房子也基本付清了；你身材走样了，你对衣服和穿戴失去了兴趣；你甚至对这个世界失去了探索的兴趣，不再热衷于旅行。你的生活没有那么多的开支，因为你也不必生活在物价高昂的城市中心或者是学区房里，可以选择住在廉价的远郊。

很多人梦想着六十几岁刚退休的时候，就去周游世界。但是旅行很快就会变得索然无味。因为旅行的意义是时空变幻。就像你在房间里待久了，要出去走走透透气一样。但是如果让你一直长时间地生活在户外，大部分人是受不了的。老了之后的长期旅行也是一样，会让人觉得又无聊，又不适应。走遍千山万水，还是自己的家好。等你过了 70 岁手脚不灵便的时候，大部分人选择不再出门旅行。

你可能说如果我不旅行，我有钱可以吃好穿好住好吧？其实年纪大的人，真是无法吃好，无法穿好。自己不能像年轻的时候那样随意地放纵自己，大口吃肉，大碗喝酒，你需要顾及自己身体的健康和饮食的平衡。穿好就更是一个笑话，因为你身体渐渐走形，地心引力把你连皮带肉一起往下拉，你会觉得穿什么样的衣服都不得劲儿。最后的选择都是以宽松为主的松紧带衣服。住好也是一句空话。因为老人无法管理好太大面积的房子。而一些适合老人休闲疗养的地方，总的来说要比市中心好学区住房要便宜一些。

如果你理性地想想，只要你保持和退休前近似的生活方式，退休的时候，你需要的金钱其实并不多。大部分退休前攒了很多钱的人，他们最终都没有能力把自己的钱花完。而老人最需要的亲情、亲人的陪伴和子孙同堂的快乐，往往又是和金钱的多少没有太大关系的。

年轻人如果是抱着为退休而投资这样的想法，往往容易失去对投资的热情。他们经常想这些钱也许已经够养老了，养老的钱已经够了，我又何必努力存钱和投资呢？

但是为什么偏偏美国把投资和退休两件事情绑定在一起呢？你问问所有的人，打开所有的财经杂志，都是说你退休之后的金蛋有多少，你攒够了吗？

我觉得主要原因还是来自税法和华尔街的原因。退休基金401K 和华尔街的利益有非常密切的关系。是华尔街推动了税法改革，生出了 401K 这样的怪胎，逼着大家把辛辛苦苦挣来的钱给华尔街管理，让他们挣钱。

既然投资不是为了退休，那年轻的时候你好好地工作，我们为什么要去投资呢？为什么不能保持吃光用尽的状态，有一天过一天呢？

其实投资理财有远远比退休更加高尚和激动人心的理由。那个理由就是为我们拥有更多的财富而投资，为我们的自由而投资，为我们能有更多选择而投资。

02 为自由而投资

钱不是万能的，但没有钱的的确确会寸步难行。在职场上竞争非常激烈，当你年轻的时候，你只需要出卖自己的劳动力就可以了。我说的劳动力不仅仅是体力，也可以是智力和脑力。但是随着你年龄一点点的地上涨，等到中年的时候，你会发现你在这个世界上的竞争力会渐渐下降。

　　无论是你从事体力工作的，还是从事智力工作的，无论你是蓝领阶层还是白领阶层，甚至不论你是前台的秘书，还是一个算法工程师程序员，你会发现所有的雇主都喜欢年轻人，因为年轻人学习新知识速度快，负担和牢骚少，而且没有那么多坏习惯。

　　我自己也做过雇主。对于雇主而言，最喜欢雇佣的人是工作了 3~5 年的人。这样的人有一些经验，你不需要从头训练。对于雇主而言，大部分应聘者工作经验在 5 年以上的，就没有太大区别。但是有 10 年工作经验的人的工资要大大超过有 5 年工作经验的人。

　　这点是我 90 年代还在中国的时候就观察到的现象。在中国以前的国企从来都是论资排辈的，你年龄越大资历越高，收入也就越高。所以让每个人都觉得自己只要在一个企业一年年地熬下去，生活就会越来越好，越来越有奔头。

　　改革开放之后，外企进入中国，颠覆了很多人在这方面的思考。我们大学毕业之后，有的同学直接去了外企，过了几年他们被提升为项目经理或者是部门一个小小的主管。他们有的时候手下会管一些年龄比他们大的人。而当这些小小的主管在聘用新人的时候，他们基本上的一个原则就是不会雇佣比他们年龄再大的人，或者比他们经验更丰富的人。

　　我们换位思考一下，如果你是一个30岁的主管，你愿意雇30岁以下的人呢，还是 30 岁以上的人？除非有一些特别技能的需求，你肯定愿意雇佣比你更年轻的人，因为你指挥得动他们。哪怕他们年轻经验少，你也更愿意花钱培训他们，而不愿意去雇佣那些有可能在你面前倚老卖老的人，比你年纪更大的人。

　　总的来说随着年龄的增长，雇员在市场上的竞争力是逐步下降的。你可能说我在公司勤奋努力，我独当一面，做个经理当个主管，这样总可以了吧。也许我的脑力和我的体力不如年轻人，但是我有丰富的管理经验，我懂得如何和人相处，我还知道如何管理一个项目的进度，对公司内部流程熟悉，知道如何调配各方面的资源，按时准确地完成一项任务。

非常可惜地告诉你，在一个企业里，即使你一层层地升了上去，但是随着你的职务越高，你的竞争优势也是同步在下降的。并不是你的管理能力变差，而是需要的职位变得越来越少。

一个公司可能需要 10 个入门级别的工作、2 个中层、一个更高级的主管。那么这 10 个入门级别工作的人，最终他们都去哪儿了呢？因为主管只有一个，那剩下的 9 个人随着时间的推移，都去哪里了？

当然整个社会经济在发展，公司在增多。但是人口总量其实没有什么太多的变化。那 10 个入门级别的职位的人，有 9 个其实被淘汰掉了。大部分公司选择的方案都是 5 年内，你或者升职上去或者被淘汰掉。

被淘汰掉的，往往是离开这个公司，继续做入门级别的工作。或者他们继续做那些本质上是入门级别的工作，但是为了好看前面加了一个 senior（高级）标签的。那随着时间推移，他们一天天地变老，在这个层次上的竞争力就会越来越差。当你过了四十几岁的时候，你就会惶惶不可终日，即使你还能保住最底层的工作，你也会发现你的重要性越来越低，学习能力越来越差，一有风吹草动，你就浑身紧张。

竞争可能是来自公司内部的，也可能是来自公司外部的。毕竟谁也不想永远做最底层的工作，谁都有生存的压力。即使你在一个公司里表现出色，升了主管，并且常年政治正确，跟对了领导，甚至还需要团队一起努力保住自己主管的饭碗。但是当公司整合或者公司被出售的时候，整个团队就不一定能够保住了。而这一切又完全不是你和你的工友通过努力就能够把握的事情。

一个失业的中年主管，除非是他主动跳槽，如果是被动裁员，其实很难一下子找到另外一个主管的职务。因为每一个主管的职务都被很多入门级别的人虎视眈眈地盯着。为了保证自己能够在职场位于不败之地，于是每个人只能拼命地混圈子。Networking（混圈子）对于有些人可能容易，但是对于大部分美国的老中是一个痛苦的事情。你总有一种要凑上去，人家又不带你玩儿的感觉。在硅谷你经常会听见老中嫉妒老印管理层爬得快，其实是我们老中在美国不擅长混圈子。

03 不堪的中年人

我博士毕业后的第一份工作才干了几个月，就活生生看到一个案例，结结实实地给我上了一课。我刚刚到湾区不久，互联网泡沫的经济危机风暴就如期而至。一开始还只是股市剧烈下跌人心惶惶，但是就业市场还好，并没有出现大规模的裁员潮。

大约过了一年之后，就业市场开始变得特别地糟糕。911之后就业市场简直是到了冰点。有一次，我对面办公室来了一个客人。说他是客人，其实是我们同一个单位的同事，只是另外一个部门的。他当时应该有50多岁，也是一个中国人，虽然我们平时很少说话，但是我知道他是从大陆来的中国人。

这个老兄不知道为什么对中国带着特别的仇恨，大概是因为父辈在当年"文革"反右时代受到过迫害。他性格也不是特别的合群，很少跟我们老中交往，也从来不和我们说中文，张嘴都是英文和我们交流。在美国生活久了，你经常会碰到这样一批人，他们出于各种原因，好像恨不得要忘记身上中国的一切，断绝和中国的一切关系，要把中国在他们身上的痕迹都抹掉。

不过没有关系，每个人有自己的世界观，有自己的想法，我还是很尊重他的。经常还和他一起吃饭聊天。听他说说办公室里的八卦故事。

但是那天，他与我对面的主管几乎用一种哀求的方式在说话。他工作的那个部门因为经费的原因被砍掉了，他需要在企业内部找到一份工作，否则只能被裁员回家。

我们部门还好，最近刚刚接到一个比较大的项目，需要一些人手。而坐在我对面的就是我这个部门的主管。他还相对年轻，那个时候还处在事业的上升期。

这位不说中文的老中开始自我介绍。说明他们部门的不幸以及为何他原有的主管推荐他到这里来碰碰运气，看看有没有工作机会的来龙去脉。接着他就开始述说自己的工作能力，他的编程能力以及他做过的很多项目。

我没有参与他们的讨论，只是在远处静静地听着。一个已经在职场上混了二十多年的中年人面对一个比他年轻将近十多岁人，低声下气地说话请求他的帮助，那感觉就像是沿街吆喝着出卖体力的下岗工人。当年中国有大量工人下岗的时候，不少人在街上举个牌子写着"泥瓦工"、"电工"之类的招牌找工作。当然最惨的就是那些举着"力工"招牌的人。也就是他有力气，其他什么技能也没有。或者是他有各种技能，但是他对工作也不挑，只要给口饭吃他就干。

一开始这位老兄说得还没有那么惨，只是介绍一下自己，当然脸上带着讨好的口气。但是那个主管似乎不知道什么原因对他的自我介绍不是很感冒，或者主管在忙着其他什么事情，无暇顾及这个事情。主管回答的言语里闪烁着一些犹豫。大概意思是他会认真思考一下，过几天之后再给我们这个老中一个准确的答复。当然明眼人都知道，这是一种婉拒。就像在商店里购买东西的时候，你对售货员说你再看看一样。多半你是不会再回头的。

我们这位老中可能是吃过类似委婉的闭门羹。他离开主管的办公室，在走廊里走了十几步之后，又重新回到那个主管的门前。这次简直是用哀求的口气在和他说话。

他说他有两个孩子，都已经在上大学，所以他的 situation（处境）变得非常的 critical（严峻）。只要再熬过这两三年，孩子大学毕业就好了。眼下这份收入对他和他的家庭很重要。虽然他说话的时候总体上还是有尊严和体面的。但我也能感到他硬着头皮说话，难过得快要哭出来一样。像我小时候申请减免学费一样的尴尬。

后来我望着他远去的背影，发了一会儿呆，仿佛可以想象自己的未来。如果我和他一样，这样稀里糊涂地混到中年，每天过着吃光用尽的日子，有点风吹草动，也免不了要找人摇尾乞怜。我坚定地给自己下了决心，这样的日子我可不要过。

04 财富会给你带来自由

另外一个给我上一课的人是一个香港同胞。我们单位的宣传部门里有一个香港移民负责做各种海报和网站的美工。他比较早就到美国来，应该是 70 年代的移民。他经常和我一起吃中午饭。他的普通话说得不是很好，他用半生不熟的普通话和夹着英语的中文，和我闲聊一些私人的话题。

当时我刚刚工作不久，一次他语重心长地对我说，买房子千万不要申请 30 年的贷款，而是要申请 15 年的贷款，最好是 10 年的。我不是特别明白，因为在我的投资理念里，低息贷款总是时间越长越好，这样通货膨胀可以抵消掉一部分本金。我就问他为什么？

他说 30 年太长了，你很难有一个 30 年稳定的工作。年轻的时候咬咬牙，15 年也就付清了。而 15 年贷款比 30 年贷款每个月并不是多付一倍，只高 30%的样子。这些钱如果你不用来付贷款，稀里糊涂也就花掉了。咬咬牙十五年付清了，就不用为每天的工作提心吊胆的。

后来我才知道他工作得不开心，他和他的上司、同事相处得并不愉快。但是他一直选择忍让。他忍的一个原因，就是因为他的房贷还没有还清。如果他选择不忍，和同事与上级直接爆发冲突，有可能他就需要辞职或者离职。失去工作，没了收入，延误了贷款，银行就会收回他的房子，把他清扫到大街上去。他的忍让可不是一天两天，他在这个岗位差不多工作了将近 20 年，也就是说他可能也忍了这么多年。我在工作单位几乎就没见到他笑过一次，他总是没精打采地哀叹着，各种抱怨。随着时间的消逝，越来越没有勇气辞职到外面的世界去看一看。

所以他反复说，他最后悔的事情，就是年轻的时候没有对自己稍微狠一点。稍微节省一些，贷款做成 15 年的，而不是 30 年的，也许他现在房子就付清了。在美国一线城市里，房子付清了他就可以实现财务自由了，不用再看上下级的脸色行事。

"自由"。是的，就是这两个字。早日拥有选择自己生活的自由，其实才是投资理财的第一目标。

哪个人不渴望自由呢？无论是中国还是美国。美国人民热爱自由，而中国人民又何尝不是呢。美国宣传自己是世界自由的明灯，而中国天天宣传的核心价值观里也赫然写着"自由"两个大字。

政治自由跟普通人其实没有特别大的关系。但是不知道怎么的，人们像着了魔一样为之付出巨大的热情。其实和你真正息息相关的是你自己的财务自由，生活选择的自由。这个比喻就好比钓鱼岛跟你没有什么特别大的关系一样，因为那是一个远在天涯海角的海岛，改革开放之前大部分中国人都不知道有这个地方。而你自己的住房有多大，工资有多高，这才是和你息息相关的东西。可惜人们不为自己的住房去游行示威。一被鼓动，大家会为了和他们没太大关系的钓鱼岛满腔热情，操碎了心。

投资理财对我来说最大的动力就是自由。拥有财务的自由，才会拥有生活的自由。拥有生活的自由，才会拥有选择的自由，拥有选择的自由，才会拥有思想的自由。

我不必去看别人的眼色行事。我工作不开心了，我可以直接和我的上司顶撞，不用担心失去这份工作。我不用特别担心这个季度或者下个季度的业绩，我也不用担心自己是不是在公司里负责核心业务，更不用钩心斗角抢任务，以避免在公司里被边缘化。我可以凭着自己的喜好而不是外在的压力工作。我拿一份工资，所以我 9 点钟来，下午 5 点走。我可以更好地平衡自己的生活和工作。社会大的经济环境有变化，经济危机来的时候，我也不用夹着尾巴做人，浑身紧张。

没有一定的物质财富，人要活得憋屈一些。这些还是次要的，大丈夫能屈能伸，一时的委屈，一时的忍让也算不了什么。更关键的是心灵的自由和思想的自由。

我们每个人来到这个世界上，并不是为了朝九晚五每天坐在办公室里，也不是为了参加冗长、低效、无趣的会议的。生命只有一次，你的每一分钟逝去之后，就再也没有了。我们最渴望的就是做自己喜欢做的事情。也许你喜欢读书，喜欢写书；也许你喜欢绘画，喜欢舞蹈；也许你喜欢鼓捣发明创造，喜欢创业。

总的来说，在你实现财务自由之前，大部分情况下，这些兴趣业余爱好都只能是业余的。你没有办法全身心地做你真正想做的事情。所以你也没有办法探索自己内心的渴望。到底那些梦想是不是自己最想做的事情，还是只是因为得不到而形成的短暂好奇。

比如，也许你觉得你有绘画的天赋，但是因为你不可能全职地投入去进行绘画，所以你永远不知道，会不会成为下一个梵高。再比如你想做一个职业的旅行者，做一个伟大的探险家，像日本探险家植村直己一样勇敢地去漂流亚马逊河，写下伟大的游记。可是因为你还要养家糊口，你有很多责任，所以你做不到像他一样去探险。那些你儿时的美梦，就只能永远地停留在你的梦想里。

我们每个人生下来都和所有人不同，即使我们是同卵孪生。我们也不希望和别人过一模一样的生活。生命只有一次，我们内心深处都渴望这一次生命过得与众不同，过得光辉璀璨。没人喜欢被金钱奴役和驱使着做单调无聊的重复工作。

我想相当一部分的中年人可能都听说过，或者读过那部以画家高更为原型的小说《月亮与六便士》。很多人都可以理解那种对自由的渴望，但是大部分人做不到那个画家那样的决绝，抛弃一切的物质生活去追求自己的理想，追求自己的自由。做不到的原因，还是因为他们没有实现物质上的自由。

有了一定的物质基础，我们就可以按照自己的喜好选择自己的职业。我们可以去做那些我们认为有乐趣、有意义、但是收入不高的工作。当然重要的前提条件是你必须在你还年轻的时候就要做到有一定的物质基础。等到你都七老八十了，快退休了才有一定的物质基础，那个时候什么都晚了。你的一辈子都过去了。所以关键是不但要有钱，而且还要在还年轻的时候有钱。

就像那些搞物理的人，不但要拿诺贝尔奖。而且要在年轻的时候拿诺贝尔奖，不然荣誉的光环照耀不了你几天。

你可能会说，我这个行业是越老越吃香的，我也特别喜欢我这个行业，我热爱我的工作，我的事业蒸蒸日上，所以没有必要投资理财。我可以举个例子来反驳你：越老越吃香，工作稳定的职业之一就是拿到终身教职的大学教授们。大学教授们和中医老先生一样，越老在学术圈的地位越高，在行业的影响力越大。圈子里有自己教过的学生，有曾经的同事，门徒等等，越老的老教授在学术界的地位越高，他们也就越光芒四射。

可是就算这样的职业，当你获得财务自由之后，你能够做的事情也会多得多。我认识一个从麻省理工学院退休下来的教授。其实他还没到退休年龄，完全可以再干几年，很多学校都抢着聘他干下去。但是他选择了退休，是因为他不必烦恼学校的各种约束，比如发表一定数量的论文，争取一定的科研项目经费。

这位麻省的教授选择退下来，是因为他有一个做得比较成功的公司，赚了一笔钱。所以他退休出来，不再需要花时间申请项目经费，写灌水文章，而是自己花钱来做科研。这样他可以把自己生命中有限的余下的还有创造力的十几年用在真正解决问题上。

财务自由给人带来的好处不是在沙滩上无聊地闲荡。财务自由对你的事业也是有帮助的。你可以一门心思做自己最想做的事情。财务自由对每一个人都很重要，无论你是蓝领、白领，用体力劳动的还是用智力劳动的。钱把社会的各个部分联系在一起，这样可以实现大规模的合作。我不否认这个贡献。很多时候人是有惰性的，在没有金钱的压力的时候，很多人可能选择懒惰。可是金钱的压力也的确让人失去心灵的自由和创造力。

我觉得我自己不是一个特别懒惰的人，我不会因为有钱就躺在沙发上，每天看看电视。混吃等死的日子无聊透顶。我有我自己的梦想，无论是在自己的事业上还是自己的生活中。人们的这些梦想，这些计划统统可以归结为一句就是自我实现。

马斯洛（Abraham Maslow）的人的需求理论，可能你也听说过。人的需求分几个层级，最下面的是安全，中间是食物温暖，人和人之间的感情，再上面是权力等等，最上面一层的就是自我实现。

这个金字塔很容易理解。它是把各类需要按照金字塔形状来描述。上级的实现必须依赖下一级的实现。如果你没有满足安全的需求，有再多的钱，也没有幸福感可言。比如你是黑社会的老大，靠贩毒挣了很多钱，但是因为你随时会被追杀，你并不会因为拥有这些钱而拥有比常人更多的幸福感。

如果你在缺乏最基本的物质保障，缺乏财务自由的时候，就去追求自我实现，你也一样没有幸福感。因为你会担心如果自我实现没有成功，就会从金字塔的上头一路跌落下来。

人的一生可能唯一有意义的事情就是自我快乐。古希腊人伊壁鸠鲁在数千年前就想明白了这个道理。对于不信宗教的人来说，人既没有来生，也没有来世。我们只是世界上的一些原子出于偶然原因结合在一起。当生命逝去的时候，这些原子也会重新分散在大自然中去集合下一个生命。在这个短暂的集合中，我们唯一能获取的就是快乐。

快乐的最高等级就是自我实现。一个例子就是各种政治大人物，他们每天忙碌的主要目的其实是自我实现。他已经不愁吃，不愁穿，但是为什么还要每天忙国家大事呢？因为人们内心深处渴望自我实现。

其中一个例子就是特朗普总统，虽然我和很多人一样不喜欢他。他本可以过着逍遥的日子，搂着模特嫩妻，在庄园别墅里闲逛。但为什么要吃力不讨好地去竞选这个总统，然后每天被人骂呢？因为他要自我实现。

比较一下你会发现历史上的中国政治人物基本上都是在安全、以及基本的财务自由没有实现的时候，就去追求自我实现。那个自我实现是不靠谱的幻影。随时他都有可能因为政治失败而变得一无所有，轰隆隆地掉到金字塔的最下层。

而特朗普则不一样，他即使自我实现失败了，也许没有连任总统，也许在总统期间被弹劾了，但是他依旧可以退而求其次，回到金字塔的中间过着富足无忧的生活。

大家觉得美国的政治系统总体而言比世界其他国家的专制制度稍好一些，或者说人们在选择政客的时候，更愿意选择那些已经有了财务自由的政客。因为财务实现自由的人，从政的目的可能相对更单纯一些，或者是为了证明自己的理论是对的，或者是为了实现某一种理念，或者仅仅出于单纯地想帮助他人。而一个不名一文的人成为政客，选民对他会天然地感到警惕。

05 财富的负面影响

李敖说过一句话我印象很深，而且我觉得他说的也很有道理。他说一个人如果想做一点事情的话，是需要有点小钱的。他劝每一个要从政和打算追逐自己理想的人，先赚点钱再说。

李敖说人一天都不可能撇开物质上的需求。哪怕你没有物质的需求，甚至你可以撇开你的伴侣，你的父母，但是绝大多数人是无法撇开对孩子的责任的。所以哪怕你想出家做和尚，你也需要有些小钱，这样可以安置好自己的亲人。

大部分工作、大部分职业一旦变成了挣钱的工具，就会变得特别无聊而且无趣。在我看来，最主要的原因是因为大部分挣钱的职业都要求从业者有比较高的综合素质。你不但要聪明，而且要情商高。不但会说，而且还要会写。不但要学会管理自己的情绪，还要去学会引导别人的情绪。

比如，如果你是一个非常聪明的人，当你事业稍稍有成的时候，你多多少少需要做些管理工作。而管理工作就不免要和各种各样的人打交道。智商发达的人往往情商会偏差一点，很多烦恼都是在与人打交道中生成的。反过来，如果你是一个特别喜欢跟人打交道的人，你的情商很高，但是你的智商往往有限。这样的情况下，你又难于胜任非常具体的工作。

所以一个十全十美的工作，一个自己非常热爱的、又有稳定回报的又非常符合自己性格特点的工作，简直和老印开中餐馆一样稀少。理论上成立，现实中很少。至少我可以说大部分人找不到。我看到的是更多的中年人在小心谨慎地熬日子，工作只为挣钱。

当然，人的欲望是无穷的。对于钱的欲望也是无穷无尽的。最好的办法还是控制自己的欲望。对金钱没有休止的欲望也是会毁掉一个人的幸福和快乐的。最好的状况还是有一点钱，享受财富给你带来的自由状态。太多的钱不会给人带来更多的快乐，反而会成为你生活和生命中的负担。

比如，没有人会喜欢与比他们高一个财富等级或者社会等级的人交往。大家总体上是喜欢跟他们同一个社会阶层的人来往。你最真心最亲密的朋友也往往来自同一个社会阶层。

所以当你有钱之后，你就会发现你比普通人可能要更加孤独一些。不是说你认识的人少，你认识的人可能还多了，或者更多的人认识你了。但是你能记住的人就那么多，当你变得有钱之后，能够和你或者你能够跟他无所不谈的人，会渐渐变得稀少。因为世界上还是穷人多。

有钱之后，你自己的心态也会发生改变。尤其是你知道"别人知道你有钱"之后。如果只是你自己知道你有钱，问题还没有那么复杂。别人知道你有钱之后，而且是你知道"别人知道你有钱"之后，你就会忍不住猜疑和防范着别人。这是一个很复杂而且绕口的逻辑。但是似乎千百年来，很多富人都明白这个逻辑。大部分富人选择低调和隐藏，也是出于同样的考虑。

太多的金钱，会让本来比较亲密的朋友变得疏远。会让你对每个陌生人带着格外的戒心。钱能够给人带来便利，因为你通过钱可以控制更多的资源。但是管理钱本身也是一个麻烦的事情。比如，你能够看到有钱的家族，他们花很多的精力在财产的分配上。亲人之间会因为遗产和公司的控制权弄得不愉快。中国古代有句老话叫作皇帝之家无父子。财富和权力类似，都会侵蚀人心，让亲人为了继承或者管理权打得不可开交。

也许我受中庸之道的影响，我感觉如果你想获得钱给你最大的快乐，应该是小富即安的状态。常言道，能力有多大责任就有多大。当你拥有更多的财富的时候，你就会忍不住去承担更多的社会责任。当然这没有什么不好的，本来富人就应该承担更多的社会责任。比如比尔·盖茨先生把他绝大部分的时间花在各种慈善计划上，把他手中的钱花出去，为社会谋取更大的福利。所以如果你想成为钱的主人而不是钱的奴隶的话，最好不要拥有太多的钱。

2006 年的时候，我综合考量了这些问题。觉得给自己定一个不大不小的目标更加合适一点。但是具体定多少为目标呢？我又怎样能激励自己的斗志去实现这个目标呢？这个时候，我不得不搬出"理想"这个魔幻工具了。

第十章 为追求财富正名

01 理想是提高执行力的灵丹妙药

为什么要投资？因为我要有钱。为什么要有钱？因为那是我的理想！

理想和信念的力量是巨大的。树立理想和信念最好的办法就是说服自己。说服自己，才能说服整个世界。如果一个人真心想做成什么事，上帝都会跑过来帮助你。人世间有些人能够做成一些事情，有些人做不成一些事情。很大的一个因素就是你是否真心地说服自己，让自己充满热情和决心去做成这件事。

你管这个说服自己的过程叫作洗脑也好，叫作树立志向也好，这些都不重要，最主要的是给自己形成一个明确的决心和目标。

那些有宗教情节的人，往往可以做成更大的事情。那些为理想而奋斗的人，最终他们的目标往往都可以奋斗成功。没有理想，没有目标，没有坚定意志的人，很容易一时兴起，三天打鱼，两天晒网。过了几天，碰到一些困难，他们就会给自己找出很多理由。

当大自然剥夺人类爬行能力的时候，又给了他一个行走的拐杖，那个拐杖就是理想。没有理想的人就像一艘无舵的孤舟，终将被大海吞没。不肯为理想奋斗的人，就像黑夜里的流星，不知会陨落何方。

投资理财也是一样，一类是有理想的人知道自己为什么要投资理财，为什么不是过一天算一天收支平衡即可。另外一类人只是简单地喜欢财富带来的快乐，财富能让他们消费更多的东西。他们并没有认真地把投资理财变成自己的理想。他们只是为了更好的生活，或者是退休的时候拥有更多的钱。

然而，如果投资理财只是为了吃吃喝喝，为了获得更多的财富从而享受更好的生活。那么无论是你在存钱的过程中，还是在投资过程中当面对困难的时候，你就会不断地给自己打退堂鼓。你会对自己说我又何必呢，我投资也好，赚钱也好，不就是为了更好的生活吗？那么我又何必让自己现在这么焦虑呢，不如现在不用想那些烦人的操心事了。

就投资理财而言，真正肉体上的痛苦很少，大部分是精神上的负担造成的痛苦。当年做出投资决定的时候，需要你用精明的头脑判断出未来的风险。但是当面临风险的时候，人们总是害怕，因为风险给人带来很多不愉快。比如你出 100 万美元去买一个商铺，那时你就会心里忐忑不安。如果只是为了贪图财富和享乐而进行投资，你很快就会质疑自己是不是一个正确的决定。为什么要让自己这样心惊肉跳呢？为什么不太太平平地过日子，过好每一天活在当下每一天呢？

"活在当下"这是一句特别流行的话。人们的大脑大部分时候并不理性的思考，而是被语言中的一些修辞所左右。修辞能够影响我们的情感，可是修辞并不会给我们带来最大的收益。

我自己的感受是这些类似"活在当下"的心灵鸡汤、口号、修辞是用于宽慰我们的，但是不能用来指导我们的行为。行为是需要用理性逻辑指导的。鸡汤和口号是当我们遇到不顺，我们心灵不愉快的时候，可以用这些话来舒缓一下自己的。这些口号只是安慰剂。未来固然有很多不确定性，但是如果你现在压根不计划，光想着这一分钟、这一秒钟的感受，然后高呼口号"活在当下"，那是不智的。

投资理财领域，如果有什么口号能激励我们斗志的话。那就是"人生如逆水行舟，不进则退，人无远虑，必有近忧"。

02 消除负罪感

有人对拥有财富有一些本能的负罪感。与人为善的本能几乎是与生俱来的。损人利己的事情，很难长期激发人的热情。钱多有负罪感是不对的。你拥有的财富越多，你对社会的贡献也就越大。只要你这笔财富不是靠坑蒙拐骗用暴力获得的，或者用非法手段获得的。你每创造一块钱，每拥有一块钱，就为社会创造了远大于一块钱的财富。

社会并不是一个零和游戏，并不是说你拥有一块钱，别人就少了一块钱。但是无论是东方还是西方，无论是古代还是现在，无论是宗教还是现代的人文道理，大家经常给普通民众灌输的一个思想，就是获得更多的财富是一个邪恶的事情。

他们看到了事情的一面，感觉这个世界财富就是从一个人口袋到另外一个人口袋的过程。我多了，其他人就少了。但是没意识到每一个获得财富的人其实都在创造财富，哪怕你获得这个财富的过程并不是现实的生产实物。

实物生产固然重要，但是非实物生产也是在整个流通过程中创造了财富。比如商人在商品交易的过程中实现了财富的增长。投资人购买股票，把资金直接交给公司的生产者，当公司生产出商品，发放工资的时候，购买股票的人也获得了财富。

并不是只有在工厂或者在农田里干活的人在创造财富。华尔街也可以创造财富。你炒股赢了的时候，说明你协助了社会资源的合理分配。你赢的这部分是促成社会资源合理分配，创造出来的财富的一部分。你买卖股票亏了的时候，你就是在为社会消灭一笔财富，因为你把社会资源与资本引到了它们不应该去的地方，浪费了资源。所以一个人如果获得了更多的财富，只要是合法合理的，不隐含着任何欺骗，无论你是投机行为，还是商品交换，其实都是在为社会创造财富。

人们经常把投机和投资这两个概念分开。经常说这些人是投机者，而另外一些人是投资者。比如他们会说巴菲特是一个投资家而不是一个投机家。其实投资和投机本质上并没有什么区别。从行为上来看，他们都是某个时间买入某个投资品，过了一段时间再把这个投资品试图以更高的价格卖出，无论他们这个努力是否成功。

人们用贬义和褒义词来描述投资和投机，就像战争中胜者为王一样。打胜的人或者投资成功的，他们就把这个行为叫作投资。而那些可怜的失败者，他们通通被归为投机分子。然后再非常鄙视地对他们说，要投资而不要投机，偷鸡不成蚀把米。

其实这些评价往往是事后诸葛亮，事前的时候哪里分得清谁是投资，谁是投机？只不过是同样一个行为的褒义描述和贬义描述而已。就像英雄和野心家只在修辞上有区别一样，哪个英雄没有野心呢？

如果硬要区分的话，也许有人会用投资时间的长短来区别投资和投机。比如长期的价值持有者是投资，而每天买进卖出 day trader 是投机。其实投资和投机无论长线还是短线，对社会的贡献都是一样的。没有短线的投机者市场，哪来的流动性？投资者又如何能够顺利地买进以及变现自己的投资资产呢？

投资和投机，长线和短线并没有道德上的高低贵贱之分，如果说有什么区别的话就是关键你要赢，要赚钱。如果你赚了钱，总的来说你就是为社会创造财富，就是好的。比如短线投机者，如果赚了钱，那多半是因为你填补了某一个市场缺乏流动性效率的地方。投资者如果赚了钱，那多半是因为你把大众的资金正确地引导到了某个产业方向。

就拿我们最近大家都熟悉的特斯拉股票作例子。特斯拉的公司股票上涨了，你投资的钱创造了这个产业，带动了电动汽车和清洁能源的发展。但是如果特斯拉公司最后破产了，你的投资打了水漂，那就说明你误导了社会资源。这些社会资源本应该投资在更有价值的产业方向或者管理团队身上。

而短线投机特斯拉股票的人，他们的贡献就是让特斯拉的股票不至于暴涨暴跌。还有就是当长期投资人无法兑现的时候，或者无法正确判断股票价格的时候，投机者会给市场增加一定的流动性，判断其应有的价格。

股票的道理也许大家都懂，房子的道理有的时候大家就会有些糊涂，好像投资购买房子，收取房租的"寓工"们都是犯了什么邪恶的贪婪者。比如我说的要跟着年轻人去买房子，在前一章我介绍了一个又一个这样的案例，你会觉得我岂不是在剥削未来的年轻人吗？

其实不是，正是因为有我们这样的投资人提前买入了房子，促进了开发商在那里盖更多的房子。开发商盖了更多的房子，未来年轻的人搬入的时候，房价才不至于出现更大幅的暴涨。

投机者或者是投资者，无论你给投资人什么样的称谓，他们最大的贡献就是对市场价格进行引导，让市场提前看到未来哪里的价格会上涨。然后把社会的各种生产要素，无论是土地、承包商、混凝土还是砖头，都调集在最需要生产的地方。

别忘了大部分房地产投资者，哪怕是为大家最鄙视的短线house flipper，他们买进的房子最终都是要卖出的。因为买进的房子要卖出，他们对市场的总体供需并没有什么影响。他们做的一切只是让价格变得更加平稳。

因为大部分人对投资房地产的投资者，炒房的人有一些偏见，我专门写了一篇文章来论述这个观点，为投资理财的人正名。

投机倒把的伟大意义 (2007 年 5 月 19 日)

by Bayfamily

古今中外的圣贤们共同特点是重道德、重农耕、轻商业，一个比一个视金钱如粪土。无论是亚里士多德还是孔老圣人的门徒们都认为商人把货物从甲地搬到乙地，不劳不作，凭空吃差价是件很不道德的事情。论语曰："君子喻於义，小人喻於利"。

亚里士多德说："他宁愿捐弃世人所争夺的金钱荣誉和一切财物，只求自己的高尚"。圣人们认为生产实物的和关心理想道德的人才是高尚的人，只有小人们天天想着如何把别人的钱财搬到自己腰包里。

撇开他们伪君子的一面不谈，但就思路方式而言，圣贤们目光短浅，全凭直觉，没有看到商人在商品交换时、优化社会资源带来的价值。这种目光短浅的思维方式，在东西方都持续了很长时间，在中国尤盛，时至今日，大家普遍还是对炒房炒股的人，感到他们不务正业。投机倒把、囤积居奇、卖空买空更是大逆不道，天人公愤。

第一个突破直觉思维的是亚当斯密，古今最伟大的经济学家。伟大的亚当斯密先生，突破直觉思维提出，每个人在追求个人财富的时候，社会整体通过无形的手，就达到了最优化。农民种地、面包师烤面包、商人买卖。每个人为获取自身最大利润作出的努力，会导致社会财富的最大化。每个人应该干自己最擅长的事，而不是给别人添乱。

多么石破惊天的理论啊，多么貌似简单，有创造力的论断啊。和圣贤们多么不一样啊。别忘了，直到 80 年代，中国还在学雷锋，坐火车要帮列车员倒水，周末不好好歇着，硬要去工地上帮民工搬砖头。更早时的知青上山下乡、后来的小学生种蓖麻、做好人好事，都是对社会资源的极大浪费，都是圣贤们阴魂不散的结果。

你也许会问，商人的价值我懂，把货物从甲地搬到乙地，付出劳动，提高了资源配置，创造了价值。甚至炒股对社会的贡献我也懂，因为炒股增加了市场的流动性。可炒房，投机倒把、坐地涨价到底为社会创造了什么价值？连柏拉图老前辈都认为，秋天买稻米，春天原地加价卖出的行为根本就是 Sin（罪恶）.

我先讲几个例子，让你明白投机倒把、倒买倒卖的伟大意义。

中国古代常常发生天灾引发的饥荒，每每有易子而食、析骸而炊的惨剧。每到这时总有灾民抢吃大户，囤积居奇的商人被大家一抢而空。政府往往也是严厉打击乱涨价的商人，甚至逼他们卖粮赈灾。道理很简单，别人都快饿死了，你怎么能乘人之危，大发国难财呢？天天读圣贤书的父母官是不会"坐视不管"的。

可现代的经济学家表明，正是这些读圣贤书的父母官和抢吃大户的灾民害了老百姓。如果在灾荒年，可以维持自由、自愿的市场，保证商人的利益的话，就会有很多人事先囤积粮食，灾荒年的时候粮食的供应不但不会短缺，价格也不会有大的起伏。

比如，三年前，第二次海湾战争打响前，很多人预测石油供应会受到影响，开始囤积原油，战争打响后，原油的价格不但没有急剧攀升，反而因为存货太多下跌。由于投机商的存在，保证了原油的平稳供应和世界经济的平稳运营。

再比如，由于美国农产品期货市场存在，农民便可以把所有的风险转嫁给别人，保证农场的平稳经营。农产品期货市场的投机商和当年中国的囤积居奇的商人一样，获利的同时，为社会承担了巨大风险。只有判断正确的投机商可以获利，判断错误的当然是血本无归。在自由的市场经济条件下，优胜劣汰，社会整体对市场判断会越来越正确，保证了价格和市场的平稳。

对于炒房而言，炒房长期来看不会造成房价的上升。因为炒房者买的房子，最终是要卖的，炒房不会对市场的长期供求有任何影响。从短期来看，炒房增加市场的交易量和流动性，便于大家买卖房子。另一方面，长期来看，由于炒房人的存在，反而让有房子需求的人可以住上更便宜的房子。

美国 20 年代，是个铁路泡沫的年代，随着经济的发展，铁路运费开始上升。很多人投机铁路，铁路大亨们造了大量铁路以图获利。但后来，发现铁路造的太多了，导致运费的急剧下跌。投机铁路的人血本无归，但运费却降下来了，需要铁路运输的人反而捡了个便宜。

我刚到美国的时候，往中国打电话一美元一分钟，后来赶上网络泡沫和网络的扩张，现在往中国打电话，一分钱一分钟。整整降了一百倍。

事实证明，投机商蜂拥到一个行业，加大了那个行业的投入。形成泡沫，泡沫崩溃后，会留下廉价的实物资产造福社会。

炒房的也不例外，炒房的人短期内提高了市场价格，把未来的市场需求提前表现在价格上，对社会的资源的投入形成提前导向。比如，美国的佛罗里达，由于预测到 baby boomer（婴儿潮族）在未来会大量涌入，2000 年后，大量的投机分子涌入，哄抬房价。房价急剧上升，带动了开发商，最近一年，开发建造了大量房屋。随着供应加大，投机分子们撤离，房价下滑，为将来 baby boomer 们留下了廉价的房屋。试想，如果没有这些投机分子，baby boomer 们怕是退休了更买不到房子了，如同灾荒年的中国农民们彻底没粮吃一样。

Flip 房子（炒楼花）的人更是意义重大，因为他们为开发商分担了风险，让开发商可以专心盖房子，不用担心卖不出去和未来价格的波动。和期货市场对农民的意义一样。

事实上所有的投机行为，囤积居奇，倒买倒卖，只要没有垄断行为，都是对社会有重大贡献。它们起到了经济向导的作用，为社会创造了价值。它们合理地调配了社会资源，预测了市场走向，降低了实业风险。

但为什么社会总是视投机行为为不耻呢？总认为他们是社会的吸血鬼呢？我看一是"圣贤书"读的太多，流毒犹在。二是凭直觉思维，没有看到生产实物以外的价值。三是红眼病。常见的论调是，人人都炒房，社会怎么办？不会人人都炒房，就像不会人人是和尚，人人是农民，人人当兵一样，社会分工而已。只有对经济走向有敏感嗅觉，和正确判断的人，才会在投机活动中长期立于不败之地。他们对社会资源的引导作用，比计划经济委员会的老爷们喝茶拍脑袋的判断可要灵光的多。

"君子喻于义，小人喻于利"。圣贤们以钱为耻，视谋财获利为大逆不道。可惜君子实在对社会没啥贡献，反而小人们在谋利的过程中推动了社会的发展。君子小人之争，今天还在。君不见多少人对炒房、炒股嗤之以鼻，诅咒他们明天就赔个精光。

投资理财、投机倒把的同志们，你们是背负小人之名，行伟人之业，我在这里为你们摇旗呐喊。

投资理财、投机倒把是件利国、利民、利己的伟大事业！

这篇文章写过之后将近 10 年，到了 2017 年的时候，中国出台了一个口号，那就是"房子不是用来炒的，而是用来住的"。这个说法会导致了更高的房价。所以我又写了一篇文章来说明这个口号背后的经济规律。

其实中国自从 2000 年后房价开始飙升，很多都是因为出台一系列的不尊重市场规律的错误政策导致的。只有我们对这些政策

的经济后果做出相对正确的判断，我们才能够实现比较好的投资
回报。

从炒房者的社会贡献说起 (2016 年前后)

by Bayfamily

"房子是用来住的，不是用来炒的"。这一句话让炒房者几乎
一夜之间陷入过街老鼠人人喊打的境地。现代经济学认为所有的
交易都是好的，只要是自愿的，并且不涉及暴力和欺骗。因为每
个交易，交易的双方如果出于自愿，都是由于能够增加自己的收
益才会交易。炒房过程中，买卖都是自愿的，炒房的行为应该属
于亚当·斯密所说的"每个人都为自己的利益而努力，全社会因此
整体而获益"。为什么从经济学理论上看起来一个好的行为反倒
成为一个过街老鼠了呢？

我们先看几个例子，来正确理解炒房者的社会价值。

商人从江西 100 元一斤买入茶叶，运到辽宁 200 元一斤卖出，
获利 100 元。中国传统是个重农轻商的社会。根据儒家传统思
想，认为商人没有创造价值。因为茶叶是农民种的，凭什么你一
转手就谋取暴利。大家只看到了生产实物者对社会的贡献，却没
有看到流通和贸易对社会财富的贡献。

现代社会对经济学有些了解的人，就不会这样认为。商人实
际上创造了 200 元的价值。因为如果没有商人的协助，江西的那
一斤茶叶没有需求，是生产不出来的，或者因为没有商人的购
买，江西的茶叶根本就卖不到 100 元的价格。如果没有商人的工
作，农民的收入就少了 100 元。社会的总财富就少了 200 元。农
民、商人、消费者是在协作基础上的非零和博弈，共同创造了
200 元的价值。

下面看第二个例子。商人在春天，100 元一斤买入茶叶，原地
不动，到了秋冬加价到 200 元卖出。获利 100 元。这在中国的传

统思维里，叫作囤积居奇。大家认为这样的行为基本是社会的寄生虫。凭什么不劳不作，凭空获得 100 元

了解现代经济学的人会知道其实即使不涉及搬运货品，商人创造的价值也是 100 元。因为如果没有商人春天收购茶叶，囤积起来，到了秋天大家会沦落到无茶可喝的地步。或者到了秋天茶叶由于供需不平衡涨到天价，大家都喝不起。但是秋天买茶的人通常不会这么想，他们会觉得奸商凭空让茶叶涨了一倍，从自己的口袋里硬生生地抢走了 100 元。或者是从心理层次，总觉得付出辛苦努力的人创造了价值，倒买倒卖的人没有。他们没有看到倒买倒卖的人的资金成本、对价格趋势的判断，和最重要的——对春天茶叶增产的贡献。

价格是由供需平衡决定的。商人春天买入茶叶秋冬卖出茶叶，买卖平衡，没有增加整体的茶叶总需求量。对茶叶整体价格的影响其实是零。在春天由于商人的收购，反而增加了茶叶的生产，其实对茶叶的价格降低做出了贡献。如果没有商人，茶叶的全年整体价格应该更高。

第三个例子就是大家所熟悉的，把第二个例子中的茶叶变成房子。茶叶是可用可不用的消费品，一到房子，一旦和自身利益息息相关，一旦涉及大的数字，大家就情绪激昂，脑子也开始变得不理性。炒房者 100 万买入一个房子，一年后 200 万卖出。获利 100 万。

如果你明白经济学基本原理，炒房者对社会的贡献和买卖茶叶的商人没有任何区别。房子和茶叶本质没有任何区别，都涉及各种生产要素，比如土地、劳动力、技术等。如何把这些生产要素有效地组织起来，最有效的就是价格指引。买卖过股票的人都会知道，市场在任何一个价格点上，永远是供需平衡的。就是一半人看跌，一半人看涨。如果没有炒房的人，开发商在 100 万这个价格位置上就会担心卖不出去，降低自己的开发量。炒房人对社会房子的总需求也是没有任何改变，因为炒房买进来的房子，

最终都是要卖出去重新回到市场上去的。打击炒房者，只会让房子的建设量变得更小，人为造成短缺。

这也是越限购房价越涨的道理。因为越限购，开发商越是看不清未来的市场销售前景，盖出来的房子自然就少了。越是打击炒房者，市场越是没有人接盘，越是会导致后期的房产短缺。你可能会认为房子和茶叶不一样，茶叶是可有可无的东西，房子是刚需，炒房者在我前面抢先一步，不劳而获就赚了一倍，凭什么？

首先在一个自由买卖的市场，炒房者是不可能长期获得高额利润的。如果把风险因素考虑进去的话，炒房者实际的获利空间不会大于这段时间的资金成本。对于未来市场的判断都已经反映在当前价格上了。炒房者谁有资金都可以进入市场，按照微观经济学市场充分竞争的理论，获利不会大于资本成本。换句话说，你光看见吃肉的了，却没看见挨打的。

对于炒房而言，长期来看并不会造成房价的上升。因为炒房者买的房子，最终是要卖的，炒房不会对市场的长期供求有任何影响。即使不卖也是要出租的，通过租房市场减轻买房需求和压力。

从短期来看，炒房增加了市场的交易量和流动性，便于大家买卖房子。长期来看，由于炒房人的存在，反而让有住房需求的人可以住上更便宜的房子。2007年的时候，在美国的佛罗里达州，曾经房价也被炒房者抬高了好几倍。开发商争相开发建设，遍地都是楼盘。但是到了金融危机，炒房者血本无归。可是给佛罗里达留下了大量的空置楼盘，从纽约州来的真正要退休的人低价搬入。如果没有这些炒房者抬高房价，刺激生产，恐怕这些退休者最后住不到这些便宜的房子。

我们社会的很多问题看似是分配不均导致的，其实很多问题的来源是错误的观念导致错误的政策。圣人们认为生产实物的和关心理想道德的人才是高尚的人，只有小人们天天想着如何把别人的钱财搬到自己腰包里。当我们碰到某种社会问题的时候，本能地喜欢把社会问题归结到某一类特定人群上。套用零和博弈的思路，似乎所有的问题都是这些人的贪婪所致，是他们抢了我口袋里的钱包，所以才导致我今天的问题。

二战期间德国的犹太人，苏联、中国当年的地主都曾经背过这样的黑锅。比如当年的中国，曾经认为农民之所以穷，都是地主剥削导致的。这表面看起来很有道理，农民辛辛苦苦劳作一年，凭什么要把收成的一部分交给不干活的地主？其实地主和农民不是零和博弈关系，而是非零和博弈关系。地主在挑选佃农、管理土地、市场预测方面的努力被大家忽视。地主和农民共同工作，才能创造出更大的价值。土地公有化，地主消失后的苏联和我国都经历过粮食减产、食品短缺和饥荒的惨剧。

面对炒房者，人们的本能也是一样的，首先各种贬义词倾泻到炒房者的身上，诸如炒房团、奸商、投机商等等，甚至动用法律手段进行打击。炒房的"炒"字也是抹黑他人的办法，给人不务正业的感觉。其实炒房和投资房地产是一样的。你可以说特朗普是炒房的，也可以说他是地产大亨。名称只会让你困惑。如果没有看到炒房者创造的价值，恐怕也只会让供应不足，房价一路继续攀升，最终受苦的还是真正的购房者。

限购貌似可以短期抑制需求，但是经验告诉我们某种商品限购一定会导致这个商品价格奇高。限购和限产本是孪生，不可分割，往往同时出现。这边限购那边严控土地供应。改革开放前，曾经在中国肉、蛋、油限购，同期这类商品常年短缺。不熟悉中国这段历史的人可以想想发达国家的毒品，毒品在美国也是政府严重限购的对象，最终结果也是本来生产成本不贵的毒品价格奇高，是生产价格成本的上千倍。大麻不限购的墨西哥，大麻和香烟的价格没有什么区别。常年限购的中国房地产价格也在远远脱离生产成本，常年保持在不可思议的高度。

03 挣钱要理直气壮

中国是一个社会主义国家，我们可以理解出台抑制资本获利的政策。共产主义在意识形态上总体而言是不鼓励个人拥有更多财富的，而强调共同富裕。但是资本主义国家的美国，似乎人们也越来越变得像社会主义国家。

美国四年一度的大选就是这样情绪的宣泄。每次不断有政客跳出来，他们会主张瓜分富人口袋里的钱，然后把这些钱给穷人。这些政客的特点就是特别喜欢花别人的钱，为自己买荣誉。就是花张三的钱给李四买东西,然后给自己冠个好名声。我从来不见他们把自己的钱都捐了再说。想当年中国共产主义运动的时候，很多革命者还是把自己家地分了，把自己家房子烧了，然后投身革命的。至少这说明他们自己真信。而美国主张高福利的总统，一个个都是卸任之后，自己大捞特捞。你看看克林顿家族和奥巴马家当总统前后的财富增长情况就明白了。

我不是说国家不需要有基本的福利，这些是需要的。国家需要给一些残疾的人、丧失劳动能力的人或者老人，一个最基本的社会保障。但是如果消灭了创造财富的激情，那么社会总体财富会变得越来越少。无论那些超级富豪拥有多少钱，其实他们拥有的钱并不是从别人口袋里挖来的，而是因为他们创造了更多的财富。他们拥有的财富只是他们创造了的更多的财富中的一个部分，甚至很多时候只是一小部分。

比如没有比尔·盖茨就不会有微软。没有乔布斯就不会有苹果。比尔·盖茨个人财富虽然在全世界排名前三，可是他拥有的财富只占微软公司股票总市值的很小的一部分。

普通民众容易觉得财富是个零和的游戏。有人多了一分钱，我就少了一分钱。所以社会多多少少都有一些仇富的心态。仇富的心态在中国更严重一些，因为他们觉得那些一夜暴富的人多多少少都有一些非法行为。或者是官商勾结，或者是利用改革开放之初，法制不完备，市场规律不清晰的时候，狠赚了一笔。也许他们说的有一定的道理。但是他们忘了，如果没有和官商勾结，很多事情根本做不成。官商勾结之后，做成的那些事情，可是实实在在给社会带来了社会财富。不然你看看中国那些高楼大厦的建设哪一个离得开政府支持呢？要是没有那些商人搞官商勾结，土地批不下来，恐怕上海和北京到今天还是一片平房呢。

美国也有仇富心态，这种仇富心态并不像中国那样赤裸裸且暴力，而是隐藏在人们内心背后的。总体而言，英美文化中的人们对钱这件事情保持高度的隐私，不愿意和别人分享。

表现出来就是很多基督徒内心深处是觉得作为个体，不应该拥有太多钱。对拥有更多钱的人，他们多多少少会搞一些道德绑架，对他们提出更高的要求。当然一个原因也是一部分富人总是喜欢用豪宅、名车、漂亮媳妇、奢侈的生活方式这样的事情来刺激老百姓。

可能你会认同一个人合法赚的每一分钱都是创造了社会的财富。但是你会质疑富人花掉的每一分钱，特别是那些奢侈的享乐，是不是对社会资源的浪费？

其实富人能够消费的财富并不多。一个大富豪能够消费掉的财富无非是一日三餐，可能外加几个普通人没有的管家、佣人、秘书、司机等。比尔·盖茨也好，巴菲特也好，他们一生花掉的钱，真实的消费不见得比你我高多少。因为那些房子、珠宝首饰、艺术品本质上都是投资品。他们可能比你我实际的消费高出10倍、100倍，但绝对达不到10万倍或者上亿倍的程度。

因为一个人的肚子只有那么大，一天只有24小时。我在美国生活了这么多年，我看到实实在在的，真正是富人把社会资源浪费掉的例子只有一起。那就是弄得沸沸扬扬，著名高尔夫球手泰格伍兹的前妻把泰格伍兹送她的豪宅，用推土机推掉这件事情。

由于感情上的一些不愉快，这个女子属于泄愤，把一幢价值几百万美元的房子用推土机直接推掉了。虽然站在法律上这是合法的，但是这真是一件人神共愤的事情。因为那个房子里面凝结了很多工人的劳动时间。如果你不喜欢，你可以把房子卖掉，甚至把它捐赠出去都可以。一己之怒把它用推土机消灭掉，是对社会财富的破坏，也引起了美国人的愤怒。除这类现象，我很少能找到富人浪费了大量社会财富的例子。

04 葛朗台是个好同志

有钱人不可避免地把一部分钱存在银行里。拥有大额存款有时也会让人觉得富人们为富不仁。好像你把钱存在银行里，就是把社会上的财富锁了起来一样。

很多人有这样一个偏见，那就是只有消费才是一件利国利民的事情，因为每一笔消费都促进了社会的生产。存钱是有罪的，因为每一笔存款都抑制了消费。社会的财富似乎应该在流动中才能被大家所掌握，才能生产出更多的财富，而把钱存在银行里，似乎只是吝啬鬼和葛朗台才会做的事情。

其实不是。这个观点就像我们曾经拥抱生产鄙视消费一样的不靠谱。存款其实是促进社会生产最好的方法。你把钱存在银行里，银行是不会让这些钱在保险箱里睡大觉的。银行会把钱投入生产环节，因为银行的钱需要贷出去。这些存款如果不投入生产环节，它也会通过消费贷款被投入到更需要的消费环节。因为那些是人们愿意支付更高利息的消费，说明有比你更急迫的消费需求。

对社会最大的浪费，其实是那些不会给你带来快乐和没有意义的消费。比如酗酒或者吸毒，因为这些消费最终给你带来的是病痛，也不会让社会上的总体财富更加多起来。或者当你消费在一些没有价值的奢侈品、纪念品上，也会误导了一定的社会资源。

相比之下，存钱、投资是和生产与消费一样对社会有促进作用的事情。但是为什么大家总觉得像葛朗台这个守财奴一样的存款行为是可耻的呢？

总体来说还是漫长的文化影响。人类进入资本主义时代的时间并不长，人和人通过和平合作的方式共同生产、创造出更多的社会财富的时间经历也不长。在早期暴力掠夺的时代，你拥有的更多财富，多半是从穷人那里抢掠而来的。所以我们自古各个民族各个文化都有鄙视富人的传统。而富人总是在不停地存款、放债。莎士比亚有威尼斯商人，法国有葛朗台。在中东的一些宗教文化里，甚至不允许收取利息。他们觉得利息是最不公正的，放债的人什么也没有做，凭什么就白白挣了钱呢？

今天我们知道利息的本质是期权(option)。就是我们股票交易中经常说的期权。因为放债人把钱借出之后，他就失去了一个option。在没有把钱借出去之前，他的钱可以今天花也可以明天花。钱借出去了，那他只能明天花，所以他就丢掉了自己今天花钱这个选择的自由。因为少了这个 option，所以他必须获得一定量的补偿。

这个人并没有坐在这里不劳而获。因为他失去了这个option，导致他可以把自己的财富投入到更需要的生产过程中。这样会使整个社会的生态要素效率更高。只要你明白一些数学和基本的经济学常识，你都知道那些传统的道德绑架，其实很多时候是站不住脚的。无论葛朗台还是夏洛克都为这个社会创造了大量的财富。

我说这些抽象的经济学概念就是想说明，挣钱是光荣的，存钱是光荣的，获得财富和拥有财富也是光荣的。大家没有必要为追求财富、炒房子、炒股票、倒买倒卖这些事情而感到心虚和自卑。

中国在改革开放之前，曾经很长时间以贫困为荣。大家渐渐发现计划经济没有办法指导社会的生态要素到最需要的地方去。反而是"让一部分人先富起来"这样的口号，让市场决定社会资源的分配和合作方式才让国家富裕起来。想象一下，在一群为共产主义奋斗终生抛头颅和洒热血的 70 多岁的老革命中，邓小平能提出"致富光荣，让一部分人先富起来"的口号，这是一个多么否定自己，思想解放的事情。

然而美国没有经历过这样思想解放的过程。美国人虽然一直是资本主义，但是也许是受清教徒宗教的影响，文化上还是多多少少鄙视敛财的。圣经上说："富人进天堂比骆驼穿过针眼还难"。因为有些为富不仁的事情，总是让有钱人灰头土脸的，必须低调。而那些没有钱的人反而可以理直气壮地伸手要福利。很多人不敢把追求财富作为自己的理想，至少不敢堂而皇之地公开讲。我在美国听孩子们的演讲，有将来想成为总统的，将来想成为发明家的，将来想成为一个律师的，或者将来成为一个义务工作者，帮助贫困人们的。但是我很少听见哪个小孩能够理直气壮地说我将来的理想就是成为商人，就是要去倒买倒卖，追求财富，变得有钱的。

也许大家心里会这么想，但是没有人敢像喊口号一样地把这句话说出来。事实上你会发现人过了青春期之后，当步入社会步入现实的生活中，大部分人的生活目标就是想拥有更多的财富。既然是这么想的，为什么要做伪君子呢？为什么不能大声地喊出来呢？

背后的原因还是我上面说的文化的原因。我把这些讨论专门整理为一章就是想破除这些虚伪的面罩。想挣钱的人可以理直气壮地站起来，大声宣布自己的挣钱理想。

有了理想，才有目标。有了具体的目标，为了这个目标，我就会制定出详细的周密的计划，一步步地实现这个目标。我在

2006 年公开发表了自己的博客，大声喊出了我的目标就是"十年一千万"。

第十一章 普通家庭十年一千万投资理财计划

除了说服自己，我还需要一个外界的压力，为此我 2006 年 12 月圣诞节放假的时候，写了一篇"臭名昭著"的"普通家庭十年一千万投资理财计划"。我用"臭名昭著"这个词来形容是因为大家就这个话题在投资理财论坛上几乎整整讨论了十年，这篇文章的累计阅读量在 10 万次左右。

普通家庭十年一千万的理财计划 (2006 年 12 月 25 日)

by Bayfamily

我的投资理财目标不大，有一千万就可以了。钱财多了有害无益。但适量的富足可以给人带来安全、自由、舒适、和小小的成就感。我的计划是 500 万的时候，太太不工作，可以全心照顾刚上小学的孩子们，一千万的时候我退休。和 va-landlord 的目标一样。退休不是什么都不干了，而是不为衣食工作，彻底实现 financial freedom（财务自由）。计划看起来好像太遥远，但我觉得再有十年时间，运气不太坏的话，在我们 45 岁以前是可以实现的。

我们家是湾区再普通不过的家庭了。家庭税前年收入 20 万不到一点点，Bonus（年终奖）多的时候可以达到 22 万。六年前我们一文不名地来到湾区的时候，那时年收入只有 14 万，看着湾区的天价房价，感觉生活毫无希望。那时经过密密麻麻的住宅

37

区的时候，老是叹息何时才能有自己的家啊。那时个别同事家房价已达 800k，在我当时看来如天上的银河一样可望不可及。

通过和湾区前辈的接触，明白投资理财的道理后，才渐渐明白发家致富的渠道。只怪刚到美国时，中西部的城市信息太闭塞，读书就开始注重投资的话，资产应是现在的一倍。五年前，我对太太说，五年后我们会有一百万。我太太说我做梦，就是不吃不喝，不交税，把工资全存下也不会有一百万。我说不是这样算的。过去六年里，每年年终我都会计算一下家庭的账目，下表过去六年的总结（万美元）。

	2001	2002	2003	2004	2005	2006	2007
现金	0.5	0.0	3.0	2.0	5.0	1.0	2.0
股票	0.5	2.5	2.0	2.0	0.0	0.0	0.0
退休金	3.0	6.0	9.0	12.0	16.3	21.1	29.2
房屋净值	0.0	8.0	12.0	23.0	45.0	64.8	89.0
总和	4.0	16.5	26.0	39.0	66.3	86.8	120.2
增长率		313%	58%	50%	70%	31%	38%
债务							84.0

六年以后果然有了 120 万。买房时间分别是 2002, 2003, 2005, 2006。地点是湾区和中国轮着来。这样的数据大家可能都看腻了，同样的故事在湾区千千万万的中国人家庭里同样地上演着。

我想说的是，如何从 120 万，再用十年左右的时间里，达到一千万。首先看 growth rate（增长率）。头几年的增长率比较高，在 50%~60% 左右，因为还没有什么资产，最近几年下滑到 30%～40%。主要原因是盘面大了，每年固定的现金进账相对减小。我估算了一下，未来三年里 growth rate 会下降到 15%，主要原因有两个：leverage 用光了。我的投资策略还是保守的，每次至少 10% 的首付。现在总的贷款是八十万，是我们收入的四倍。如加上其他的房租收入，贷款只有三倍。 Debt/Asset ratio（债务资产比）也控制在50%左右，就是说美国中国房价明天一起跌去一半，也不要紧。但leverage确实是用光了，第一不能refinance了，因为我们现在的利率很好。第二，大房子收益很差，小房子太辛苦了，担心管不过来。未来几年的行情很难说，盘面大了，保本最重要。也就是说，我们家遇到了谷米家遇到的同样问题，增长的瓶颈问题。如果不开拓新的投资渠道的话，十年后的我们家的资产将只有250万左右，离一千万还很远。也许太太十五年后可退休，我可还得再奋斗20年，才会有一千万,那时也是五十多了，没什么意义。

春节时候，我用各种模型反复比较，除非是用特别大的leverage,比如零首付，凭着20万的收入，是很难达到一千万的，要想用稳健的方式，10%的首付，固定的现金流以备不测的话，按历史平均回报，最多可以达到500万。这和我在湾区的观察非常一致。在这里生活20年，头脑清醒善于经营的家庭最多也就400万~500万了。

过去六年里，我的现金总是很低。要想达到1000万，又要规避过度风险，只有一个办法，就是增加自己固定的现金流。我家每年现金净存款是5万。过去，我们每年基本上可以用它leverage 30万的Asset,如果每年现金净存款可以提高到20万的话，每年的就可以leverage 120万的Asset，十年1200万。如果十年房价回报是80%到100%的话.加上现有的120万，十年以后应该可以赚到1000万。

账算好了，几个问题要一一解决。

1）如何把每年的净存款提高到20万。没什么好办法，趁自己还年轻，改行做金融，两年前改行的兄弟们，现在一年的收入已经到20万~30万了。争取趁这两年房市平稳，赶紧改行。三年后争取把净存款提高到每年15万~20万。

2）房子多了的管理问题，我觉得湾区最大的优势就是房子贵。房子贵，所以2000万的Asset也就是30~40套公寓。在其他地方，上百套公寓肯定管不过来。公寓数超过五个的时候，我就成立自己的管理公司，雇人来管。湾区的另一个优势是有便宜的 labor（劳动力）.不会英语的中国人管管房子，1500/month 就可以请到。房子吗，我只租给中国人，所以语言不会有问题。

3）入市时机。我打算房价涨起来以后再开始买。房子要么不涨，一旦开涨，会持续很多年。错过头里的 10% 的涨幅根本无所谓。现在的首要任务是积累现金。手上有现金，未来又有大笔的固定的现金流作保证的话，就可以 leverage 很大的 Asset. 过去六年，扩张太快，现金一直在一二万的样子。这几年停一下，三年以后，我手上的现金应该在 20 万~25 万左右。

4）Cash flow。很多人抱怨湾区找不到正现金流的房子。那要看你怎么算了。如果是 interest only 的话，不是不可能。头几年会 slight negative cash flow（微负现金流），35 万的公寓可以租 1200~1500/month,在 Rent control（租控）的区域，25 万的公寓可以租 1200/month。我不怕 rent control,因为我只租中国人，他们过几年就自己买房了。在中国，interest only（只付利息）的话，很多地方现在就可以做到 positive cash flow（正现金流）。不过中国的房子不敢多买，有两三套就够了。未来三年 cash flow 的状况会有所显著改善，rent 会上调 15~20% 左右。

5）风险。如果房价不涨，持续下滑，我压根没有风险，因为我不会入市。十年后的资产在 300 万到 400 万之间。如果房价涨了一年又连跌十年，诱我入市，也没关系，因为有强大的现金流保证，我就长期持有，等待下一个革命高潮。事实上，房价下滑两年涨了一年又连跌十年，这种事情在任何一个国家从未发生过。我担心的是，房价今年又开始一路猛涨，那我的计划就落空了。只能持币寻找其他的机会了。

6）如果像很多人预计的那样，房价这两三年持平，未来看好，房价重复加州过去的四次 cycle 的话。我可就发了。因为我的全部计划就是按这个准备的。下一个 cycle 结束的时候，我 45 岁前资产肯定会超过 1000 万。那时是我就把他们逐步全卖了，买个 S&P Index，慢慢用。人生花不了那么多钱，再多也是无意义。

如意算盘打了一圈，各位见笑了。是不是有点像大跃进时，毛主席说"粮食太多吃不完，怎么办？"的口气？这里的大师很多，千万资产的就好几个。欢迎砸砖，也请前辈多赐教。人生要做的事情很多，不光是发财。但理财是人生要做的诸多事中必不可少的一件，如同娶妻生子一样。相对埋头苦干而言，理财劳神不多，回报丰厚。

博客文章和正式文章不一样，可以嬉笑怒骂，可以夸张不正经。为了保持原味，我不作修改的发表在这里，以图历史真实。

文章发表之后，网友的评论不一而足，有叫好的，也有嘲笑的。我想可能内心深处大部的人是嘲笑的。只是有些人出于礼貌没有当众嘲笑而已。大部分人都觉得是天方夜谭。少部分人得到了启发，让他们敢想从前不敢想的事情，感觉眼前一亮。

别人嘲笑不要紧。我一辈子都是喜欢特立独行的。成吉思汗有名言，"人生至乐，就是打败曾经压迫过、蔑视过、欺辱过你的敌人，然后占有他的一切，看其终日以泪洗面。"我当然没有成吉思汗那么邪恶，我只是喜欢他的强人思维。我一向认为，世界上最缺的就是看你笑话的人，最不缺的就是附和你的人。

现在回顾起来，我这个投资计划其实是很不成熟的。主要的缺点有下面几个：

一、过度依赖曾经有的经验，过去 6 年我实现了 10 万到 100 万的成功增长，但是未来是不是会出现一样的市场机会不好说。事实上后来出现了我在 2006 年完全想不到的市场机会，比如中本聪要 3 年后才发明比特币。

二、对提高自己挣钱能力过于乐观。我当时是调侃的口气说话。其实当时没有决定去从事金融行业的想法。我只是觉得自己未来收入会变高一些。事实上，后来收入没有变高，反而更低了，因为我转身去搞创业去了，常年低收入。

三、Rental control（租控）地方的房子是不可以买的。那个时候我没有经验，完全没有涉足过管理租控的房子。想象得过于乐观了。房子超过 5 个也要自己亲力亲为管，忘记考虑自己的时间成本了。

四、对未来的计算也有些问题。后来湾区的的确确像我预言的那样，重复了之前的四个涨跌循环。但是光靠这一个涨跌我也没有办法挣满 1000 万美元。

不过，过了这么多年现在回首，当时这篇文章大面上的预测没有错。最重要的是这篇文章给自己树立了一个灯塔，一个目标，让自己可以去追寻。我当时也知道不可能对未来的每一个细节都能计划的那么周全。人生的关键是有目标，就像唐僧取经一样，知道往西走就好了。再弱小，再遥不可及的事情，有了目标都一点点会变成现实。西天路上自然会有孙悟空这样的人来帮你降妖除魔。没有目标的人，就像美国在中东，纵有天大的本事，一身的武艺，花了再多的人力物力，也是苍蝇乱飞，一事无成。

当然也有人平心静气的和我讨论我的目标。最主要的质疑就是为什么要那么多钱。为什么要 1000 万美元。不是几百万美元就可以退休了吗。为此我写了一篇博客文章，叫作为什么要拥有1000 万？和大家解释为什么我要制定这个目标。

为什么要"十年一千万" (2007 年 6 月 1 日)
by Bayfamily

我是这个坛子上第一个宣布投资理财的计划是"十年一千万"的。为此挨了不少砖头。有网友有着同样的理想，先我在这里小声嘀咕一下，但没大声宣布。阿毛今天问道："为什么要一千万，这一千万，是安心呢，还是为子孙后代？"

当然都不是。没钱我也蛮安心的。财富对后代有害无益。我是一文也不想留给他们的。我在"投机倒把的伟大意义"中说得很明白。赚一千万是我对社会最好的贡献。亚当斯密先生说的好。每个人追求获得最大的利润，做自己擅长的事，就是对社会最好的贡献。

一个赚一千万的面包师比一个濒于破产的面包师，对社会的贡献要大得多，一个能赚一千万的投机倒把分子，比一个亏钱的投资商对社会的贡献要大得多。巴菲特先生，比你我对社会的贡献要大得多，即使他一文也不捐给社会。因为他正确地引导了投资，提高了社会效率。没有他，成千上亿的财富就会被浪费在低效的项目里。所以，对于每一个投资人来说，你赚得越多。对社会的贡献就越大。只要你不犯法，不搞垄断。

一千万是我的目标。因为有生之年，我只想做这么多劳动了。好比雷锋同志，只在周末推砖头，他也知道劳逸休闲，晚上没去搬砖头。我一生短暂，只想奉献十年、通过赚一千万来贡献社会。当然，雷锋是添乱、浪费社会资源。我是在赚钱、炒房、炒股的过程中，为社会创造财富。两者不可同日而语。

另一方面，我不是圣人。赚一千万也有私心。1）"生命诚可贵，爱情价更高。要为自由故，二者皆可抛。"

拥有一千万，可以换取财务自由。这样我的人生会更有趣。因为我可以领略更多不同的生活。人生短暂，我可不想一辈子朝九晚五地坐在隔间里。李敖同志讲过"人要做点事，是要有点小钱的"。我要想放心大胆地做自己想要的事，也是要没有后顾之忧的。小钱可以给我一点安全感，一点自由。

当然，你也可以说，财务自由纯粹取决于自己的舒适度，出家当和尚，立刻财务自由。我的财务自由的要求，比和尚要求高一点，但并不需要一千万，房子付清，孩子上大学，有两百万足矣。一千万是为了上面更崇高的理想。

2）我想我爱的人更快乐一点。我不想看到太太，长期为 pay check 工作，不能和孩子在一起，不能随意地干她喜欢的事情。我不想让我的孩子们，在有能力的时候，无法受到最好的教育。男子汉，大丈夫，做人就是要让自己快乐，同时让周围的人快乐。

3）太多的财富是累赘。君不见亿万富翁，个个要保镖，担心被绑架。达赖喇嘛曾经讲过，有钱人是很难有真正的朋友。因为钱越多，人与人之间的关系，越虚伪。要是我能赚一亿的话，对社会贡献更大。我只是说如果。没有吹牛的意思。

可是，我想自己的日子好一点，朋友多一点，不用花太多的精力想怎样花掉那笔钱的话，我就不能有超过一千万。比尔盖茨刚刚辞去总裁职务，现在沦落到要全职工作去花掉他的钱。过了一千万，财富有害无益，即使我再想贡献社会，也不想搞成那个样子。牛皮吹上天，满纸荒唐言。但句句属实，信不信由你。

当时我写这篇文章的时候，带着一些轻浮的语气。有的时候在网上说话太认真会吃亏，因为网上一方面是交流，更多的时候是打口水战，寻开心。用调侃的口气反而进退自如。当时并没有对很多问题有成体系的思考，更多的理论是在我今天回顾的时候把它们整理了出来。

如果有什么新的补充思考的话，就是我感觉一个人作为社会的载体，应该是丰富而全面的。钱只是我们生活中的一部分，当然我这本书因为写的都是关于钱的故事，所以在这里重点讨论钱的问题。

无论你是信仰宗教的还是不信仰宗教的，你总希望自己的生命过得更加的有趣，更加的丰富多彩。我们多多少少都有一些精神上的追求。而那些精神上的追求，总是需要在满足了一些物质需求的基础之后去实现。

思考这些问题的时候，不可避免地就会涉及生死之说。虽然这本书不是一本哲学的书，但是因为投资理财涉及理想，而理想又涉及人生信仰等哲学问题，所以我后来又不得不再写一篇博客。那就是"人为什么活着"，试图理性地探讨这些问题。这个话题很大，我只是很粗浅地论述了一下，每个人都需要建立起自己对生命的认知系统，我也不能例外。

我们为什么活着(2013 年 12 月 7 日)

by Bayfamily

少年贪玩，青年贪情，中年贪名，老年贪生。

这几乎是最精辟的人生总结了。作为中年的我，可以对这四句话比青年的时候更有体会。贪心很正常，不要让欲望的魔鬼把你吞噬掉就好了。碌碌无为的人往往做得很好，天才和精英们往往因为自己的能力比较强，陷入不可自拔的地步。君不见多少青春男女为爱情整日以泪洗面，君不见多少英雄豪杰没有过得了名利两关。打开新闻，几乎都是四个贪字惹的祸。从失恋毁容跳楼，到苍井空风靡神州，到薄熙来阶下做囚。从古代秦始皇求长生不老，到今天的刘晓庆追求逆生长，人生的故事在不同的时代，以不同的方式一遍遍演绎着这四个贪字的故事。

第一次接触弗洛依德的时候，听到他说，人类一切行为的原动力都是性，一切都是性。看见他的话，有皇帝的新装的感觉。感觉这样简单的道理，被一个率真而聪明的人一语道破。而其他芸芸众生都是在街上看皇帝新装的懵懂的狂欢者。攻击他的人，不过是因为弗洛依德扫了他们的自欺欺人的好心情。

难道不是么？年轻的时候，我们所做的一切都是在为获得异性做准备。无论是更好的成绩，更高的收入，更健康的体魄。我们陷入的不过是一个漫长的征服异性的争战。一开始是直接的征服异性，后来是征服同性来获得异性。于是有甄嬛传女人后宫内斗，有潘金莲和李瓶儿死去活来。于是有毛爷爷的与天斗其乐无穷，与人斗其乐无穷。可是与人斗，男人和男人相斗，女人和女人斗，本质还是为了获得异性。

我们关心下一代的教育，婚姻，做虎爸虎妈。希望给下一代留下一个好的基础。这一切的本质动力，都是性。似乎身体里面的 DNA 无时无刻的发挥它的能力。我们自以为的理性，理想，都是这些DNA希望疯狂复制自己的幻影。

非常佩服弗洛依德先生。有幸去过他维也纳的寓所，一个不起眼的小博物馆，一个小小的人物发出石破天惊的呐喊。看见他的手稿，他的照片，深深地表达敬意。

不过，进入中年以后，发现性的能量似乎没有那么巨大。似乎很难解释为何有人会不惜牺牲，杀身成仁。很难解释，已经是亿万富翁了，为何还要再获取更多的财富。很难解释为何毛爷爷70 岁还会发动文化大革命，为何邓小平会 70 岁搞改革开放。他们早就过了可以传递自己DNA的年龄。

除了性的力量，还有一个神奇的力量支配和主导着我们。那就是死亡。

我们活着的一切活动的目的，是为了更好地迎接死亡。在逻辑上有些荒谬，但是我们的确千百年来在重复同样荒谬的事情。

表面上似乎我们很少会想到自己会死，至少对于年轻的人来说。死亡似乎是遥远的事情。但是死亡的恐惧，像是终点站上一个矮矮的树丛，在夕阳西下的时候，会投射出很长很长的影子。

是的，我们所做的一切的第二源动力，就是更好地迎接死亡。死亡是一定的，每个正常智力的少年到老年人都清楚地知道这点。这样的恐惧是无时无刻的。千百年来，这些恐惧改变了我们的社会，我们的文化，也改变了我们每个人的行为。

最近看了一下他人的总结，人类对付死亡恐惧，自欺欺人地编出了四种方法。不同民族，不同时段，这些方法会以不同的面目出现。不过似乎我们人类已经黔驴技穷，再也编造不出超越这四个方法的新内容了。

1. 不死。无论是秦始皇的长生不老药，刘晓庆的逆生长，还是今天全民吃保健品，研究长寿村的秘密。都是不死的折射。也就是开篇所说的老年贪生。

2. 灵魂。用各种办法让自己相信，除了肉体之躯之外，还有灵魂的存在。灵魂可以离开腐朽的肉体，灵魂可以上天堂，在天堂可以永远地活下去。这里常见的各种方法就是各种的宗教。因为有死亡，才会有宗教。

3. 转世。典型例子就是藏传佛教的转世灵童，转世在佛教印度教盛行的地方流传很久。但是不是始作佣者，古埃及人修建金字塔，秦始皇修建兵马俑，都是转世的期盼。

4. 传奇。传奇是四种自欺欺人的抗拒死亡恐惧的方法中最理性的做法了。因为通过观察，理性的人们发现，肉体会腐烂，转世不靠谱，灵魂似有似无，通灵无法证明。传奇大约是看得见摸得着的。传奇有很多种，可以是王朝帝国，可以是微软苹果，可以是爱因斯坦牛顿，可以是举着炸药包的董存瑞，也可以是大学校园里捐赠的一把椅子。

瞧，为什我们活着，一半的原因是因为我们身体的DNA需要复制，一半原因是因为我们会死掉。我们之所以活着，之所以是用今天这样的方式活着，是因为我们会死掉。话有些绕口，逻辑上有些荒谬。但是如果你细细地品味，就会明白的确是这样的。

生命本没有意义，追求意义的行为都是怕死的表现。我们只是亿万年前从宇宙深处飘来的一片 DNA 复制品，生命的源动力只是这片 DNA 有着神奇的驱动力。它渴望最大限度地被复制。我们追求伟大光辉，是因为这片DNA的载体最终要死亡。

　　说的有些凄凉，真相冷酷但是并不代表就悲催。我觉得生命最美好的事情就是快乐。开始和结尾都不重要，如果你一定要说点什么人生的意义的话，那就是过程的快乐。做个快乐的人吧，给自己快乐，给自己身边的人快乐。我们不在意我们为什么活着，只在意怎样快乐地活着。

　　生死问题古往今来无数仁人志士，先知思想家已经想破脑袋了。我们能做的就是在那些厚厚的经典里面，寻找一点能够支撑自己信念的东西。说到这个，总是不可避免地讨论人生意义。空谈人生意义是没有用的，就像空谈赚那么多钱是为了什么也是没有意义的。最终我们是需要落实到很具体的目标上。而只有那些具体落地的理想和目标，才是点燃我们生命真正的火焰，照耀我们前进。

　　除了投资理财，我的人生就有三大理想。如果都能够实现，我就会相对比较满足。我也不知道这些理想是怎么样稀里糊涂地钻进了我的大脑。久而久之，这些理想成为我人生选择的指明灯。这些理想能否实现也就成为我能否快乐的标尺。

　　第一个理想就是我感觉我生活在这个世界上，从小到大，有人种地，有人生产粮食，有人生产家具，有人盖房子。我享受了这个世界上大量的物质财富，我有足够多的义务去生产相当量的物质财富，回馈社会。

　　也就是说我需要尽可能多创造物质财富。这些物质财富可以是具体有形的，比如一棵树，比如一样工具，比如你组织大家一起办的一个企业。也可以是无形的，比如你帮助了社会提高了商品的交换的效率，你让社会更安全，你让人民思想更自由。总之我感觉社会对我不薄，我有必要反哺。这既是我的责任，也是令我愉快的事情。

我的第二大理想在思想领域。今天能够有幸福的生活，是受益于古代前辈们在思想上和知识上的贡献。我能够伸手打电话，出门坐飞机，生病有药吃，要感谢那些伟大的科学家和思想家。那些伟大的科学家和发明家在知识和思想上的突破让我受益。是他们发现了新的自然科学定律，发现了人类社会更好的协作方式，发现了宪政政府抑制王权的重要性。总之是因为有一些先贤，他们把新的思想、新的知识、新的信息带到了这个世界。

而我是这些思想者的受益者。所以我感觉我也需要生产足够多的思想和知识来反馈给社会。也许是我写一本书，也许是我有创造发明，也许是我发现的一个新的知识理论，也许是我写的某一首诗，写过的某一篇散文，或者说我写的那些博客。因为我生产出了有用的信息，反哺给社会。无论是在自然科学还是人文科学，只要我在从事这样的知识生产工作，我就是快乐的。当然，如果生产的东西越多，我自然会更加快乐一些。这个理想也是我多年坚持写博客以及写这本书的一些最原始的动力。

我的第三个理想就是来自亲人和爱。人如果拥有绝对多的物质和精神上的财富，但是没有爱没有亲人，孤独一世，那也是可悲和可怜的。我能有幸福的生活，是因为周围的人给了我爱。我的母亲，我的爱人，我的朋友，我的亲人。所以我也有必要把更多的爱生产出来反哺给他们。在我的博客里我写的就是快乐自己，幸福他人。我拿这句话作为我写博客的座右铭。

当然这些爱不见得一定要给我认识的人。我也可以给我不认识的人。比如有的时候当读过博客的网友给我回信表达感谢的时候，我就会很快乐而满足。因为我知道给这个世界生产出了更多的温情，更多的温暖。就像当你行走在陌生的异国他乡，给路边的一个陌生人微笑；或者当你在下雪天，给一个雪地里打滑的陌生汽车推一把力一样。一个小小的帮助会生产出格外的温暖。我并不期待得到什么回报。只是我想给这世界生产出来更多的爱。希望这些爱和温情能够被更多的人传播到更广阔的世界里去。

当然我相信读者不一定和我有一样的理想和目标。每个人的世界观不一样。大体而言，人过中年，总是有他精神层面的一些追求。不然生活就会变得行尸走肉般灰暗起来。仿佛每天都在混吃等死。

对于我个人而言，实现这些理想的一部分就是我这个财富目标的实现。因为在这个过程里，三个部分都有了。在我的认知世界里，赚钱本身就是创造财富，赚钱过程中积累的经验就是知识，获得财富之后给亲人的都是爱与温暖。2006年我几乎用了一年的时间在思考这些问题，当一切都想好了，于是我就开启了我的"普通家庭十年一千万理财计划"的旅程。

这个投资的旅程一共分四部分。一部分是知识储备，其他三部分是实战。从华尔街到香港，从上海到湾区，从实物到虚拟。有意想不到的转折，有惊喜，有绝望，有突如其来的机会。我像一个在探险乐园里面的旅行者，时而被惊吓，时而乐得开怀大笑。你坐好小板凳，我把我后面旅途中看到的一路的风景，一段一段的故事慢慢继续讲给你听。

第十二章 从 MBA 到投行

01 为什么搞金融的收入高

我的十年投资理财计划的第一步并不是去赚钱，而是去知识充电，我选择了先读一个在职的 MBA。很多人在走向衰老，开始回首往事时，可能都有同样的感触，那就是年轻的时候应该尽可能地接触更多的事情和更多的人。每一种经验、每一次经历以及和不同背景的人打交道对自己总是有好处的。

我读 MBA 的灵感也是来自我的一个朋友。这个朋友性格有些内向，说话有些结巴，口齿不是特别好，猛一看不是那种能够事业有成的样子。但是他当时比我有钱多了，因为他在帮他的导师经营一个基金。

用他导师的原话就是："他值得变富有""You deserve to be rich"。我想每个人可能都希望读书的时候能够遇到这样的导师，能够说出这样振奋人心的话。那位导师是某个大学金融系的教授，自己成立了一个投资基金。而我认识的这个朋友，就是帮他管理投资基金的对冲计算模型。

年轻人总是争强好胜，我觉得我自己并不比我这个朋友笨，甚至还觉得自己各方面能力比他更强一些，无论是数学还是和人沟通的能力。难道仅仅是因为一些机缘巧合，他做金融行业而我做理工，就让我们的生活有这么大的差距么？

那时候我一直想不明白的一个道理就是为什么从事金融行业的人工资或待遇远远超过其他行业的从业者。为什么同样智力水平的大学毕业生，从事金融行业的获得的工资就比其他人要高很多？

在中国早期从事金融行业的大多是文科生。而在我们那个时代，文科生多半都是班级里比较笨的，是因为他们读理科有困难，所以转而学文科，搞一些死记硬背的东西。所以理科生内心里是有一些看不起文科生的，总觉得我们比他们更聪明一些。

然而我们这些自以为比他们更聪明一些的人，后来挣的钱却比他们少。这个事实让很多人心里愤愤不平，难道人生就是因为偶然而阴差阳错？行业的差异为什么会这么大？

90 年代我们国家还没有金融产业。我的另一个朋友到美国之后注意到这个现象，他的解释是因为搞金融的，他们的产品就是钱。既然他们的产品就是钱，常在河边走，哪有不湿鞋？近水楼台先得月，所以金融行业的人挣的钱就会多一些。

这样的道理其实经不住推敲。建筑工人从事建筑行业，然而建筑工人只能住比较差的住房，而金融大亨们却住在各种豪宅里头。按照这个近水楼台先得月的道理，岂不是建筑工人的住房条件应该最好吗？

还有一些人认为是金融行业的人特别聪明，他们从名校毕业，受教育的成本比较高。所以需要获得更多的收入来补偿他们教育的投入。

如果是医生这个道理也许说得过去。医生的教育过程很漫长，所以医生获得的收入会稍微高一些。这是对他们的教育投入进行补偿。而金融行业不是这样的，你经常会看到很多非常年轻的金融行业从业者，刚刚大学毕业就可以挣很多钱。

还有一种说法，他们从事的工作非常重要，因为要管理动辄成百上亿的资金，所以他们从中挣一些钱也是可以理解的。

这个说法其实也站不住脚，因为从事重要的工作，不见得能多挣钱。举个例子，从事核武器发射的人掌握着地球上的亿万生命，但是他们挣的钱并不多，只能挣普通军人的一份基本工资。没有什么比生命更重要的，同样是治病救人的医生，在中国和美国他们的工资待遇也有很大不同。

还有一种说法，就是从事金融行业的人特别聪明，工作格外努力，他们能够解决别人解决不了的问题。其实不是的，金融行业的大部分就业者，他们做的只是很机械重复的工作，并不比其他行业的人需要格外的智商，真正需要智商的行业也许是基础物理和数学。普通的投行里肯定不需要绝顶聪明的人，而往往需要像销售员一样的情商高的人。

金融行业的从业者收入，无论在中国还是美国，在日本还是欧洲都是偏高的。按理说，如果这是一个市场充分竞争的劳动力市场，应该有更多的人去从事金融行业，直到金融行业的工资降下来才对。但是我们始终没有看到这个现象。我们看到是这个行业入门难，大家都打破头想进到顶级投行里面去。

金融行业挣钱比其他行业要高一些，我觉得可能有以下几个方面的原因。

一、货币垄断。垄断包括几个方面的原因：一是国家对于货币的垄断以及像华尔街这些金融机构所形成的行业垄断。国家对货币的垄断导致了货币的发行必须通过一些固定的渠道。那么离这些渠道越近的人，他们就可以优先获利。

举一个例子，美元总共的货币发行量大约是 16 万亿美元，而这 16 万亿美元都是凭空印出来的。而比其他人优先一步获得这些货币的人，就能先挣钱。中国的货币发行总量是 200 多万亿人民币，这些钱也都是凭空制造出来的。既然是凭空制造出来的，自然有人凭空受益。

二、行业垄断。搜索引擎 Google 的员工非常能挣钱，是因为 Google 垄断了搜索引擎这个行业。华尔街和屈指可数的大金融机构垄断了金融行业，无论是公司的股票发行，还是债券发行都要找这几个大公司才可以。比如一个美国公司要上市，只能去华尔街，只能去纽交所或者 Nasdaq。有垄断的地方自然就有暴利。我们小的时候，副食店的售货员阿姨是个令人羡慕的职业，也是同样的道理。

三、人们的消费行为心理。前面两个原因还是无法解释，即使是黄金作为货币的时候，为什么开钱庄的人挣的钱也比普通行业的要多一些。

我觉得最主要的原因还是人们的消费心理，比如说当你去菜市场买菜的时候。明明只有几美元的差价，但是你不惜花上十分钟跟小贩们讨价还价。小贩在你身上多花了十分钟，也就多挣了一美元。

然而你在从事一亿美元交易的时候。你同样花十分钟讨价还价，来去的金钱数量就是上百万美元的。同样一个人拥有同样的情商，付出的劳动也是一样，一个劳动产生的价值是另外一个劳动的几百万倍。

你购买了一个 100 美元的咖啡机，如果你发现在网上能便宜10 美元，你并不介意开车去把这 100 美元的咖啡炉退掉，再到网上去买一模一样 90 美元的商品。然而你花 1 万美元买一只钻石戒指的时候，你不会因为这个戒指多收了你 10 块钱而再回去找商家理论。因为你心里的总价值已经被调高了，人们都是在用百分比做自己行为的计算。

你在餐馆里吃饭花了 50 美元，服务员对你毕恭毕敬，提供周到的服务，你心情一好就给了他 10 美元作为小费。你在投资银行工作，如果你能够让一个一亿美元的交易过程顺利和令人愉快，那这个时候客户就实在不好意思只掏出 10 美元给你做小费了，而是拿出 100 万美元来给你。

在机器和人工智能取代人做金融交易之前，恐怕金融行业的收入会一直偏高。这些道理在我决定去 MBA 的时候还没能想得特别明白。只是后来在投行工作了一段时间，才明白为什么金融行业挣钱。

比如说一个 1000 人的企业，员工辛辛苦苦工作了一年，获得了 10% 的利润。为了简单计算，先说这相当于 10 万美元的利润。这个公司要上市了，这个时候上市，企业估值可能是利润的 20 倍，200 万美元。而这 200 万的估值中要拿出 5% 给投行作为佣金。这样算下来，这 1000 个人辛苦了一年的收入，也就相当于投资银行 2-3 个人几个月的工作量。

你可能会问，那上市公司为什么不愿意付更小的佣金呢？既然市场是充分竞争的，为何上市公司不是只支付千分之一或者是万分之一的佣金？为什么愿意付 5% 的佣金给投资银行作为上市的费用呢？

因为股票每天的价格波动就不止 5%，在这样大笔的钱剧烈波动的时候，人们不介意付出更多的钱获得更好的服务。然而你说投资银行确实给社会创造了 5%，或者是相当于那 1000 个人一年工作的价值吗？我看没有。社会的确给金融行业的人支付了偏高的酬劳。

02 求学若渴

我去读 MBA 一方面的确是受到了金融行业的诱惑。因为我想既然我对钱有兴趣，为什么不进一步看看自己的这个兴趣能走多远呢。另外一方面的动力还是想彻底搞明白金融和财务的一系列问题。我感觉自己所有的金融知识都是零零星星学来的。既然提出了"十年一千万"的口号，那还是认真系统地学习一下相关知识为好。

MBA 的课程学了十几门，从必修到选修，学到的知识很多。知识分两类，有用的和无用的。大部分无用的知识，随着时间的流逝，自然会从你记忆中被淡忘。就像我们中学大学学到的大部分数理化知识一样。淡忘并不要紧，很多知识是在记忆深处默默地做着储备。

学习的很大一个目的并不是立刻把这些知识用到什么具体的用途上，而是因为有某方面的知识储备，让你对某一些领域的问题不再害怕了。等问题来临的时候，你知道上哪里去寻找相关的资料。

我自己是理工科背景的，所以对于这一点有着深刻的感受。比如我们大学一年级时候都学过复杂的高等数学，但是我敢说大部分人95%以上再也没用过。可是这并不等于高等数学没用，最大的用处就是当你看到微分和积分符号方程的时候，你不再害怕了。

现在回忆起来，MBA的课程和知识点是对我的投资理财经历非常有帮助的。我简单整理一下供读者参考。

一个是微观经济学，这是经济学的基础科目。它让我明白了价格是和成本没有关系的，价格完全取决于供求的平衡。在我这一代美国华人中，曾经受到过很多片面和错误的教育。很多观点不仅是书本上错误的公式，在现实生活中，也害了很多人。

比如我们一向认为一个商品的价格是围绕着它的生产成本进行周期的波动。当市场价格超过它生产成本的时候，就会有更多生产者涌入。当价格低于它生产成本的时候，就会有卖家退出，这个动态的过程中实现了价格围绕着成本的上下波动。

这个理论听上去不错，但是在实际生活中其实是一个到处碰壁的理论。2005年以后，当中国的房地产价格开始飙升的时候。有人用同样的理论去预测未来的房价。比如当时上海一栋楼的土建成本只有2000元每平米，而当时的地价大概是5000元每平米。那么售价怎么可能长期保持在2万元每平米以上呢？

根据马克思的理论，应该是大量开发商投入生产，商品房的价格下跌到 7000 每平米以下才是合理的。所以有人根据这个理论就是坚持不买房。更有甚者是把自己唯一的住房卖掉，期待房价下跌之后用更低的价格买入。

然而现实不断在给这些梦想着房子会降价的人打脸。房价非但没有低于 7000 人民币每平米，而且持续高于 2 万每平米。然后上升到 3 万 4 万，一路涨到今天的 10 万元每平米。在整个过程中从来没有跌落到生产成本价格以下。

系统地学习微观经济学的知识才让我知道一个商品的价格和它的成本是没有关系的，市场价格取决于纳什均衡点，是买卖双方按照他们各自是否有其他更好的选择(Alternative best choice)，而互相博弈的结果。既然是这样的博弈，房价自然可能是长期远远高于生产成本的。

明白这个道理可以帮助我们讨价还价。比如我们去旅行的时候，经常到自由市场上和小贩讨价还价买工艺品。小贩们总是喜欢开出一个很高的价格，然后等你杀价。我为此发明了一套讨价还价的方法，屡试不爽，每次都可以保证几乎最低价成交。我在这个讨价还价的过程中，其实就是在寻找那个平衡点。因为这些摊子上的很多商品雷同，我从来不关心小贩们开价是多少。我讨价还价购买商品的方法就是先给对方一个不可能卖给我的基价，注意这个价格一定要低到对方不卖给你才行。

然后我换一个小贩，在这个价格上往上加 10%试试。然后再换一个小贩，再加 10%，直到有一个小贩愿意卖给我。我用这样的办法买东西，在世界各国的旅行中很少吃亏。当然缺点就是免不了受很多小贩的白眼，因为我一开始开的价格总是低到他们愤怒地想打我。

微观经济学中另外一个对我有用的知识点就是市场效率理论。这个理论让我认识到各行各业，除非你拥有长期的垄断权，不然是无法实现长期高利润的。用通俗的话概括就是，马路上你不会随随便便看到一张真钞票，但是如果你看到的话，要赶紧把它抓在口袋里，因为你再也没有这样的机会了。用到房地产投资上，那就是好学区永远不会有正现金流的房子。如果有，那一定是转瞬即逝的机会，你要赶紧抓住它。

沉没成本和边际成本也是微观经济学的两个重要概念。沉没成本的概念对于买卖股票其实是非常有帮助的。人们在买卖股票的时候，因为出于期待盈利的心理，总是经常给自己设置一些错误的规定。比如很多人死守底线，不愿意以低于自己买入价格的成本去卖出股票。其实卖股票你最需要关心的是如何按照可能的最高价卖出，你的买入价格已经全部变成沉没成本了，压根不需要考虑。

我们人的一生中，曾经过去的所有事情都是沉没成本。你投入的时间、金钱、情感都已经沉没了。想明白沉没成本的概念，会让我们更好地放眼于未来。边际成本是另一个给我深刻印象的概念。当你购买一样东西的时候，如果卖家的价格高于它的边际成本，他就有一万个理由愿意卖给你。即使这个价格，远低于他的平均总成本。比如小贩卖东西的时候，进货价是边际成本，而房租则是总成本的一部分。这对我们讨价还价的时候，摸清对手的底线很有帮助。

不过学习一些经济学的知识也让我对美国的一些深层次的社会问题有了更深刻的理解。比如很多已经是板上钉钉的经典经济学理论，为什么在现实生活中执行起来那么困难？每一个学过经济学的人都会告诉你，房租控制是毁掉一个城市最好的手段。可是并不耽误加州出台一个又一个的房租控制法令。所有的经典理论都会告诉你，工人罢工、工会集体议价最后伤害的是工人自己。可是这并不耽误工会的存在，并几乎把整个底特律的美国汽车产业弄破产。

这好比是说今天已经有了现代医学，有了数理化学，但是并不耽误大家去相信巫术，或者用星座相亲是一个道理。

且不说那些不读书的人。世上有太多的人，他们在读书的时候，很少把书上的内容和自己的生活实践联系在一起。书上的内容对于他们来说，就像是看动画片里哪吒闹海一样，虽然看着很热闹，但是和他们的生活没半点关系。他们不会把书上的知识运用到生活实践中。另外一方面，国家与社会，特别是民主的社会，在权衡社会利益的时候，往往对短期利益的关注远远超过长期利益。短期利益是自己的，长期利益天知道是谁的。

所以你经常可以看到那些拥有高学历的博士生们，那些系统学习过统计学理论的人，津津乐道星座与人的性格特征之间的关系。商学院的毕业生大肆鼓吹租控公共政策。

微观经济学还会告诉你垄断的力量。虽然之前我明白垄断的威力，但是我从来没有用图表用供需曲线去精确地描绘垄断对商品价格的影响到底是多少，并不知道如何量化和计算这部分。学习了微观经济学，我可以精确地算出来，当一个国家或一个政府对土地的供应发生垄断的时候，对价格会产生多么大的扭曲影响。这些问题用文字说明往往不容易清楚理解，但在供求曲线上描绘时，一切就变得一目了然。

微观经济学还会告诉你，海关税收和抵制某一国家的货物到底伤害的是谁？比如当年我上这门课的时候，中国正好发生抵制日货。我今天在写这本书的时候，美国和中国在打贸易战。学习经济学可以让大家对这些问题看得更加清楚。所有税收最终都是消费者买单。抵制某国的商品导致的结果也是两败俱伤，而是让第三国受益。

03 知识储备

对于宏观经济学，我自己感觉最有用的就是搞清楚了利率、GDP、货币政策、贸易政策等等这些每天报纸上看到的指标之间的相互关系，明白了背后的原理。这个时候你就可以看清楚报刊媒体新闻背后的故事，不会轻易被别人忽悠。

比如宏观经济学解释什么是钱，钱的本质是什么？这对我后来投资比特币有非常大的影响。宏观经济学也揭示了 GDP 以及一个国家的财富构成到底是什么？让我更能看清楚中美之间 GDP 之间的差异。也能够看得清楚财富正在朝哪个国家转。

如果回到 100 年前，有人告诉你，香港有一天人均 GDP 将是英国的两倍，估计你会笑他们发疯了。然而这样的事情实实在在地发生了，而曾经辉煌的英国，人均 GDP 在今天只能排到美国最落后的几个州里面，仅仅是加州的一半。明白这些道理才能看清楚世界的财富往哪里转。

对 GDP 的理解可以让我们大概明白哪些是舆论宣传，哪些是忽悠。比如经常有媒体说中国的 GDP 做假。这样的报道我在过去几十年里不知道看过多少次。另外一方面还有人认为美国的 GDP 水分很高。因为据说美国 6%的 GDP 都是法律服务，20%的美国 GDP 都是医疗保健。有人认为这是垃圾 GDP。此外永远不断有政治人物出来批评不能以 GDP 为论，要考虑幸福感。这些貌似有道理的宣传，如果你仔细学过宏观经济学，就会自己分析和判断，而不再受到他们的蛊惑。

GDP 是测量一个地区和国家发展再精确不过的指标了。尤其是名义 GDP。当你到世界各地去旅行的时候，你几乎从一个国家的人均 GDP 就可以判断一个国家的市容和干净程度。读者有机会去看一看，比较一下西欧、东欧、中东、南亚、东南亚的各个国家。看看人均 GDP 能不能代表一个国家的发展水平。

宏观经济学让我们更好地理解通货膨胀。之前我对通货膨胀的大部分理解都来自自学的结果。你经常会看到一些神奇的文章，比如输入型通货膨胀、农产品型通货膨胀。因为某些外界因素，导致某一类商品的价格上涨而引发通货膨胀。学完通货膨胀的理论，你大概知道通货膨胀就是钱发多了，其他都是掩饰的借口。你也知道对付通货膨胀的办法并不是拥有某一类不再增发的商品，因为世上没有永远保值的东西。

其实这些课对我最主要的用处是对于平时听到的一些基本概念有了更明确的认识。比如失业率并不表示没有工作的人的比例。而是那些努力找工作，但是找不到工作的人的比例。明白这个道理就可以知道特朗普竞选时候打出美国失业率高的悲情牌是多么不靠谱。宏观经济学关于增长的理论，让我明白人口是决定的因素。一切增长背后的本质是靠人、技术和资本。而人工的增长是永远敌不过资本的增长的。

我这里不想把我学到的关键知识点都罗列出来。微观和宏观经济学让我学会了用经济学的思路思考现象，理清了大量基本概念。

我学完微观经济学和宏观经济学之后的感受就是，这些课程的基本知识与我们的生活那么的贴近，也许都应该放到中小学阶段进行学习。就像基本的物理数学常识应该是每个现代人都应该掌握的知识。

还有一些专业的课程对我也很有帮助，比如说会计（Accounting）和企业财务（Corporate Finance）这两门课。学习MBA 之前，我是看不懂一个公司的财务报表的，也看不懂复式记账法，我也不知道如何对一个公司进行有效的估价。学习了这两门课，我大约可以从上市公司的财务报表中大体看明白一个公司的基本情况。投资这门课，更是让我知道怎样手把手地从最底层去给公司做一个估价。

金融衍生品交易的课，是一门对数学要求很强的课程。那些复杂的公式，那些复杂的交易策略（trading strategy），渐渐在我的脑海里都被忘掉了。可是这些知识在研究如何购买比特币的时候又重新冒了出来。我用到了相关的知识，毫无风险地获得了比特币。这点我在第十七章还会仔细介绍。如果我当时没有上这些课程，那么可能就没有这样的知识储备，等这个问题来临的时候，我也想不到这样的好方法去投资。

市场学（Marketing）这门课也很有意思。学习这门课之后，你会知道，市面上大部分商品的价格跟他们的生产成本没有关系，而完全取决于商家忽悠消费者的能力。人们的购买习惯是非常复杂的，不是简单的比对性能和价格，而是受很多心理因素的影响。人们在掏钱的时候，觉得自己是上帝。任何人一旦傲慢，智商也就自然直线下落。B2C 市场大量的消费品销售价格长年远远高于生产成本，比如 LV 包。

读书期间的另外一件乐事就是阅读了大量的案例(case)。这些 case 大部分都可以当历史书来看。比如洛克菲勒经营房地产的历史，我就写了一篇文章，来看看地主是怎么分家的？

洛克菲勒中心分家的故事 (2008 年 2 月 14 日)

by Bayfamily

大家都知道纽约有个赫赫有名的洛克菲勒中心。洛克菲勒家族从 1932 年到 1952 年的时间里，在纽约的 mid town（中城）先后盖了十二栋楼。占地 12 个 acres（英亩），总面积 6.5M 平方尺。一度是纽约人以及美国人的骄傲。虽然我每次去都特别不以为然，可纽约人把它当成个宝，尤其是那个小溜冰场。我实在看不出有什么特别的地方。洛克菲勒家当年盖这个房子暗箱操作的事情可没少干。从地皮到特许经营权。在这房子上洛克菲勒家族可是赚嗨了。哗啦哗啦猛收了三十几年的租子。

事情到了 1985 年，问题来了。首先是家族根深叶茂，子子孙孙，要分家产。不是每个人都对房地产那么有兴趣。房子不像股票，可以分得很细。当然过去中国人分家是另外一回事，老大东厢房，老二西厢房。你看，前些日子中国的李连杰，在上海浦东最好的地段盖了个房子，然后向媒体宣布，打算东边这栋留给大女儿，西边这栋留给二女儿。整个还是一个土财主的脑子。老外分家要分个干净，何况这帮子孙们不再满足收租子过日子。最好是把房子卖掉，大家一分，然后该干什么干什么去。

要卖房子，麻烦可来了。第一是税。到了 1985 年，房子的市场估价是 1.6Billion。可在账本上由于长年的 depreciation write off（折旧抵扣），房子的价值已经几乎是零了。这真是投资房地产的好处，明明是天价的房子。Sam 大叔的账面上却过瘾地把它的价格当成零。以前 claim depreciation（申报折旧）是不错，可现在一下子要交 1.6Billion 的 capital gain（增值）的税，洛克菲勒家可实在不甘心。

第二是名声。洛克菲勒家的老一辈革命家对房子有深厚的感情，希望永远掌控房子的实际经营权，要把洛克菲勒的名字永远继承下去。要是随便把房子卖掉，明天被人改成李嘉诚大厦，岂不是很伤家族的面子。

第三是房子的总值太高。一下子出卖，也没有哪个买家能买得起。如果弄个 exchange（互换）来延税，也找不到类似的房子和买主。

怎么办？说来简单，refinance。

首先是先化整为零，弄一个占 80% 股份的 REIT (real estate investment trust)。在 REIT 的名下，出售 750M 的股权。等于是扩招新股，股本进来的钱总不用交税吧。接着是发行 500M 的债券，发行的是 convertible 的 bond（可转债）。若干年以后，可以转成股份。发行债券不但不交税，反而可以用利息来减税。后来日本人在 89 年买了 1.3billion 中大部分股份，当冤大头的故事，大家都知道，我就不说了。

你看看，这样一来，洛克菲勒家占了 20% 的股份。其他 80% 的股份分散在其他千千万万的投资人手里，洛克菲勒家族保持房子的实际经营权。同时大量的现金进账，一分钱税也没有交。子孙们吃喝玩乐，分散投资。

好了，洛克菲勒的故事讲完了。很简单，是个大地主分家产和逃税的故事。从中我们可以学到什么呢？

首先是要知道，在美国投资房地产是几乎不用交税的。无论是大地主还是小地主，我很少听说有人交过 capital gain 的税。穷人有 500K 的免税，可以 exchange，富人有无数的漏洞可以钻。不但不交税，depreciation 和 interest 还可以到处抵税。相比之下，401K 的延税和 Roth 的免税实在不算什么。在中国投资也是同样的道理。洛克菲勒家把钱取出来和我们做 refinance 没什么区别。在中国买卖房子的税费很高，最好的办法就是长期持有，要钱的时候，cash out 贷款提现出来。

第二个是洛克菲勒中心当年估价用的数据非常有意思。在1985 年，当时的估价是鉴于未来 20 年里，每年 7% 的房租增长，6% 的成本增长和二十年后 8% 的 Cap rate 作出的。后来实际的 rent 没有涨那么多，成本倒是呼呼猛涨。也是后来日本人退出，中心濒于破产的原因之一。俗话说，买的没有卖的精。新手买出租房，老房主常常是玩了几十年了的老江湖。信息是不对称的。对于未来的房租估计不能太乐观。切记这点。

其他的比较精彩的 case，给我留下深刻印象的还有几个。一个就是为什么计算机上会贴 Intel 标签的？FedEx 是怎么创业成功的？当然可口可乐和百事可乐的故事永远是经典。他们两家互相争斗的历史也可以反映消费者的弱点。那就是消费者是盲目的，他们根本不知道自己在买什么。而卖家永远在利用人性的弱点获取高额利润。如果你仔细想一下我们生活中的细节，不单限于奢侈品，甚至是一个纽扣、一袋大米、一块肥皂，它们都不会无缘无故地跑到你家里来。这些商品之所以跑到你家里来，你之所以买了这些商品而没有买另外一些商品，都是因为在成千上万个渠道和环节上被别人精心算计过。

04 次贷危机爆发

在美国给人的感觉就是你是自由的，你可以做任何你想做的事情，我感觉自己既然对金钱和投资这么感兴趣，那也许应该去金融业去尝试一下，人做自己感兴趣的事情总是对的。读过 MBA 的人都知道，学习知识只是 MBA 教学中很小的一部分。

更大的一部分是 networking，和各种各样的人打交道，其实就混圈子。我读的商学院是全美排名前 15 名的商学院，大部分同学毕业之后都去了金融领域工作。我也给各个投资银行的工作人员打电话，与他们套近乎，争取寻找工作实习的机会。

但是 networking 实在不是我特别擅长做的一件事情。我擅长于思考和观察，不属于能说会道的人。在美国更是这样，作为少数族裔，总有一种你努力挤进别人圈子里的感觉。这也有可能是我过于敏感。有的人和别人共事的时候，很自然就能成为这个团体里的领袖，而我不是，我更喜欢像一个局外人一样静静地观察。既然性格里不是领袖，那就不用勉强自己去做个领袖。

我 10 年投资理财计划的成功要点取决于自己现金流的提高。所以我很自然地就会想到去从事金融行业。而当我积极努力地联系各个投行公司，看看能否谋到一份工作的时候，又一个想不到的事情发生了，那就是次贷危机。

如同 911 灾难发生的时候一样，次贷危机发生那一天的每一幕我也是一样印象深刻。次贷危机当然是有一个渐渐演化的过程。我印象中，从 2007 年一开始便是山雨欲来风满楼。做贷款的公司 Countrywide Financial 要破产的时候，我正在上投资学(Investment)这门课，老师解释了 Countrywide 是如何把房地产债券分成几段，然后合并起来打包出售。课堂上拿出了这个公司的财务报表，让我们看看能否分析出这个公司要破产。

从财务报表上根本看不出这个公司有任何破产的迹象。不但我们看不出，连专业人士也看不出。因为很快美国银行(Bank of

America)就花了几十亿美元买了这个公司。哪里知道其实是买了有毒资产，后来差点把 Bank of America 拖破产。财务报表只能是后知后觉，很难先知先觉。

这是我对次贷危机的第一次理性认识。但是整个次贷危机的高潮点是美国政府宣布不救助雷曼兄弟而让其破产的那一天。之前美国联储局救了 Bear Stearns，把该公司用两美元一股的价格转给了 JP Morgan。我当时看到这个消息的时候还想，怎么美国跟中国一样，也搞大国企并购。到了 9 月份，雷曼兄弟不行了。联储局、财务部长和华尔街所有的银行大佬在一起开会，决定救还是不救雷曼兄弟。

那天是 September 13, 2008，如果我没有记错的话是一个周六，我正在上一堂课。当时手机已经普及了，大家一边听着老师讲课，一边都在等着当天下午的新闻。每个美国人都在关心那个会议的结果。

课上到一半的时候，有一个同学举起了手，老师问他有什么事。那个同学对老师说，我只是想跟老师和同学们说一下，联邦政府和华尔街的银行们决定不救助雷曼兄弟。

教室里发出"轰"的一声，大家交头接耳的议论着。以前的各种金融危机，普通老百姓都是吃瓜群众，看热闹不嫌事大。但是那年是我们临近毕业的时候，大家从吃瓜群众变成了群众演员，金融市场的好坏直接关系到我们的工作与就业。

老师在台上让他把新闻头条读一下，然后沉思了一会儿，静静地说，这非常有趣，咱们看看会发生啥"That will be interesting. Let's see what happens."。我能感觉到教室里沉重的气氛，很多人脸色铁青。因为读 MBA 都交付了很高的学费，有些人背负了比较重的贷款，这个时候大家最需要的就是一份高薪的工作。而经济危机的到来，尤其是直接由金融行业爆发的经济危机，让每个人的未来都变得前途暗淡。

这场灾难现在回想起来仍然历历在目，和我回忆 911 那个早晨简直是一模一样。因为美国政府宣布不救助雷曼公司，第二天爆发了总危机。市场上大家谁也不相信谁，因为大家不知道下一个倒闭的公司是谁。很快联储局不得不到国会申请要求 7000 亿美元的救助计划，而且还说即使给了 7000 亿美元，也不清楚能不能救活金融市场。但是如果不救的话，一切都将陷入彻底崩溃。显然当初那个不救雷曼兄弟的决定是错误的，金融市场一切的秘密就是信心，如果大家都没有信心的话，系统就会发生崩塌。

我就是在这样混乱的背景下，去投行找我的实习机会。

05 投资银行

尽管我不是很喜欢 networking，但是我对华尔街和投行到底是怎么工作的却有着很浓厚的兴趣。所以我也加入了 networking 的洪流，不停地和投行校友们打电话，说一些言不由衷的话语，重复聊着一些快能背出来的话题。电话 networking 主要是介绍自己，然后顺便让对方感觉到，我对这个投行的工作付出了极大的热情。这样的招聘方式其实是非常荒唐的，但是不知道为什么这些年来投行一直保持这样的惯例。这也是我开始感觉到金融行业根本不是我原来想象的一样。那段时间可能是我一生中说过言不由衷的话语最多的时候。

不过我的运气不错，在市场最糟糕的时候，我居然在世界前十名的投资银行，找到了一个实习机会，让我可以有机会在一线了解金融公司是怎么运作的。投行的收入虽然非常高，但是每天做的工作却不用费什么脑子。根本不需要一个聪明人从事金融行业，每个人就像一个大机器上的螺丝钉，只要把自己的那部分工作做好就可以了。

说白了投行就是一个中介业务，和普通的房地产中介没有什么区别，只是投行做的是买卖公司的中介业务而已。比如投行的大部分工作是做上市和并购。整个过程和买卖房屋的中介代理也没有什么区别。主要是和一个快要上市的公司领导套近乎，争取把业务揽到。谈好委托代理协议，然后帮着公司做估值，就像给房子做估值一样，然后再按照流程办理上市手续。

这个过程其实很简单，难点就是你是否能做好人际关系，需要的基本技能就是讨人喜欢，做好对人的服务工作。而作为基层的分析员，其实做的工作也没有智商挑战，只是把一些 PPT 和财务表格整理得漂漂亮亮的，不要有错误。

既然是个"拼缝"的买卖，社交就成了最重要的环节。我在那里工作的两个月中去了无数多的派对。即使次贷危机后金融市场已经糟糕到那个样子，大家还是忙于派对。差不多每周都有两个以上的派对。在派对上大家觥筹交错，谈论着各种很大的数字和经济形势，喝得有些上头之后再回到办公室通宵熬夜地赶各种PPT。

社交不是我擅长的，我自己的个性是擅长观察和冷静的思考，最不擅长的就是和人面对面打交道。有些人天生具有亲和感和号召力，我却没有这个天然的能力。我话不多，经常冷场。

我总体的感觉是金融行业的人并没有为这个社会创造出那么多的价值，金融公司和投行获取的高额利润并不因为他们提供多么复杂的服务，而在于他们做的是高额的金融交易。社会出于各种原因，分配了太多的蛋糕给他们。

我当时做了一个市值大约 10 个亿的上市案子，市盈率大约是25 倍。我们几个人忙了几个月，拿到的服务费在 2000 万左右。也就是说投行基本上拿走了一个企业半年的纯利润，等同于 2000个企业员工拼死拼活干了半年。这还是能够上市的公司，几千家公司里面才能出一家上市企业，大部分公司的利润率根本没有这么高。

所以投行的收入高，是因为我们几个月就拿走了几千人半年产生的利润。但是你说投行这些服务有多大的价值，或者难度有多高，却实在看不出来。无非就是整理一下财务报表，规范了一下法律流程。连财务审计和尽职调查（due diligence）这些事也通通是外包的。

分配的不合理，导致很多人对金融行业趋之若鹜。可是金融行业的文化总是和我格格不入。我不知道该用什么词来描述，找不到一个描述这种感觉的词汇，也许就是浮夸和 Snobbish。在金融行业工作的顺利与否很大程度取决于他人对你的信心和信任。所以大家对外在的东西都非常关心。穿衣服要穿名牌，东西要用最好的，业余生活就是关心哪里去弄一个好的跑车，哪里去住一个豪华的酒店，哪里去弄个飞机。说起话来要口若悬河夸夸其谈。

虽然很多人受过良好的教育，都是著名的高校毕业生，可是他们特别看重那些虚无缥缈的东西，搞各种攀比和浮夸的人生观。

可是另外一方面，因为投行的收入比较高，当然公司也会提高行业准入门槛。门槛之一就是特别长的工作小时。投行的工作小时数经常会超过 100 小时每周，每个人累得像死狗一样。让人感觉投行里面的人都像是金钱和欲望的奴隶，没有自由。每个人心里算计的都是年终的分红有多少，内心并没有什么快乐。

相比之下，做我理工科的老本行，虽然金钱收入没有那么多，但是我很快乐，而且很自由。我不需要花那么长的时间做一些在我看来特别无趣和假大空的事情。所以我最后选择不去金融行业而是继续做我的老本行。因为我觉得金钱给予人的最大好处是自由，我可不愿意在以后 10 年或者 20 年的时间里，度过那么多通宵达旦加班的生活。

06 资产分析师

金融系统里的另外一个高薪的工作就是 Equity analyst。这是一个需要冷静思考的职业。你需要观察一个公司的运转情况，然后估算出它们到底值多少钱，未来是否有增值空间。可是近距离接触后，我发现这些分析师大部分的工作基本上是盲人摸象。他们写出厚厚的分析报告，说得头头是道，可是那些头头是道的预测他们自己都未必相信。

我当时要做一个可再生能源公司的并购买卖，所以专门拿了一份花旗银行的分析报告来阅读。这个报告是由当时在这个行业里非常著名的分析师写的。他分析了光伏产业的未来前景，比对了众多公司，最后得出的结论是光伏行业未来几年看好，而且中国无锡尚德将会一枝独秀。

我翻看了一下，就知道他其实是在胡说，他对可再生能源不了解，对尚德这个公司也不了解。我之所以敢说这样的话，是因为我的理工科专业领域跟尚德有很大的相关。我的技术背景让我对尚德看得更清楚，我知道尚德太阳能和其他公司无论从技术门槛和管理能力上其实没有什么太大的区别，而且整个行业面临严重的产能过剩。

果不其然，过了几年之后尚德破产重组。如果你现在再把这个分析报告拿出来看看，他的预测就如同说梦话一样。我记得那个报告里的财务分析，信誓旦旦地认为尚德太阳能的股票会超过100 美元一股。

到底这些资产管理的分析师对于公司有多大的理解，我一直表示怀疑态度。因为有非常多的数据，证明这些分析师给出来的报告并没有很好地指导市场投资到正确的公司上。哪些分析师有名，哪些分析师没名，往往取决于他在圈子里的资历和人脉混得怎么样。

这也是印证了我一再相信的，在对市场未来的判断上，没有人是专家。大到宏观经济未来的判断，小到对一个具体公司的财务判断。我后来自己创业的经历也证明了这一点。作为公司的创始人，在我掌握了全部的财务信息和管理信息的情况下，对于公司的未来我自己都看不清楚，更不要说分析师了。

07 MBA 经历总结

我的 MBA 经历总体是正面的。我最大的损失就是金钱上的损失，我总共付了大约 10 万多美元的学费。但是如果当时没有读 MBA，这 10 万美元会被用来投资房地产。而按照后来局势的演变，我估计损失了 100 万到 200 万美元。

MBA 学费虽然是大学学费，但是不能抵扣任何税费。我还是秉承以前的消费理念，学费贷款和其他的信用卡贷款本质上没有什么区别，都属于超前消费。所以 MBA 学费我也是自己老老实实地把它付掉了，没有申请一分钱的学生贷款。这样我在毕业的时候可以有一个比较好的状态，不用因为身上有财务的负担而不得不去选择一些挣快钱的职业。

但是我并不后悔这件事情，最主要的是学习到了知识，还有让我更清楚的了解，自己是一个什么样的人，未来应该做什么样的事。

还有一点，就是在公司上市的过程中，我认识了一些企业家。在和他们的交往过程中，让我对创业有了进一步的了解。在我以前的记忆中创业的人都是一些特别八面玲珑的人，或者有资本渠道的人。后来我发现创业其实需要的是一些意志坚定的人，他们并不需要能说会道，甚至性格偏内向和冷静。

投行实习快结束的时候。一个资深一点的 MD 约我一起喝咖啡。他知道我有博士学位之后，语重心长地对我说，"你还是去做实体企业更合适。我们这些人没有一个人知道怎么样像垒砖头一样，把一个公司一点一滴地建起来。你和我们不一样，我们这里只有你知道。"

也许是被他的真诚感染，也许是被他忽悠得我自我感觉良好。之后，我决定先尝试一段创业的生活。我的创业故事可以另外写一本厚厚的书。限于篇幅，我这里不说那里面的甜酸苦辣了。创业鲜有一帆风顺的，大部分创业公司三年就倒闭了，其余的 90% 都变成了鸡肋。我的运气就是鸡肋的那一部分。创业导致我长年低收入，远低于我找个大公司混日子的收入。现在想想要是当年不创业，我的投资理财之路，十年一千万的目标会实现得更快更加顺利一些。

1,000,000 到 10,000,000 美元

　　你的存款只是允许你上车玩游戏的门票。游戏的胜负不取决于资本的多少，而是上车和下车的时机。你能住什么样的房子，基本上也取决于你游戏玩的好坏，或者你是否参与到这个游戏当中。

第十三章 从 100 到 1000 万（一）抢房

01 上海购买第二套住房

当目标确定，理想定好，知识储备完毕，一切理论问题都想清楚了之后，就是开始埋头苦干奔向 1000 万的目标了。不付诸实践的，再好的道理都是空话。我在投行工作的时候，一个同行对那些媒体上经济评论人非常不屑地说："你别看他们夸夸其谈，口若悬河。明天真的给他们一百万美元让他们对赌试试做到15%的年收益，恐怕他们会吓得屁滚尿流，落荒而逃。"

光耍嘴皮子是没有意义的。实践才是检验理论的唯一标准。这点上我一向欣赏王阳明先生。所以在后面几章里，我会尽可能的把自己制定投资目标后的十年投资历程，以实录的方式呈现出来。无论你同意还是不同意我的观点，这是我们这个时代，我们这代华人，实打实的历史纪录。

现在回想起来可以把"普通人家十年一千万理财计划"的投资经历分为三个阶段。每个阶段都完成了一个重要的投资工作。当然这个划分并不是绝对的。因为很多投资都是连续的，这样划分只是让读者便于理解。

我做了三件比较大的事情，分别是：投资中国的房地产、抄底次贷危机后的美国湾区房地产、投资比特币。这三件事情大体有一定的阶段性。就是 2007-2010、2010-2016、2016-2018。

当然很多投资都是连续的，我在做一个投资的同时，另外在关注着其他的市场。我这里基本上是按照具体落实的行动而划分阶段的，并不只是自己关注的对象。一个好的投资者其实是在不断地关注着周围有可能出现的投资机会的。

2007年的时候，根据我对加州房地产形势的判断，在我制定的十年投资理财计划里，决定先不再买房，而是等一阵子再说。加州的房地产投资规律性很强，过去三十年里经历了四次涨跌起落。为了更好地执行制定的计划，我当时在投资理财的论坛上，提出的口号是"三年不买房"。并把这一个策略在网络上用博客公布出去。

2007年，我的十年计划的头一年里，我最关注还是在中国的房地产。由于在北京的买房计划迟迟无法落实，我把手上几乎所有的存款，在上海买入了第二个房子。

当时大部分回中国大陆的购房者，只是为了满足他们老了退休的打算，或者给家人改善生活的愿望。很多人说在中国买一个房子，现在给自己的亲戚住，老了之后他们可以回国有地方住。这些打算背后的逻辑是中国比美国的物价便宜，有更多的亲情，适合养老。

换一句话就是，美国的钱好挣，中国的钱好花。所以在美国挣美元以后，按照1：8的汇率汇到中国花人民币。

我可不这样想。如果你看日本、香港、台湾这些亚洲四小龙的历史，你就会大体预测到再过几十年，等我们老了的时候，中国会变得异常的昂贵。中国的核心城市，根本不是普通退休美国老人可以住得起的地方。老了退休应该在美国住才对。而中国是在快速发展的阶段，所以应该现在赶紧在中国挣钱才是重要的。更为现实的模式应该是倒过来，在中国来挣钱，回美国来养老。

2006年夏天，虽然房价比起几年前已经涨了一倍多，但上海的房地产依然非常抢手。于是我利用回国探亲的机会，去落实购买第二套住房的计划。按照我自己原先想好的投资理念，打算投资上海的 2 号地铁沿线住房。2006 年夏天上海的房价已经今非昔比。2001 年的时候，我们在美国工作的白领双职工可以在上海的几乎任何地方买得起房子。2006 年只能选择内环线以外的房子了。我当时看中一个在长宁区天山路的楼盘，专门委托了一个在房地产公司工作的亲戚，让他帮忙找开发商打一下招呼。

那天是早上 9:00 开盘，我因为要陪母亲一起吃早饭，所以 11 点才赶到现场。我去的时候，售楼处说房子一套都没有了。真的就是这样，整个楼盘开出来，一个小时就全部卖完了。很多人拥挤到售楼处，销售对所有人都是摊着手，用扩音器喊，"楼盘已经全部销售完毕，请大家不要滞留"。 房子没有了，即使我们打了招呼，找了关系也没有用，因为全都卖完了。

亲戚埋怨说："你为什么这么晚才到？"我哑口无言。其实现在想一想真的是怪自己，没有把买房子做为最高的优先。因为买房子毕竟是买东西，买东西的时候人总觉得自己花钱，应该被当作上帝一样服务才对。

我和很多人一样低估了中国一线城市的购买力。1990 年的时候，中国每年的建成面积是 1000 万平米。2000 年的时候，中国每年的建成面积是一亿平米，整整涨了十倍。2010 年的时候，中国每年的建成面积是 10 亿平米，又涨了十倍。即使这样也挡不住汹涌澎湃的购买力。涨了 100 倍的产能在任何一个国家早已过剩了。但是中国人口城市化汹涌澎湃，一线城市的住房永远盖不完，永远都不够。

等人群渐渐散去了，我找到公司里的熟人询问情况。那人客客气气地说他也没办法，都是定金塞过来买房的。也许等几天会有人退出来再给你们消息。我觉得他是友好地宽慰我们。抢到篮子里的都是菜，这个楼盘是不会有人退出来的。

亲戚宽慰我说这个楼盘其实也有很多问题，不买也罢。首先离一个废水处理厂比较近，偶尔能闻到一些臭味，另外此地和中环高架路也比较近，比较吵。其实买房子哪里有十全十美的，十全十美的房子哪里又轮得到你。

我的态度还是很坚定，我说这次回来一定要买一个房子。因为我知道这样的机会失去之后，恐怕未来几年就再也没有了。他后来想了想和我说，也许我们可以去浦东看一看。他的另外一个朋友，在那里开发一个新的楼盘。但是那里既没地铁也不是很繁华，而且不是 2 号线沿线，恐怕买了会出租不出去。因为那个时候，很多人担心上海的房价已经涨得太高了。报纸上到处都是类比日本当年的房地产泡沫的文章。我的这个亲戚也是有过很多年投资经验的人。他建议我不要去买太偏僻的房子，核心区的房子可能更加保值一些。

我说没有问题，因为我在美国的经验告诉我，房价涨起来的时候，是边缘地带的涨幅更加可观一些，因为世上总是穷人多。

就在我要离开上海的最后一天，亲戚帮我联系好了。我到那个楼盘去，我记得那天下着小雨。浦东那片地方因为有很多建设工地在建，所以一路泥泞不堪。目力所望的地方全部都是脚手架和工地，一眼望不到头的在建项目。

那个楼盘不是很抢手，虽然规划了两条地铁线在楼盘附近，可是规划毕竟只是规划，还没有建成。周围基本上也没有什么服务设施，到哪里都不方便。

尤其有些让人不安的是周围大量的在建楼盘，附近也没有什么像样的产业。当时浦东的产业都集中在张江和金桥，陆家嘴也集中了很多金融公司。我看的楼盘在联洋附近，虽然也在内环线里头，但离小陆家嘴还有一定的距离。这次我的运气很好，经理热情而且客气。因为还没有正式开盘，所以整个项目的楼盘都摆在那儿让我随意挑。

这几乎也是我这辈子从未有过的经历，整个楼盘十几栋楼、几百个单元任我挑选。经理对我说"你要买哪个，你挑吧"。

我当时被一个现在看来可能是错误的观点所引导，就是只想着 IRR 而忽视了 NPV。IRR 和 NPV 是两个投资领域经常用来评价项目好坏的指标。IRR 就是 internal rate of return，说白了就是回报率。NPV 是 net present value，大白话的说法就是赚了多少钱。

按照 IRR 来选择的话，要买小房子，特别要买犄角旮旯的楼层，比较差的便宜房子。这些房子的成本低，而升值的比例却要比那些大房子好楼层的房子要高一些。所以宁可买两套小房子，也不要买一套大房子。因为两套小房子的回报率要高一些。在美国也有类似的说法，就是要买同一个社区里最小的房子。大房子的价格会被小房子的价格往下拉一些，而小房子的价格会被大房子往上拉一些。而且越小的房子，越便宜的房子，越容易出售和出租，流动性也会更强一些。

但是我忘了一点，就是买房子本身是要有时间成本的，购房也是有机会成本的。同样花了一个月的时间，项目 A 的 IRR 是 20%，投资是 100 元。项目 B 的 IRR 是 10%，投资额是 1000 元。项目 B 的 IRR 比项目 A 要低，但是显然是更好的选择，因为项目 B 的 NPV 更大，挣到的钱更多。此外投资机会也是稍纵即逝的。如果机会只有一次，你应该尽可能地买最大的那个房子。

这是我后来越来越少用 Excel 表计算来决定投资的一个原因。很多投资因素是在 Excel 表上没有办法体现出来的。Excel 表可以算出你的投入和产出、你的回报率以及各种情景。但是事后往往完全不是那么回事，因为有太多不确定因素，人的因素也没有办法被考虑计算。这里的一个例子就是你的时间成本和机会成本，后面我还会讲其他的例子。

我当时选了一个 2 室 1 厅的公寓，面积 100 平米。虽然当时有房型更好的楼层，3 室 1 厅，150 平米的。

经理对我的选择表示惊讶。因为我选的是一个两面全黑，夹在中间的一个房子。我也没有选择接近顶部尽可能高的楼层，而是选择了一个在五层楼的单元。他跟我说了这个房型的弊端，并且建议我选择建筑两端的，更大面积一点的房型。

我没好意思跟他解释我的"投资理念"。那些今天看来幼稚可笑的理念。只是说："两室够用了。"

他也就没有多劝我。只是说，"你看中了就好，我帮你记下来，你回去吧，等开盘的时候我告诉你，你来办手续。"

我和他说我人在美国，开盘的时候可能没有办法来办手续，能否委托他帮我把手续都办了，他说没有问题。因为他自己就是开发商，负责整个项目的总经理。

不过我还是吸取之前的教训，把定金付给了他一些。他说你不要给我钱，还没有正式开盘。我却无论如何让他把钱收下，连个收条我都没有要。这个房子总算买了下来，虽然不是最好的选择，我应该买最大最贵的那套房子。不过，买到总比空手要好，人生哪能十全十美。这个投资能够跑中国一次就搞定，现在看来，最主要的原因还是清晰的决心和周围人的帮助导致的。

02 中国房市判断

我能这么坚定决心地继续购房，一方面是因为自己仔细研究过日本、韩国、台湾、香港在经济腾飞的时候房地产的一些变化过程，另外一方面应该感谢微观经济学的一些基本知识，这些知识让我能够自己对一些简单的经济现象做出正确的思考。

当上海出现第一轮房价暴涨的时候，国家紧跟着出台了一系列的房价调控政策。当时还是温家宝在做总理的时候。这个政策开启了后面漫长的十几年房地产调控政策。几乎每次房地产价格出现暴涨，都会随之而来一些新政策出台。朝令夕改，让市场出现极度的混乱。开发商忽视工程质量，天天赶进度。

每一次房地产新政的出台都叫新政。后面因为不断地加新政，媒体为了区分，干脆起名"新新政"，"最新政"。可是每一次这些政策的出台，稍微有些经济学常识的人都不难看出，政策的目的并不是降低房价的，而是为了防范宏观经济的风险和产业的过度扩张。

读者感兴趣可以自己去网上搜查一些2003年到2013年一系列的房地产调控的历史。从国八条、国五条、新国八条。政策密集到几乎每隔半年就出台一个新政。不过现在时过境迁，人们可以用冷静的头脑分析一下，看一看这些政策有可能把房价降下来吗？

经济学常识告诉我们，一个商品价格上涨是因为供需不平衡造成的。所以抑制房价的最好办法是加大供应。如果想改变人们对未来的预期的话，最好的办法就是改变人们对未来供应的预期。

然而国家并没有这么做，他们出台的房地产政策全部都是打压开发商、控制土地、控制房型、减少商品房的供应、增加交易环节税费、抑制需求。所以这样的文件标题是写着控制房地产价格，也许初衷也是为了控制房价，但实施的结果只会是火上浇油，让老百姓涨价预期更加强烈，让房价像脱缰野马一样向上涨。

其实你有足够多的人生经历，你就会知道。这样的事情在美国的政治经济里也经常发生。任何一条法规或政策的标题，永远是符合人心、符合大众意愿的，任何政客和领袖不可能与大众的意愿为敌。

但是魔鬼在细节里。细节里有两部分，一部分是无法落实的事情，一部分是可以落实的部分。真正可以落地的内容往往是政策制定者最真实的意愿。至少能反应政策的执行者的意愿。而那些无法落实的细节只是为了说辞。

比如为了反对恐怖分子在美国搞破坏，防止911这样的事情再发生，美国政府需要在全国各地加强情报收集工作和在海外搞监听。可是民众往往对政府入侵自由和民众隐私表示警惕。所以这个法案出台的时候就不能叫作"监听法案"。如果叫"监听法案"十有八九老百姓就不乐意了。布什总统管这个法案叫作《爱国者法案》。谁能不爱国呢？特别是 911 之后，美国人的爱国情绪到达了顶点。所以这样的方案就很容易通过并获得老百姓广泛的支持。

在 2003 年到现在的十几年里，所有的房地产调控都是中央政府在唱高调，树立爱民形象，地方政府忙着捞钱，趁机加税和推高土地价格。总体而言，政府是没有任何意愿控制房价的快速上涨的。因为控制房价对于地方政府简直就是与虎谋皮的行为。

如果一个人打算找一只活蹦乱跳的老虎，商量能否借其皮一用，大部分人会觉得他是疯子。可是真的有民众相信政府会主动地降低房价？殊不知，高房价对于地方政府和老虎皮对老虎一样重要。

因为政府需要卖土地，才能获得大量的收入。所以房价越高，土地价格才能卖得越高，政府才能有更高的收入。哪个机关或者是单位会嫌自己收入多呢？特别是中国很多城市的财政收入将近 40% 要靠卖地挣钱。没有这些收入，政府如何给公务员发工资奖金，如何有钱搞基础设施建设和谋求产业的发展？

治大国如烹小鲜，政府和老百姓过日子本质没有多少区别。政府要花钱的事情太多了，要扶贫、要搞人才引进、要置办医院学校养老院。哪个地方不需要钱？事实上政府缺钱的程度比我们普通老百姓还要严重。

我们老百姓一般手上有一块钱，就当一块钱花。个别如我这样省钱节俭的主，有一块钱还恨不得只花五毛存五毛。

政府则不一样。无论中国还是美国，我从来没有见过哪个政府会省钱下来给下一任政府用的。政府一般都是超前消费。因为下一任的政绩属于下一任的，我在任的政绩才属于我。为了政绩，政府往往喜欢用信贷的方式超前消费。2000 年以后很多地方政府基本上都是手上有一亿的时候，敢搞十亿的建设。

大部分情况下，政府特别是地方政府对钱的渴望，就像是太平洋上海难的人对淡水的渴望一样。只要看见水就会慌不择路地赶紧往喉咙里灌。真的渴极了哪怕海水都敢喝。这个时候你要跟地方政府说，希望你们能够平抑房价，多供应土地，这样我就可以买得起房子。其实和与虎谋皮有什么区别？

地方政府总体上来说是把城市当作公司一样来经营。政府都希望城市做到产业兴旺，这样有税收。所以政府往往对引进和发展产业都是不遗余力的，无论这个产业是制造业工业、高科技产业还是商业。因为有产业就有税收，有税收就有钱，有钱就能摆平很多事，能摆平很多事才能有政绩。

另外一方面每个城市的管理者天然地会把人都看作是负担。没有哪个城市希望这里来更多的人，因为每个人对于城市的管理者都是负担。政府需要管好他们的吃、喝、拉、撒、衣、食、住、行。来的人孩子要上中学小学，所以需要花钱去建中学小学。来的人会生病，所以需要去建设医院。好人来了，坏人也会跟着一起来，所以就要有更多的警察和建设更多的监狱。每多一个人，城市服务设施统统要跟上。而这些都是需要政府花钱的。

所以作为城市的管理者，他们永远希望的是，最好有不生病不生孩子不会老的年轻人来到这里把产业建起来。所以你可以看到一个怪现象，大部分城市都把土地优先留给产业。他们喜欢盖商业楼、商场、工厂。尽管有时候土地明明不缺，他们也不喜欢供应土地盖住宅。而且进来的人口最好是高端的没有本地户籍的人口。这样所有的社会负担统统可以扔下，养老上学的这些事统统和城市管理者无关。最好这些人的孩子都留在老家农村，以后等这些人老了，自己回原籍养老，再也不要来找我。

当地方政府抱着这样的管理模式和想法，你可以想象，在中国的一线城市里房地产价格怎么可能会降下来呢？事实上可以看到每一轮出台的限制房价政策的最终结果，都是地方政府趁火打劫，顺便捞钱。比如房地产调控各个执行条例中，最容易落地的，也是地方政府最喜欢干的一件事情，就是搞户籍限制和在交易环节中加税。户籍限制不会减少需求，只会逼着没有户籍的去租房，推高租金，从而推高房价。加税不会让一件商品的价格变得更便宜，交易环节交税只会增加商品的成本。

就像明天猪肉价格如果高涨了，你在交易环节去加税，规定猪肉每次交易都要交 20%的税费，这样只会让猪肉的价格变得更贵。一个房子买进的时候是 100 万，卖出的时候是 200 万。炒房人赚钱了，往往让人看着眼红。如果这个时候政府进来要让炒房人缴 50 万的税，那么实际上会把最终的交易价格推到 200 万~250万中间。因为这 50 万的税是由上家和下家共同分担的。要看上家和下家谁的议价能力更强势，谁就分担的更少一些。在当年政府出台这些政策的时候，几乎所有的税费都是下家承担。结结实实地推高了房价。

但似乎民众并不明白这一点，总感觉惩罚了上家，好像自己就能占到什么便宜一样。这让我想起小的时候看过的一个童话故事，一只狐狸给两只狗分一根香肠。这个香肠一开始分的左边大一点，右边小一点。两条狗就喊着说分配不均。于是狐狸做裁判，把大的那头咬掉一些。咬掉之后分配又变得不均匀，因为小的那头变大了，于是狐狸接着把大的这头再咬掉一截。这样来来回回，最后香肠都被狐狸吃走了，两条狗什么也吃不着。

中国的房地产调控差不多就是这个样子，政府以各种房地产调控为目的出台的各项政策，其实最后都是肥了地方政府，害了正在需要住房的人。这样的事情只有老百姓亲身经历，用真金白银去买一次二手房才会知道。因为你会发现自己居然要交那么多的税费给政府。今天在中国的一线城市买一个二手房，税费没有几十万是下不来的。一手楼盘也因为二手楼盘有这几十万的税费，所以也毫不客气地把自己的价格抬高几十万。

2006 年以后在投资理财论坛上，有相当一批人认为上海、北京、深圳的房价不会像曼哈顿和香港一样狂涨。因为中国这些城市没有天然的地理屏障。曼哈顿和香港都是孤岛，所以土地紧张。而中国这些城市都是平原，可以像摊大饼一样无限扩展的。

他们其实忘了，地理上没有孤岛，但是政策和人心有孤岛。再宽广的平原也是可以人为地制造出稀缺的。

因为我在中国买房，所以无论是在文学城的线上，还是生活中的线下，总有人跑过来向我请教中国买房的事情。所以我干脆把这些道理写出来和大家共同分享。写这些文章虽然我一分钱直接的好处都没有。但是就像我一直相信的那样，当你为他人做出好事的时候，冥冥之中，上天总是会有一种特殊的方式，回报你为他人做出的努力。写这些文章虽然没有人给我稿费，对我最大的帮助就是通过写作理清了自己的思路。

此外就是在和投资理财网友的这个互动过程中，加深了我对很多问题的理解。我的印象中 2007 年的时候有两个投资理财的网友，他们的投资都比我更加激进更加大胆，所以我印象深刻。

一个是当时倾其所有在深圳买房子。2007 年的时候全国各地还没有出台限购政策，深圳房价开始上涨。有人游行示威，希望政府平抑房价。这位网友在网上跟我聊他的投资经。当时他觉得自己的投资杠杆已经加到自己都不好意思说了，他把所有的美国信用卡通通都刷爆了，所有能贷的钱能借的钱都借光了，在深圳购买了三套房子。

另外一个人没有深入的交流。他只是简单地跟我说，他计划此行在上海高校附近购买 10 套老公房。最后我不知道他落实的情况怎么样。他因为在美国和加拿大都生活过，知道高校周围的小房子永远都是容易出租的。有年轻人在的地方就永远有钱可以挣。

　　我自己感觉我没有他们那么极端。然而现在回首往事，在你看清了市场趋势的时候，他们这些极端的做法是对的。

　　当然认为中国房价一定会降下来的，政府一定会把房价控制住，甚至中国会重演日本房地产泡沫的观察者也不在少数。尤其是在大众媒体上。举个例子就是当时的一个财经评论红人，谢 X 忠。

　　这位谢先生是某个国际著名的投资银行的经济顾问，号称自己预测了 1997 年泰国的房地产崩盘。所以他用同样的道理预测中国的房地产崩盘，而他自己的名头又是挺唬人的，兼任这个基金那个投资公司的首席经济学家。他不断在电视媒体中露面，甚至号称暴跌就在某年某月之前必然发生。

　　我在投资银行和金融系统工作过，所以我知道这些所谓的首席经济学家是个什么样的货色。其实他们对未来的判断能力和你我并差不了多少。但是他们喜欢口若悬河地说一些经济学名词。让听众听得似懂非懂，感觉他们是牛人。然后用讨好听众的方式说一些义愤填膺的话，利用道德绑架让听众听着舒坦。听众觉得牛人的观点和自己一致，所以会产生自己也是牛人的幸福感。

　　其实他们最关心的是如何成为网络红人，没有什么真知灼见，也不诚实，并没有能力准确地预测未来。

　　那些他们用来吹牛的曾经的预测纪录，也都是经过自己粉饰过的。比如看跌的人会坚持看跌，直到市场下跌了，他就会以此作为证据说明自己多么厉害。其实他们对未来的预测能力和巫师祈雨没什么区别。你不断说明天要下雨，明天要下雨。坚持一年，终于有一天明天下雨了，然后你就说自己有先知先觉的本事。

　　网络红人里大部分人都需要去弄个冠冕堂皇的头衔，比如这位谢先生。还有一些是屌丝起家的，比如当时在深圳就有个赫赫有名的网络红人，叫"牛 X"的先生。这位先生高峰的时候，粉丝上百万，每天发一篇文章论证深圳的房价为何会下跌。当现实不断打脸的时候，粉丝愤怒的时候，他们又会自圆其说地说，中国不是一个正常市场。那逻辑好比祈雨的巫师说，不是我的巫术不给力，是老天爷不遵守气象学规律一样。

其实只要仔细分析一下，看他的背景是什么就能看穿把戏。他做过房地产开发么？他系统地理解过金融和经济的基本原理吗？其实这位牛先生什么都没有。他只是利用民众的情绪宣泄，给自己圈粉丝。

我是喜欢从数据入手分析问题的。当时我写了这样一篇博客告诉大家房价恐怕还要再涨一阵子。

涨！涨！涨！ (2010 年 5 月 14 日)
by Bayfamily

小的时候看过电影"金刚"。里面的大猩猩面对直升飞机扫射，喜欢拍胸脯。可惜终究没能保护自己。为了心中的美女一命呜呼。中国在宏观调控房价。让我感觉如同金刚一样。喜欢拍胸脯。不知道是真傻，还是假傻。效果不重要，关键能讨个老百姓的口彩就行了。倒下去了，20 年后，还是一条好汉。

别的地方我不知道，但是单单就上海而言，目前和未来都是严重的供需不平衡。长期来看房价的涨跌绝对是一个供求平衡的问题。炒房客对房价会有推波助澜的作用。但是对于炒房客而言，买进来的房子总是要卖出去的。不会影响最基本的供求平衡。如果把过去 12 年的连续增长一味地归结为炒房的作用不是一个理性的思考。短期的房价变化，会受到宏观汇率，利率，信贷，这些外界因素的影响。

我们先看看上海最基本的供求数字。需求方面，假设投资需要为 0，基本的需要有两类，一个是新增人口的需求。上海市每年新增人口 40 万。这是官方统计，不算发廊和餐馆里面打工的外地人。按照三口之家，每家 90 平米计算。因为人口增加的需求大约是 1000 万平方米。

第二个是改善型需求，根据上海未来的远景规划，每年人均居住面积大约是增长 0.5 平米的样子，改善性面积需要为 1000 万平方米每年。这个数字基本上是靠谱的。因为和过去几年的供应数字基本一致。2006 年到 2007 年的销售基本上在 2000 万每年。2008 到 2010 年，这个数字下降到 1700 到 1800 万平方米。留下一些欠债。供给方面。房子的建设是有周期的。过去几年里批出来的土地，是未来几年的基本供应。

过去 5 年里，上海出让的可供应土地是 8000 万平方米，转换成 1000 万左右的供应面积。也就是说在未来的 5 年左右的时间里，供需平衡严重失调，缺口大约在 50%左右。这是宏观基本面的数字。再看看微观的数字。北京房价奥运会之后猛涨，主要原因是奥运期间建筑工地停工。到了 2009 年，市场上的供给严重短缺引起的。而上海的世博会长达半年，市区内的建设也基本停工。世博结束后，也同样面临一样的短缺。上海本月的房产库存面积已经达到历史最低点，400 万平方米。紧紧够市场两个月消化的。世博结束之后，恐怕库存会达到历史新低。进一步促进房价上扬。

我对中央的房价调控实在是不以为然。我不清楚他们是真的不懂，还是装不懂。在交易环节上做动作，只会影响市场的成交量，不会影响基本的供需平衡。打击房产开发商，降低商品房的土地拍卖量，只会减少供应，让供求平衡进一步恶化，房价更高。

以上海为例，所谓的增加保障性住房完全是句空话。拿今日新闻来看，上海宣布筹建 23 个大型社区，120 万套住宅，8000万平方米。猛地一看是猛药重拳。仔细一看，原来是个政府的碰头会，领导表示一下决心。规划部门表示，大约需要 2 年的时间，完成土地的储备工作。等到真正建成上市，恐怕猴年马月，下届政府的事情了。

君不见，2003 年的时候，政府同样拍过胸脯建 2000 万的保障性住房。7 年过去了，后面两个零都人间蒸发了。2008 年同样拍过胸脯。两次拍胸脯都过去，今天干脆再拍 8000 万的胸脯。我看和金刚里面的大猩猩有一拼。

但是为了保障性住房的供应，商品房土地在严重缩减。因为住宅土地的总供应面积没有变化。北京为例，住宅土地里面，不到 30%为商品房。如此下来几年之后，房价不涨才怪呢。

让人担心是这次政府这么大的决心，房价半年之后再一路狂涨，不知道政府能否面对底层社会的政治压力。进一步做出疯狂的事情来，如同那个大猩猩一路在纽约狂奔。

转一篇 1989 年的人民日报社评。今日看来，忍俊不禁。从中央到地方，都有金刚的遗风。过去 20 年了，看来还是没有什么长进。

1989 年人民日报新闻评论房地产泡沫，"北京最近提供两万多平方米的住房，每平米 1600—1900 元。若买两居室，少说也要六万元。一名大学生从参加工作起就日日节衣缩食，每月存款 50 元已是极致，100 年才能买上两居室"（人民日报 1989 年 2 月 20 日第 2 版）。

2005，上海东方网"两个一千万，可降房价 15%"，"东方网 3 月 31 日消息："两个一千万工程"刚被提出，已经成为上海市民耳熟能详的关注焦点，在央行和上海市政府轮番推出的调控政策中，这一增加中低价房源供应的保障性举措无疑是最亮眼和最有力的。专家认为，市政府提出"年内新开工配套商品房 1000 万平方米、中低价商品住房 1000 万平方米，争取可预售 2000 万平方米"的目标，在为上海增加大量老百姓买得起的商品房同时，也寄予了以此调控房价的厚望。能使上海住宅的均价降低 15%"

在中国过去十几年的房地产暴涨过程中，由于舆论的管控，大部分明白人都选择不作声。当时敢于说实话的只有任 X 强先生。他是坚定地看涨，屡次警告年轻人，赶紧买，不买还涨。实话听起来难听，可是你要理解后面的道理，而不要用动机猜测他人意图。任 X 强因为自己亲自参与房地产开发，他自己是房产公司的老总，所以他知道是怎么回事。他知道政府的心态是怎么样的，他也明白地方和中央是怎么互相博弈的。他就老老实实地说了一些真话，结果挨了无数多的砖头。良药苦口利于病，忠言逆耳利于行，这话不但是对皇帝适用，对老百姓也适用。

其实大部分老百姓和昏君并没有什么区别。这不但对于中国适用，对美国也适用。你可以看到当无数政客在上台演讲的时候，他们从来都是没有底线拍老百姓的马屁。老百姓怎么可能没有错误呢？老百姓经常性地显示出乌合之众的很多特质。只是因为你手里多一张选票，难道你就真的变成上帝永远正确了吗？

除了经济网络红人，即使到了 2009 年，上海本地人看空房地产的人当然也不在少数。当时有几个上海本地的名人在媒体上说，上海的房子要跌。他们算了一下，自己的孩子不缺房子，因为自己有房子一套，爷爷奶奶有房子一套，外公外婆有房子一套。由于独生子女政策，大部分上海的孩子最终都有三套房子，至少能继承的房子就有三套。所以未来的房子肯定过剩，房价要跌。

这样的思考方式最主要的问题就是只看到了自己认识的周围人的小圈子。用小圈子的数据采样来替代整体。他们没有意识到支撑上海房价的不是本地人。本地人在计划生育的影响下的确是人口越来越少。但是每年那么多新毕业的大学生，那么多带着梦想到一线城市打拼的年轻人。他们才是撑起房价的顶梁柱。

03 上海卖房

2006 年我上海的第二个投资房买入之后，就是一路蹭蹭蹭的暴涨。两年不到的 2008 年 2 月份，房子交给付给我的时候，房价已经从我买入时候的 100 万涨到了 230 万。也就是说房子我还一天还没有用过，房价已经涨了一倍多。

因为房价上升，我这个房子的贷款杠杆率自然也就下降了。根据我的勤快人理财法，需要不断保持房地产杠杆率才可以。另外一方面虽然我每个月在负担着贷款，但是未来有多少房租收入还很难说，因为那个地方房子不是很好出租。

中国的房地产没有再融资贷款(refinance)之说，所以很难从房子里拿出钱来。我找了几个银行咨询，他们告诉我的消息都是最多可以用房产抵押做一年或者三年的贷款，没有长期贷款。这么短期的贷款对我没有什么意义。既然房地产投资的秘密就在于杠杆，当杠杆消失了之后，房地产投资的回报就不如股票了，所以我要想办法加大杠杆。

另外一方面 2008 年的经济危机已经开始爆发，美国股市一路狂跌。美国的房地产市场在 2008 年的时候并没有出现急速下挫，基本上是持稳稍稍有一些回落，这里面很大一部分原因是联储局一路降息硬撑着房地产市场。

可是在我看来，当时美国的房地产下跌已经是不可逆转的事情了。只是没人知道下跌会持续多久，也不知道会下跌到什么程度。我感觉抄底的机会在一步步朝我走来。市场的变化基本上是按照我之前的预期。如果这次和前四次加州房地产市场一样出现下跌和反转，那我投资计划的外部条件就基本形成了。

问题是根据我这个投资计划，市场最低点的时候我手上需要有现金，不然抄底机会来的时候现金没有也是一场空。

综合以上各个方面的因素考量，我需要把中国的第二个房子卖掉。这三个原因就是：房子可能租不出去，杠杆需要增加，需要准备美国抄底资金了。

所以我委托一个同学把房子简单装修了一下，总共花了 5 万元人民币，然后放到市场上。一方面是看看有没有机会把它出租出去，另外一方面也同时挂牌在销售，如果能卖掉干脆就卖掉吧。

为了计算可能出现的局面和权衡各种投资回报，我做了一个复杂的 Excel 表格，几乎和投行做投资的表格一样尽善尽美。很多指标都列出来，各种情景分析弄得明明白白。无论我怎么计算，Excel 的结果都是支持我卖出这个房子。两年不到涨了一倍，后续市场风雨飘摇，现在还不赶紧卖了套现更待何时？

然而今天看来，这个 Excel 表格完全是我一厢情愿的想法。或者夸张地说，我还没有一次投资决定正确是因为 Excel 表的数据提供了有用的帮助。大部分时候是自己辛辛苦苦整理出来的计算结果反而误导了自己。主要原因就是一个投资过程的影响因素太多，不可知因素太多。迷恋 Excel 表的计算让我忘了很多公式以外无法计算的内容。这个教训很深刻。本次房子的卖出就是一个例子。后面还有其他的例子我再和读者分享。

2008 年的夏天，美国在一片风声鹤唳之中。但恐慌的情绪还没有传递到中国。中国普通民众还都是看热闹，一副吃瓜群众事不关己的态度。电视里都是经济学家做科普，解释为什么会有次贷危机？老百姓听的云里来雾里去的，感觉很新鲜。作为亲历者，当时既买卖了房子，也经历了投行破产。我认为其实直到今天，都没有一本中文的书籍把次贷危机到底是怎么回事说清楚的。

2008 年中国正在准备奥运会。坊间的流言是奥运会的时候中国的房价是不会下跌的。我觉得这几乎是玩笑话。奥运会跟全国的房价一点点关系都没有。不知道为什么很多人会把这两个事情扯在一起，即使有关系的话，可能也是局限于某些特定地区。比如，因为工地停工的关系，奥运会对北京房价可能会有一些影响。

无论怎样。我清晰地记得2008年夏天的时候，中国的房价并没有发生大幅的下跌，虽然所有人都看到金融风暴已经形成。这就是我一再说的房地市场具有很强的粘性。房地产市场效率不像股票市场效率那么高。金融市场上的一些动荡并没有办法立刻反映到房价上，而是有几个月的滞后时间。

如果你是一个勤快人，就可以利用这几个月的时间，来把握市场的脉搏，Timing 市场。在房地产投资上，我就是一个超级勤快的人。至少在那几年的时候，精力充沛，斗智高昂，每次回中国出差和探亲，我都会利用这些机会做房地产投资的功课。

我房子挂出去不久，很快就有一个买家来买，是在浦东一个大银行工作的一对年轻夫妻。我对此印象深刻，是因为当时银行坐班管理严格，他们很难工作日请假出来签合同。而我又是只能在国内停留几天就跑的人。这对年轻的夫妻是解决自己的刚需住房。虽然我那个小区周围各种服务设施还没有上来，但是对口的中小学是浦东比较好的学校，且和我的房子只隔着一条马路。他们刚刚生了孩子不久，所以想把我的房子买下来。

由于政府不断出台的调控法规，当时让房地产交割已经变得有些复杂。主要是转移贷款的手续非常麻烦。每付一笔钱都要办一些手续。买卖双方都需要有比较好的信誉和诚意才能顺利成交。中间有人变卦，都不知道该怎么收场。当时是我第一次在中国卖房子，我感觉比在美国卖房子复杂多了。为此我由衷地感谢美国的那些律师们和游戏规则的制定者，让老百姓生活中少了太多不必要的烦恼。大部分美国人不比较不知道，没有意识到自己享受到的便利，也不太知道珍惜。

等我收到了最后一笔钱，整个交割过程结束之后，我忽然对这两个年轻的夫妻不知道怎么心里出现了一种深深的同情。230万人民币在当时还是一笔很大的钱的。即使是银行工作，2008年的时候，收入也不是很高。所以这对年轻的夫妻需要承担很多年的债务，慢慢偿还。

我当时非常确信房价过几个月会下跌。下跌之后，他们夫妻之间会吵架，会因为白白损失的几十万弄得不愉快，也许会互相埋怨对方。不知道他们是不是能够平静地度过这段令人折磨的时间。另外他们还有一个刚出生不久的宝宝。我非常为他们即将到来的家庭风暴而感到担心。

而这一切可能只是因为我比他们拥有的信息更多一些。大家都是普普通通的老百姓，虽然一切都是自愿的，可是我内心总有些占了便宜的忐忑不安。房地产交易和股票交易不同，股票交易你是看不见你的对手的。房产交易，站在你对面的是有血有肉的大活人。在办几次来来回回的交割手续过程中，让我感觉他们是很好的人。当然现在再想一想当年的担心其实也是多余的。房地产投资真的不知道谁是杨白劳，谁是黄世仁。也许他们当时会有一些摩擦，但是这么多年过去之后，还真的不知道到底谁应该感谢谁。因为现在那套房子涨到了 1000 万人民币左右。比我卖出的价格差不多涨了四倍多。谁笑到最后还不一定呢？

04 融化的冰棍

扣除贷款，我手上拿到了将近 180 万人民币的现金。我实际的投入是 40 万人民币左右，两年回报四倍。数钱的快乐大约只持续了一天，我就一下子又慌乱了起来。

我决定卖房的时候。我的一个上海的亲戚就问我，你拿到钱打算干什么呢？我也不好明确告诉他我要干什么。我那么复杂的投资理财计划，我的会走路的钱理论，我的懒人和勤快人理财法也不是三言两语说得明白的。但是我知道当时大多数人没有选择卖出，是因为国内没有什么其他的好的投资渠道。手上的现金除了房产，别无去处。

　　2008 年年底次贷危机爆发几个月之后，美国的房子就像雪崩一样的下跌了。我印象中 2009 年元旦那天我去看一个湾区的二手房。中介开玩笑地说，他等了几个小时，只等到我一个人。上海的房价下跌要比美国的房子下跌再晚几个月。但是到 2009 年春节的时候也是一片哀鸿遍野。我卖出的那个房子，房价大约下跌了 20%左右。

　　那个开发商总经理跟我亲戚夸赞我的投资本事大。他说他们境外的人士肯定是掌握了什么特殊的信息，能够这么准在最高点把房子卖掉。以后他要多请教我一下。我听了这样的夸赞，心情却一点也高兴不起来。也许是我天生有很强的共情倾向，我会忍不住想象一下买我房子的那对小夫妻不知道正在受着什么样的煎熬。

　　这是一方面，另外一方面我为自己手上这 180 万现金如何快速投出去也是煞费了苦心。现金就像冰棍一样的，当你把冰棍从冰箱里拿出来攥在手里，它就会融化掉。这个道理我懂。可是即使我明白这个道理，在执行层面上，我依然没有办法 100%的做到冰棍不融化。不动产的好处就是"不动"两个字，因为不动的原因，所以资产就容易被保留住，冰棍就不会融化掉。

　　那个时候中国还没有今天这么严格的外汇资本管控。2009 年3 月的时候，我看到美国的一个好学区核心区的房子，开出来了之前一个不可想象的低价。美国市场上好的机会渐渐多了起来。于是我把这 180 万人民币中的 50 万人民币汇回了美国，打算用这笔钱来抄底。

　　50 万人民币换成美元，差不多是 7 万美元的样子，分两笔汇回了美国。不过冰棍融化事件还是控制不住地发生了。我之前开的车被撞了，要换一辆车。当你手上有钱的时候，特别是刚刚赚了一笔钱的时候，你本能地想犒劳自己。去买一个价格比较高的车。一般人们购买大宗商品时，比如自住房，汽车的时候，往往是奔着自己能力上限去的。同样一个汽车销售员（Dealer）在给你洗脑做工作，你手上有钱和没钱的时候效果是不一样的。有钱往往就管不住自己，抵挡不了销售员的甜言蜜语。

因为人的内心深处多多少少都是想对自己好一些，特别是当你衣食无忧的时候。于是汇过来的这 7 万美元并没有全部用来抄底买房子。而是当场融化了一大块，去买了一个好车。显然当时车不是这笔钱最应该去的地方。同样一笔钱如果当时按照我的计划用在投资上，几年之后就会变成十辆车。当然你也可以反过来说，如果这笔钱用于投资，事实的结果是锁在不动产里，我可能一直都享受不到一辆好一点的车。

汇回美国的现金在融化，留在中国的现金也在融化之中。一个亲戚找我们借钱，因为他想买一个房子。当一个人借钱，最直接能够想到的就是最近刚卖了房子的人，因为他们手上有大量现金。

虽然我明明知道我是有本事把这借出的这 40 万人民币几年就变成 400 万人民币。但是亲情很多时候是不讲道理也是没有办法拒绝的。人活在世上，各种情感关系交织在一起，不是所有属于你的钱你都可以完全做到 100%控制的。至少家庭的财务需要夫妻双方共同决定。该借出的钱还是要借。借出了 40 万人民币，我的冰棍又少了一大块。剩下的钱已经不多了。

读者这个时候可能会意识到，这些冰棍的融化现象在你的 Excel 表上是永远无法显示出来的。人并不是机器，没有办法冰冷地可以按照公式计算去完成计划。

05 一个变四个

像每个焦虑的孩子需要尽快吃光阳光下的冰棍一样。2009 年底的时候，我无论如何要把这些钱投出去。当时我在上海看中的是浦东陆家嘴世纪大道一带的老公房。就是以前在 80 年代，上海市为了急切解决住房短缺，大批量用预制板建造了面积比较小的公寓楼。

2009 年的时候，浦西传统的好学区已经开始被浦东的好学区超越。道理很简单，浦东来的是全国各地最聪明、最能折腾的一些人。作为新移民，他们的后代，勤劳而有压力，所以学习成绩自然比浦西的那些传统的上海人要好。就像美国最有成就的人往往是第二代或者第 1.5 代移民一样。

当时那一带的房子一套大概是 60 万元人民币左右。单价是每平米 2 万元人民币。这些老公房面积狭小，一般是 30 平米。小户型的房子比较抢手，因为大家买这些房子的主要目的是挂靠上学指标。这样的小户型房子流动性比较强，变现快，容易出租。我算了一下手上尚未融化的冰棍，利用贷款，剩下的钱做首付可以一下子买四套这样的房子。

购买四套总价 300 万左右。这样可以把我的杠杆水平重新提升回 60% 以上。另外租金和房贷基本打平。当时上海按照户籍指标的限购政策还没有出台。你可以一下子登记拥有多少套住房都没有问题。但是贷款审查已经开始变得严格，银行不太会批准你四个房屋贷款。

所以我找了中介咨询。他说唯一的办法就是你四套一起买。不同的银行同时收到四个贷款，它们之间是彼此不通气的。一起做贷款可以绕开银行审批的问题。于是这就成了我的计划，一次买四套。我把这一个任务委托给了我的好同学，然后我自己就赶着回美国了。我每次去中国只能是出差，经常只有 1-2 天的时间，没有办法长时间的逗留。

我的同学过几天给我打电话，说你要买的房子没有那么多，目前只找到 2 个合适的。于是这个事情就耽搁了下来。因为永远都没有办法凑足四套一起买，不知不觉就又拖了大半年过去。拖来拖去的另外一个原因是我自己在犹豫。当时我手上有的钱是 100 多万，我在北京也看中了顺义的一套联排别墅，手上的钱也够买下。但是出于各种原因也是没有买。期间我还看中了一套将近 200 平米的上海人民广场的公寓。我可以买下是因为当时中国的外资银行给外籍人士有特别优厚的贷款条件，只是手续很复杂。

可是机会就在我的权衡、等待、凑足四套房子一起买中悄悄地溜走。当时我对后市的市场走向也看不清。我总感觉下跌可能要持续一阵子，所以内心深处可能也是犹犹豫豫的。时间在流逝，冰棍也在融化。我依然没有办法把手上的钱花出去。

到了 2009 年 9 月份。也许是上帝厌烦了我的犹豫。只听见"轰"的一声巨响，中国政府 4 万亿刺激计划就来了。巨响之后，中国房价开始暴涨了。

06 抢房

2009 年，随着金融危机的加深，全世界都开始量化宽松政策，各国纷纷出台各种刺激计划。美国的量化宽松政策似乎对市场的影响很缓慢。中国作为计划经济强势政府的国家，刺激政策是迅猛、有效和立竿见影的。

2009 年 9 月份，中央一不做二不休来了一个 4 万亿的刺激计划。各级当地政府纷纷跟进，中央政府敞开印钱，地方政府敞开花钱。这样的好事哪个官员不愿意干呢，梦里都会笑醒。2009 年底据说各种平台机构累计合在一起的刺激经济资金达到了三十几万亿。

量化宽松其实就是信贷敞开了发钱。在通货膨胀下，最直接的受益者就是离钱比较近的那些人。通货膨胀本身并不会消灭财富。通货膨胀的主要后果就是把 A 的钱神不知鬼不觉地掠夺到 B 的口袋里。离新发货币最远的就是 A，最先拿到新发货币的就是 B。第一个拿到钱的人，在物价没有涨的时候，他们有足够多的机会买进廉价资产。最后一个拿到新发货币的人，等待钱流通到他手里，资产价格已经上涨完毕，他原来的钱就缩水了。

那年中国房价的上涨就是符合这样一个趋势，我印象中 2009 年那一轮的房价开始上涨是来自于北京，因为那里离刺激计划新发货币最近。四万亿之后，北京几乎在 1-2 个月的时间里房价蹭地一下，涨了 50%左右。

我在北京的亲戚告诉我，他说你看到的所有房子都没有了。房价一下子涨了很多。我问哪里涨了？是城里还是外围？他说都涨了，所有的地方都涨了，所有的房子也都没有了。

北京著名的房产开发商潘 XX，在一个采访中，描述了他当时看到的一幅惊人的画面。就是一个楼盘在开盘的时候因为有太多人过来买房子，不但是挤坏了门，而且半个小时全部卖光。有人因为买不到房子，在售楼处现场哭泣。不是简单的哭泣，而是号啕大哭。

潘 XX 观察了一下那几个号啕大哭的妇女,让他感到惊讶的那些人穿着和言谈，一点都不像底层低收入阶层，甚至有的人是开着豪车而来。显然她们不是因为刚需满足不了，没法结婚或者没地方居住而号啕大哭。他感觉这些人大哭最大的原因是她们觉得自己错过了千载难逢的上车机会，是因为错过了赚钱的机会而哭泣。

我看到这个新闻吓了我一身汗。根据过去的经验上海和北京是此起彼伏的。这次上海比北京稍微慢一点。但是疯狂的热情很快就会传递到上海。读者感兴趣研究历史的话可以看看深圳、上海、北京三地的房价每次暴涨的特征。全国性暴涨每次都是某一个一线城市率先发难，半年一年后传播到其他两个城市。2004 年领涨的是上海，2009 年是北京，2016 年是深圳。你只需要关注新闻，就能够比其他当地人抢得先机。

我连夜打电话给我同学了解上海的房价。他回答不是很清楚。大部分人不会每天盯着中介问房价。当时中国房地产有很多论坛，人们还可以基本畅所欲言。我晚上也经常去那些论坛上逛一逛，看一看市场的行情。

不看不知道，一看不得了。市场的行情就是我卖掉的那个房子已经涨回了我卖出的价格，而且比我卖出的价格还要再稍微高一点。这是一个令人恐怖的消息，就是你以为你聪明摸到了最高点，占了便宜，结果发现自己一脚踏空。

不单是一脚踏空，我的那根取出来的冰棍还融化了一半。

所以我没有什么选择，我像热锅上的蚂蚁一样，需要尽快地把手上的现金变成房子。在美国的钱我已经无能为力了，因为美国的市场可能还需要再跌一段时间。中国那边已经很明显触底反弹了。正好出于公务我来到上海。我来到浦东那个我原先计划买入四套的小区，毫不犹豫地把市面上的每一个房子都给了一个offer。

那位中介小哥看到我这么豪爽高兴坏了。他觉得我是一个土大款，怎么一下子要买这么多房子。我懒得和他废话，就说这里可能要拆迁了，我想多买点。他听了认真地对店铺里的其他客户大声喊"大家赶紧买，这里要拆迁了。"

其实我哪里有什么拆迁的小道消息。不过是当时人困马乏随口的搪塞。不过我后来想想，那些人听到我这样的恫吓也许能帮他们下决心买房,也算是帮了他们一把。对于我来说，赚钱和吃饭一样，一个人赚钱不如看到更多人一起赚钱更有意思。看见其他人挣钱我也开心。这大约也是我这么多年一直在投资理财论坛上笔耕不断的一部分动力吧。

我的出价没有人接受，因为大家都在抢房子。后来我跟中介说我只有钱买一个或者是两个。那边有两种主流户型。三十平米的 A 户型和七十平米的 B 户型。如果是 A 户型我可以买两个。如果是 B 户型，我的钱只能买一个。中介小哥知道我不是土豪大款热情瞬间掉了一半。

不久，有人同意卖给我一个 A 户型的房子。我毫不犹豫地就签了合同付了一万元定金。可是还没高兴一分钟，付完定金我马上就后悔了。

因为我又陷入了两难的境地，到底是买还是不买呢？如果不买可能会错过。如果买，又没有办法凑两套或者更多一起去办贷款。因为需要一起买才行。只买这一套 A 户型的小房子会变得可惜，上海当时已经出台了贷款的限购政策。市面上已经出现了"房票"这样的新鲜词汇。房票就像曾经的计划经济时期的副食品卷一样。"房票"用了就没了。

卖家催的急，因为等不到第二套房子成交，这个 A 户型的房子在我付了定金之后，只能硬生生地退了回去。这是我这么多年的唯一一次定金损失。又等了几日，终于有一个 B 户型的房子出来了。几经周折终于把它买了下来。这次虽然有一个小的损失，但不管怎么说，我还是买回了这里的房子。

读者读我这些故事的时候，可能因为年代的原因，对当时的财富和价格没有直觉的感受，会质疑我，觉得我这么辛辛苦苦地折腾到底值得么？

我可以简单告诉大家一下一些价格的比对。被我卖掉的那个房子，我买入的时候差不多是 10,000 一平米，总价 100 万人民币。我卖出的时候是 23,000 一平米，总价 230 万人民币。我写这本书的时候，现在那个小区是 10 万一平米，总价 1000 万人民币。如果当时不进行置换，我在这个房子拥有的净值差不多是 1000 万人民币的样子。按照中国的年薪 20 万人民币计算，差不多相当于 50 年的全部工资，一个大学教育程度的工程师一辈子的收入。即使按照美国一个毕业生 6 万美元的税后收入，这个房子的净值也差不多将是美国大学教育程度工作人员 25 年的全部税后收入。

你瞧我根据我的勤快人理财法，按照 Excel 表格的计算执行投资计划，弄的一圈儿落得什么好了？原本 100 平米的房子被我变成了 70 平米的房子。本来不用折腾就是 1000 万人民币的资产，被我辛辛苦苦一下之后变成了 700 万人民币。

这个教训很深刻，不动产不动产恒心一条就是要不动。买卖过程越少越好。你在 Excel 表上很多因素难以考虑。你能考虑到有人会来找你借钱吗？你能考虑到朝令夕改的限购政策么？你能考虑外汇突然被管制了吗？你能考虑到你内心软弱，没顶住销售员的三寸不烂之舌么？

根据我后来的经验，勤快人理财法最好的办法还是再融资贷款。想办法把钱借出来，最好不要买卖，每次买卖都是伤害。

买完那个 70 平米的房子，我手上还有 20 几万人民币。连个最小的房子也买不起了。正当我犯愁的时候。一个同学介绍我参与了当时的另外一个房产投资。这是一个游走在金融管理灰色地带的房地产集资项目。按照规定开发商在建筑封顶之前，是不可以卖房子的。这个开发商胆子大，他用集资的方式来把图纸上的房子先卖掉。然后用集资款再去盖房子。按理说这是违法行为，风险比较大。但是我觉得房价飙升的时候，开发商跑路的可能性很小。于是把剩下的钱都投了进去。果不其然，开发商信守承诺，准时交房。

这一轮下来，我的一个房子变四个房子的勤快人理财计划没有实现。建筑平米数略有提高，差不多是一个房子变成了 1.5 个房子的样子。

07 持续高涨的房市

这个阶段我一方面在中国市场上交易，一方面整理自己的思路，写了一些博客。2009 年秋天，中国市场价格暴涨的时候。我连续写了三篇题为"上海房价朝不可思议的高度奔去"的博客。

上海房价朝不可思议的高度奔去(2009 年 9 月 17 日)

by Bayfamily

如果一个人祖上没有什么财产继承，赚的钱从来都是你的零头，一没西门庆的本事，二没副业。但是有一天你突然发现他比你有钱。你相信吗？

你可能觉得奇怪。如同我们公司的领导突然发现唯命是从的女秘书比他还有钱。但我相信，因为财富不是加减法。财富是会走路的。而且这是真真实实发生的。

本轮的政府刺激计划结束后。中国的房价几乎让所有人跌破眼镜（包括我自己），转身回头，涨幅凶猛。

在上海，不但是豪宅屡创新高。比如众目昭彰的浦东星河湾。6 万元一平方米的高价。一个上午立刻被席卷而空。普通住宅也一样。上海即使最最远郊的地方，几乎再也找不到 1 万元一平米以下的楼盘了。

本轮调整结束后。我们看看中国对美国的房产财富总价水平。

上海：住宅总面积大约在 4－5 亿平方米之间。按照统计数据，目前上海均价为 1 万五一平米。我初步估算了一下。当前上海住宅地产的总价大约是 1 万亿美元。

加州：加州的住宅总价格大约也是 1 万亿美元左右。上海的房地产总价已经和加州相当。尽管加州的人口比上海多出将近一千万，尽管加州的人均 GDP 是上海的 4 倍。

中国：根据国家统计局的数据显示，2008 年底城市住宅的总建筑面积约为 175.14 亿平方米。再来看目前的房价水平，今年以来，住房累计销售额 2.35 万亿元，除以今年累计销售面积 4.94 亿平方米，全国平均房价约为 4754 元/平米。2008 年全年，全国商品房销售面积 6.21 亿平方米，销售金额为 2.4 亿元，销售单价 3870 元。按年头和年尾的均值计算，全国住宅每平米价格为

4312 元。结合前面所计算出来的城市住宅总建筑面积 175.14 亿平方米，可以得出全国城市住房总价值约为 75.5 万亿元。

美国：全美的住房总价在 11 万亿美元左右。按照可比汇率推算，和中国相当。美国 2009 年的 GDP 是中国的 4 倍不到一点。

比完了总价，再比人均。全国的人均没有意义，人人都知道美国比中国富裕。但就上海而言，如果按照全市 500 万家庭计算，平均家庭净资产大约是 2 0 万美元左右。这里面可不只是所谓的精英阶层，包括了下岗工人，保姆，和流动的民工人口。即使这样，上海的平均家庭净资产恐怕一点都不输给美国的华人。美国人家庭净中位数资产是 15 万美元左右。华人稍稍高一些，但是应该没有超过 20 万美元。你瞧瞧，当年富裕象征的美籍华人们，和中国上海的普通人家已经没有什么区别了。这剧烈的变化，几乎就是在最近十年内完成的。

上海的房价，无论从哪一个指标上来看，都是有泡沫的迹象。比如，租售比，房子的总价和每月的房租比，在很多地方已经超过了 500:1。即使是老公房，租售比也达到了 300:1 左右。如果是投资股票，好比是 PE ratio 已经达到了 25 倍到 40 倍之间。按照发达国家的经验，租价比的畸形高位，最终会把房价拉下来。

是不是可以得出一个简单的结论说，上海和中国的房价过高了，有待调整，泡沫马上会崩溃呢？

上海房价朝不可思议的高度奔去 (2) (2009 年 9 月 22 日)
by Bayfamily

认为上海和中国的房价过高了已是严重泡沫，马上会崩溃的理论从来都是屡见不鲜。2002 年，赫赫有名的谢 X 忠先生就持这样的观点，看空楼市。今天回头看看非常可笑，这样的结论会害死很多人。

我记得八年前，上海的房价刚刚起步的时候。美国的时代周刊撰文，说房价在几个月的时间里面上涨50%，极其不正常，泡沫马上要破灭。当时有无数的主流经济评论人员持同样的观点。可惜只有温州这些不信邪，没读多少书的家伙，勇敢买进，连炒十年，今天成了大的赢家。

过去十年上海的房价一路高歌猛进。中间虽有小的调整，但几乎是笔直向上的。浦东的老公房涨幅最大，几乎涨了 10-15 倍以上。高档楼盘稍差，但是 5—8 倍也是有的。十年前，湾区的双职工，老公房可以在上海买十套，豪宅除了老洋房以外，几乎都可以买得起，今天，渐渐的一套都舍不得买不起了。豪宅，渐渐的只是富人的游戏。美国的工薪阶层，看着里面的零，恐怕都数不清。

上海的房价，按照通常的房地产理论都是有泡沫的迹象。但是泡沫不见得就会破，泡沫会持续很长一段时间，甚至会被吹到不可思议的程度再破。这中间的过程有可能是几年，也可能是十几年。

我认为上海房价短期内还会继续上升的理由有这么几个：

普通的租售比理论不成立。在中国，老百姓几乎是被逼着买房子的。自己的房子和租来的房子在功能是不可同日而语的。比如，没有房子，没有办法落户口。没有办法落户口，集体户口的年轻人，不能生孩子，孩子无法正常上学。没有户口本，生活中到处都是不便。豪宅也许可以靠租售比计算房地产的合理价格。穷人家的刚性需求是硬碰硬的，就是房价涨到天上，老百姓也要买。

长期的低利率。中国现行的利率政策很像2001年美国格林斯潘时期的政策。长期的低利率会刺激地产价格恶性膨胀。目前上海外国人购房的商业贷款只有 3-4% 的利息。上海的房价相对全国而言，并不是很高。而且目前为止，全国和上海北京房价的联动性很强。要涨大家涨，要跌大家跌。显示了宏观基本面是涨跌的控制因素，而不是某个城市的地域特征。

中长期的风险有这么几个：如果光看土地的供应和新房盖的速度。上海和北京一样是没有天然的地理限制的，城市可以无限扩张。房价最终会下来才是。可是目前为止人口的增长总是比房子的供应要高一步。但是人口红利最终会被消耗掉。如果单看上海，人口红利今年正好消耗完（附件）。由于外地人口的涌入，人口红利可能还会持续一段时间。但总会有结束的那一天。

通货膨胀。通货膨胀总是会来临的。现在票子已经发出去了。总有一天会显示在商品价格上。等到通货膨胀来临的时刻，房地产不是大家想象的那样会水涨船高。央行会调整利率控制通货膨胀，房价会因为银根收紧和利率调高，应声而落。利率如果是15%，有几个人能买得起上千万的房子。

所有的理论分析都挡不住一个最重要的因素。人气。你可以把所有的宏观因素做成最完美的数学模型。但是无法计算人心和投机心理下的冲动。在中国和亚洲，因为价值取向的单一，炒作某种商品的时候，都会一直到不可思议的高度才罢休。当年的君子兰、猴年邮票。最近的6000点股票，都是很好的例子。上海的房价现在是高于基本面的支撑。但是还远远没有到达不可思议的高度。现在已经无人相信房价会跌。上海的房价正以不可阻挡的势头，朝那个光辉的顶点奔去。

上海房价朝不可思议的高度奔去（3）(2009年9月23日)

by Bayfamily

无论怎么看，仿佛是宿命一样。中国和上海的房价会像当年的香港和日本一样，是一条道跑到黑，总有崩溃的那一天。顶点之后的事情，其实根本就不是我们这些小人物能够操心的事情了。

我们小人物关心是如何投资获得回报。到底是现在追高还是旁边观战。长期来说，随着人们收入的增加，上海和北京核心区的房价最终会超过台北甚至是香港。但是这个过程肯定不是一帆风顺的。对于中小投资者而言，机会和风险并存。毕竟那个光辉的顶点还有些距离。只要风险控制得好，机会还是不错的。

今年上半年一共出手两次。一次是与人合伙直接从房产商那里直接弄得房子的购房期权。好处是未来出手不上税，没有中间交易费。缺点是靠关系，没法复制。按照当前市场价格，现金回报率(Cash on Cash)大概在 80%左右。第二次是买拆迁房。未来的前途还未定，如果按照计划拆迁顺利的话，按照目前市面的赔偿价格，现金回报率（Cash on Cash）的回报应该在 150%左右。这两笔交易比起最近股票市场的回报当然不算什么。但是我的风险控制很严格。即使未来拆迁不果，每月贷款和租金的差价微小，基本上没有什么可以担心的，无非是长期持有而言。

在未来，我的投资策略是：

看地段，不看房子。装修再好的房子，最终也会过时。房子是地在升值，房子本身在贬值。核心地带的老房子是规避风险的最好办法，而且没有什么物业费。

不买豪宅。豪宅最近几年的回报非常好。而且因为总金额大，很多人赚到满盆的银子。但是捧着豪宅如同捧着定时炸弹一样。击鼓传花的游戏不知道会停在谁的手上。

不买过时地段的房子。比如赫赫有名的淮海路。性价比失调，就业流失。只有过去的遗老遗少喜欢那里。上海真正的新人口，没有地域偏见，会集中在新崛起的地段上。

选择新兴的轨道交通带来的增长点，特别是多条线路交汇的地方。比如宜山，耀华，蓝村，曹杨，江苏路，虹桥交通枢纽。随着浦东的成熟和崛起以及大虹桥的修建，上海未来的发展必定的东西轴线上。轨道交通很多，让人看不过来，但是最有潜力的应该在东西轴线的两端，和 3，7，9，11 这些非主流轨道交通和中心城市的接轨处。

看租金不看升值。升值难以预料。租金虽小，但是实打实的东西。稳定的租金，容易出租的地方，什么样的风浪来了，都高枕无忧。

买拆迁房。了解规划，跟踪政府动态。拆迁房政府补偿通常在市价的 130%以上，而且不用交税，没有中介费用。好的拆迁房，可以很快实现资金回笼。

这些策略的实施最大的困难就是时间的投入。投资上海地产已经过了傻子都能赚钱的好时候了。后面缺的是傻子去接最后的棒子。没有办法能够投入时间和一心想买了就赚的人，劝你们还是远离上海这块烫手的山芋。

不过，从我到美国的第一天起，永远有一群人坚信"中国崩溃论"。也不知道他们是基于什么的心理总是盼着中国崩溃。这些人因为盼望中国要崩溃，所以就找各种证据支持自己的观点。他们中间有的是有名的经济学家，但是更多的是普通老百姓。

我写这些文章的时候的一个深刻感受就是你是永远叫不醒一个装睡的人的。这些人看不到中国的巨大变化和快速的财富积累，脑子里一直还是僵化的意识形态斗争。

于光远是改革开放之后中国一个比较有名的经济学家。我读他的回忆录，记得他说的一件事。1979 年，改革开放之初，当时他所在的经济研究所里一个年轻人去香港考察，回来后在所里做汇报。那个年轻人用统计数据告诉说香港有多富裕，人均工资有多高，商店里商品有多丰富。相比之下，中国大陆有多穷，比他们差很多。

然后经济研究所里一个老干部就不干了。拍着桌子在那儿大声说，"香港有钱又怎么样？工资高又怎么样？商品多又怎么样？ 他们能学马列主义吗？"

这实在是一个让人哭笑不得的笑话。那个老干部认为掌握马列真理才是人生最大的幸福和意义所在。40 年后，历史老人神奇地转了 180 度面对今天的香港人、中美两地的华人。现代版的这个笑话今天也是经常可以听见。总会有人给你说"中国人有钱又怎么样？富裕了又怎么样？治安好又怎样？网购发达，生活方便又怎样？他们能投票选总统吗？"

第十四章 啃老是可耻的

01 如何在一线城市拥有自住房

在中国和亚洲很多房价昂贵的城市里，都普遍存在啃老现象。最常见的就是年轻人靠父母的财力帮助购买婚房。而子女往往又对婚房提出了一些要求，比如必须是市中心的，至少是两室一厅的，俗称一步到位，不然不婚不嫁。

我常常能看到这样的牢骚。比如上海北京市区这样的一套房子至少要600万人民币。普通年轻人20万一年的工资怎么可能买得起？不啃老怎么行？当然也有很多人觉得一线城市房价太高，不合理不科学。因为殷实之家的中产阶级靠工资也根本买不起房子。

同样的现象发生在纽约东京这样的城市。只是这些城市的文化圈里没有啃老这个风气。但是年轻人会一样地觉得愤愤不平，抱怨房价太高，民不聊生。现在似乎华人把啃老的风气带到了美国。在洛杉矶、旧金山你经常可以看到华人给刚刚工作的孩子买房子，如果不是全款，至少也是父母负担所有的首付。

很多抱怨房价高的人其实没意识到收入和财富是两件事情。就像速度和位移是两件事情一样。为此我专门写了一篇博客文章解释了美国华人的亨利族现象。

HENRY 族：高收入，但不富裕

By Bayfamily

在美国的 80 年代，甚至到 90 年代初的时候，六位数的年薪是一个很多人向往的数字。除了跨越一位数给人带来的心理感觉以外，更重要的是当年十万的年收入的确能够带来非常好的生活。年薪十万，意味着度假、大屋子和好车。

由于通货膨胀的原因，特别是医疗和教育费用的上升，80 年的 10 万年薪，相当于今天的 24 万左右。可是在美国的中国人，特别是双薪的家庭。即使家庭收入到了 20~25 万，通常还是会一种感觉，就是收入高，但是没有富裕感。

一个新名词，叫做 HENRY，亨利族。我看再适合在美华人不过。亨利族指的是 High Earning Not Rich Yet。家庭税前收入达到 2 0 万，在美国是 Top 5 ％的水平。很多老中都能达到 20 万的水平。在美国这样一个富有的国家，又是 Top 5 ％的收入。为什么还会觉得日子过得紧巴巴呢？因为你是亨利族。对亨利族来说，再高的收入也是镜子里面的繁华，是无法切实享受到富有的。

这里面有这么几个原因：

第一是亨利族多半是没有家底子的。财富的积累是需要时间的。刚刚高收入几年能够积累的财富和祖上传下来一笔家产是不能比的。今天的北京上海的外地人也是一样。在中国北京上海这样的大城市里很多名牌大学毕业的高收入的年轻人，为了一套房子要花上十几年的积蓄。而同样在这些城市里的当地人，往往父母就拥有好几套房子。即使学历低，收入低，富裕的感觉是不一样的。

第二个原因是年龄，20 岁拥有 100 万和 50 岁拥有一百万是不一样的。很多老中，颠簸流离，到了美国，读完书，已经是三十好几。等到少有积蓄的时候，已经是 40 多岁的人了。美国 45 年龄的家庭，平均净财富为 64 万美元。高学历的更高。如果按照年龄排名的话，老中的财富并不突出。

第三个原因是支出。赚得多，花的多，好比是在消防水龙头下面洗澡，水冲得大，流得也多。过瘾可以，但是没有积累。最后还是没留下什么。亨利族都是注重教育的，往往不惜代价送孩子去私立学校。或者为了好学区，砸锅卖铁，住在好学区的破房子里。这样一来，当然富裕感下降。

第四个原因是收入的来源方式。同样赚 10 块钱，来源方式不同。幸福指数是不同的，如果是朝不夕保，看领导脸色的工资收入和稳定的 passive income 是不可同日而语的。税务也不同，工资收入要交 social security tax.

好了，说了半天，有什么破解之道呢？首先是认清形势，避免自己成为亨利族。《穷爸爸富爸爸》里面的穷爸爸就是典型的亨利族，再多的努力，一生也不会有富裕感。其次，是要学会理财，或者投资，或者自己创业，或者看看哪里弄些 passive income。一是减一点税，二是增加安全感。

最后是调整好自己的心态，如果不幸干了一个自己特别热爱的工作，当当 Henry 族也没什么不好。毕竟富裕不是让人幸福的唯一因素。如果自己注定是亨利达人，干脆对自己好一点，该玩的玩，该花的花，及时行乐，反正也发不了财。

有一次我在上海和一些亲戚的孩子们一起聚餐。这些快要结婚的年轻人抱怨上海的房价太高。然后每个人都在理直气壮地算计着怎么样从父母那儿弄到一些钱帮他们支付首付。我忍不住把他们劈头盖脸地臭骂一通。啃老是年轻人最没出息的表现。父母生你养你，成年之后，应该是自己动手打拼世界，反哺父母和社会，怎么能够光想着啃老呢？

他们说大道理他们也懂。但是现实问题摆在那里。他们总感觉到自己要结婚，需要婚房。结婚生子需要最小的婚房也是两室一厅。双职工上班，所以只能住在交通便利的地方。按照自己的工资，一辈子也攒不出足够多的钱买这个房子。虽然他们也知道这样不好，但是除了啃老，到父母亲爷爷奶奶那边搜刮一下，还有什么办法呢？

我给他们讲一个很通俗的道理，那就是在股市里头最后拥有最多财富的人显然不是一开始资本投入最多的人。而是能正确把握市场机会，能够更准确判断股价涨跌的人。房地产市场也是一样的，拥有大房子住的人，并不是带着最多资金进场的人。你只需要能够正确的判定，房地产未来价格的涨跌起伏，在买卖过程中，你就可以最终获得最多利润，拥有最多最好的房子。

事实上，你只需要看看上海的历史变迁。你就可以明白。市中心的房子一直都是那些房子，可是人来来往往的。一会儿这些人住，一会儿那些人住。如果假设你自己是房子，从房子的角度来看，你就会发现原来住房问题是人和人在玩各种游戏。每个时代玩不同的游戏。比如解放前是玩一个关于钱的游戏，谁有钱，谁住大房子。抗日战争到新中国成立是玩一个跟队伍的游戏，谁的队伍跟对了，谁住大房子。文革年代是玩一个生辰八字的游戏，谁的出身好，三代贫农，谁住大房子。改革开放之后，又开始玩一个钱的游戏。所以一切的重点是你怎么玩这个游戏，能否玩好这个游戏，而不是去爹妈那边搜刮钱财。

喜欢收藏艺术品的人都知道，最终大量古董艺术集中在古董商和鉴定师手里。不是因为他们工资高，靠省下来的工资来买这些艺术品。而是因为他们在倒买倒卖的游戏过程中，通过正确的市场价格判断而拥有了那些名贵艺术品。

投资理财论坛上也有人冒出来问类似的问题。不过这次是主动被啃老，是父母们也觉得孩子在世界各地的一线城市买不起房，不啃他们啃谁呢？

所以我想在这里大声地说。啃老是可耻的。年轻人啃老可耻。父母主动被啃老是一种溺爱。男儿当自强。男子汉大丈夫遇到人生困难的时候，首先是自己动脑筋想办法解决问题，而不是躲在妈妈裙子下面哭诉。没有经历这个过程的孩子是没有出息的。

我可以用我自己的例子来说明，年轻人根本不需要啃老。只要你足够勤劳和聪明，在哪里都是可以自己解决住房的。

2012 年，我因为创业公司的事情越来越多。每年有几个月的时间在中国工作，所以我需要有一个自己的住房。那个公司业务一直没有做起来，投资人把我的工资压得很低，远远低于我在湾区工作时候的正常工资。

但是即使这样，我通过六年时间，从零开始，在上海也解决了自己的自住问题。这是我在上海持有的第四套房子。买这个房子，我完全没有动用其他资本，也没有动用之前买的投资房，它们还在升值中。我在上海的自住房是个很新的公寓，在离地铁站 200 米远的地方，周围学校、商场、公园设施一应俱全。现在这个房子市场价格差不多有 600 万左右。

我的亲戚们知道我房子多。但是我告诉他们买这套房子真正从我口袋里出来的钱只有 30 万人民币。就是我只花了 30 万，就拿到了这个 600 万的住房。他们都很惊讶问我是怎么做到的？

我说道理很简单，看清价格走势，通过几次买卖就做到了。

我 2012 年用 30 万人民币首付买了一个 60 万的小公寓给自己住。那个公寓在城市的边缘，也不是什么特别好的地方，但是附近正在建轨道交通。在我搬进去住了两年之后，轨道交通就通车了。

通车之后这里的房价就出现了暴涨，三年差不多涨了一倍多的样子。到 2015 年的时候，我 150 万人民币把这个房子卖掉了，然后用卖掉的钱做首付买了一个 300 万的房子，而这个房子现在涨到了 600 万，就是这么简单。

熟悉国内房地产交易的人可能马上会反问，你是如何解决限购和二套贷款首付 70%的问题的？每次我那些年轻的亲戚们向我陈述这些困难的时候，我总是气不打一处来。人的大脑是用来解决复杂问题的，不是用来给自己找借口的。如果作为一个成年人这样的限购问题都解决不了，那还是老老实实躲在妈妈裙子底下当巨婴吧。

对于全世界一线城市的年轻人来说，要解决自己的住房问题，最好的办法不要好高骛远，不要追求一步到位。你从外地来到一个陌生的城市，难道希望这个城市里的人都把最好的房子让出来给你，然后恭恭敬敬夹道热烈欢迎么？前面的人通过几十年的努力搬进了最好的学区，最好的地段。凭什么你一来就能拥有这些呢？

文学城投资理财论坛上，很多中产阶级和稍微富裕的人迁徙到大城市经常有这样的感慨，就是一线城市房子这么贵，谁买得起？有人还专门写文章，因为自己家境不错的亲戚在北京买不起住房，质疑中国一线城市到底谁买得起。针对这个问题我写了一篇博客。

房子这么贵，谁买得起？(2016 年 7 月 30 日)
by Bayfamily

每次房价暴涨之后，这句话是我最经常听到的一句问话。这句话的潜台词就是，我都买不起，谁能买得起呢？典型的以己度人的心态，把自己观察到的世界，熟悉的圈子推广到整个市场上去。这样的心态去决定是否投资房地产其实很不正确的。

印象最深的一次是 2000 年的时候，一个在美国的 50 多岁的上海人和我聊起上海的房价。当时人民广场的一个楼盘是 5000元每平米。他虽然在美国年薪 10 万美元。但是他在国内认识的亲戚朋友收入都不高，他的很多朋友当时正好赶上国企下岗。所以他认为上海房价贵得离谱，和我说，5000 元每平米，谁买得起？后面的故事我就不多说了。他只看到了他那个年龄段 50 后人们的收入，没有看到当时 60 后，70 后快速增长的收入。

同样的故事还在不断上演。今天依旧有人质疑北京上海的房价、曼哈顿旧金山的房价谁买得起。所以我们有必要仔细分析一下到底谁买得起这个事情。

我们先看全球都存在着谁买得起这个问题，如果你看看全球市场，知道汉城，孟买的房价。你会更加惊叹，到底是谁买得起。

我们先看第一种情况。就是如果一个市场没有什么新增面积。100%都是既有面积换手。那么是否存在谁买得起的问题。

显然，无论价格多么贵，哪怕是 1 亿美元每平米，都不存在谁买得起的问题。因为只是拥有房子的人互相换手，换手价格无论多贵这个市场都是可能成立的。和当地人收入完全没有关系，而是与当地租金和收入有关系。但是如果只考虑房子的投资属性，从数学上讲，什么价格都是合理的。就像黄金和艺术品一样，任何价格都是可能存在的。是否合理那是另外一回事。这样的市场典型例子就是孟买。孟买不但是中产阶级买不起房子，就是一般的企业老板也买不起。只有已经有房子的人买得起。曼哈顿基本也是这个情况。

那么我们再看另外一种情况，就是市场不是完全封闭的。每年有 5%的新增面积。

数学上讲，还是任何一个价格都是可能存在的。你会问，如果房价涨到了三倍，谁能买得起这些新增面积呢？其实很简单，因为贷款的原因，拥有房子的人，把自己的房子卖了，加大贷款额度就买得起。这样的例子在中国到处可见。就是所谓的改善型需求。原来住 50 平米的房子，卖了变成首付买 100 平米的房子。只要房价是持续上涨的，那么从数学上看这个游戏就可以一直玩下去。

第三种情况，就是一个全新的新城。从零开始，一夜之间供应了 100%的面积。

这种情况，就需要真金白银 100%的用新钱来购买房子。的确会出现买不起的现象。无论房价多么低，都会发生买不起。典型例子就是国内的各种新城和鬼城。鬼城的价格很低，很多价格甚至不足 4000 元每平米。但是大家还是买不起。如果你贪便宜投资进去，还是会亏得一塌糊涂。

谁买得起这个问题还有一个陷阱就是错误估计大的宏观数据。一般大家对宏观经济数据喜欢用多、少这些定性词汇。对定量数据没有概念。我举一个例子，大家都在说上海北京的房价高得离谱吓人。可是你们有没有算过，2015 年上海城乡储蓄存款余额已经过了 10 万亿人民币大关。北京差不多也是这个数量级。两个城市每年的新增住宅面积是 2000 万平米左右的样子。10 万亿/2000 万=50 万。你们自己可以算算 3-5 万每平米的房价到底合理不合理。到底老百姓是买得起还是买不起。

结论，一个地区房价高与低，合理还是不合理，不能只看房价和收入，要看这个城市住宅市场的构成，是否有大量的新增面积，是否待在这里的人都不愿意走。如果没人愿意走，凭啥你就可以轻轻松松进去呢？要用数学思考。尤其不能只看自己熟悉的圈子的人收入。因为你的圈子可能很穷，也可能太富。

谁买得起？已经在那里有房子的人，再贵也买得起！

其实大部分时候你应该感到足够的庆幸，就是当地人允许你参与到这个房地产博弈的游戏里。你要做的事就是如何早点参与到这个游戏里，然后击败别人变成赢家。香港人用的一句话叫作"上车"。你的工资只是给你攒够上车的门票。聪明的人都知道银行的钱不借白不借，利息抵消掉通胀后实际上等于白借钱给你。用自己辛辛苦苦攒下来的工资付清房屋总价的是傻瓜。

在世界上的很多地方，当地人为了保护自己，压根就不让你来参加这个游戏。如果你去纽约或者孟买，那里房价高到普通工薪阶层压根儿买不起"车票"，上不了车，完全没有机会参与到这个游戏中。在上海，你如果是单身外地人，压根不允许你买房。政府说结婚才能买房，丈母娘说买房才能结婚。真的是逼得循规蹈矩的好男人只能跳楼。

在一线城市，你要计算的，不是说要花多少年的时间，攒多少的钱才能买到一个称心如意的房子。因为那是不可能完成的任务。你需要的是如何省吃俭用，用工资攒足够多的资本来参与到这个游戏里。

毕竟房地产和股票不一样，股票你可能有 100 元就可以开户。而房地产这个游戏里，在中国的一线城市，最低的起始成本至少也要有个 20 万~30 万人民币。

我总是碰见有人说他们错过了最好的时代，最好的机会。事实上要解决自己的住房问题，永远都不晚。只是你不要傻乎乎地复制前人做的事情，需要自己独立思考，找到解决办法。2012年，上海的房价已经疯涨了 10 年。即使在这么晚的时候，我也只花了 30 万就解决了我的住房问题。

其实我用的这个套路和我在湾区买第一个自住房的方法一模一样。即使今天，我依旧有勇气说，在世界上的任何一个核心城市，一个聪明人都是可以靠自己的努力解决自住房问题的，根本不用"啃老"。道理很简单，任何一个城市的老人最终都会离开人世。那些房子总是要给年轻人的。至于归属于哪个年轻人，那就看谁的头脑灵活了。本钱多少不重要，最关键的是你擅不擅长玩这个游戏，你是否能够准确地判断出未来市场的变化。

如何来判断未来市场的变化，总的来说还是"会走路的钱"那几条投资原则。

一个就是看这个地区是不是有更多的年轻人过来。这个地区是不是有兴旺和充满活力？是否有新的产业？是否有特别的政治原因让更多的年轻人愿意来。宏观的层面，就是看一个地区长期的人口流入和经济的繁荣。

在微观层面上，最简单的办法是跟着一个城市基础设施的建设。你可以靠近轨道交通，可以靠近重要的产业园。而这些都是规划上画得清清楚楚的。当然规划和现实还有一些差距。但无论如何你需要做的是买在那些有变化的地方。不要在没有任何变化的老城区里打转，在那些地方转是没有希望的，只有变化才能够产生机会。

02 关爱父母是美德

当然我在中国的买房也有不是那么成功的。这些不成功的案例往往是牵扯到很多其他因素。2011 年的时候因为母亲的住房比较老旧了，所以我决定给母亲购买一套公寓。

当时母亲已经 70 多岁了，我希望她搬到新一点的公寓楼里。原先的公寓楼建设于 80 年代早期，已经变得破旧不堪。2011 年是美国房地产入市最好的时候。我明明知道，这些钱如果投到美国，会有更多的赚钱机会。但我还是决定帮助我母亲去改善她的居住。人生有些事情可以等，有些事情不能等。对于 70 多岁的人而言，能享受到的东西越来越少了，所以不能等。

虽然我还有兄弟姐妹。但是我知道这样的事情，如果很多人参与进来的话，稍有不慎就会弄得兄弟不和，破坏了亲情。钱不是生活中的一切。亲情、友情、爱情都能够给你提供钱不能提供的美好。所以我没有和其他兄弟姐妹商量，只是独自一个人出钱给我母亲购买了一套公寓。这是我在中国的第五套房子。

2011 年不是一个投资中国二线城市的好时候，基本上买完了之后，中国的房地产价格就整体低迷了几年。这笔投资如果拿到美国来，我后来算了一下差不多可以增长到 100 万美元的样子。

人生就是这样的，不可能每一分钱都用到极致，很多时候就是明明不可为，可是又必须为之。

不过亲情又是很复杂的事情。房子买好了，我母亲却坚决不住过去。说她喜欢原来的社区和周围的朋友。所以我花了钱，损失了增长 10 倍的机会，又没有帮上忙。只能等她以后搬过来，这一等就是七年。从经济上算来那次可能是我在中国最糟糕的一个投资，不过我也不后悔，就当是亲情的消费了。

在中国或者在我后面所有的投资体验里，我自己的感觉就是买住房的时候最好只登记你一个人的名字。人们购买房子最容易犯的错误就是为了孩子着想，把孩子的名字也放进去。有的甚至把爸爸妈妈七大姑八大姨的名字通通放进去。

投资是讲究效率的事情。放一个名字，一切都会变得简单，你要出具的文件和相应的手续都会变得简单。无论是买卖还是贷款，还是未来的再贷款。

投资就是投资，亲情就是亲情。投资是逐利的。亲情是回味的。啃老是利用亲情对他人的掠夺。投资和亲情不要纠缠在一起。

03 中国投资总结

我在中国的房地产投资，大概持续了将近十五年。因为持续的价格上涨，这十五年里其实任何时候都是买入的好机会，而且几乎在任何一个城市都是好的机会，无论你是在一线城市上海、北京、广州、深圳还是二线城市南京、成都。

我可以拿我的例子说一说这个投资的回报大概是多少。下面的计算都是现金回报比（cash on cash）。我在上海买的第一个房子，当时付出的现金是 5 万美元，其余是贷款。今天这个房子可以卖 200 万美元，现金对现金的回报差不多是 40 倍。

我在上海买的第 2 个房子，如果当时没有卖出的话，大概回报率是 30 倍。因为我卖出中间做了一些置换，导致投资有所折扣，所以差不多回报率是 20 倍。我给自己买的自住房那一连串投资的回报率是 20 倍。为了照顾母亲购买的房子，到今天的回报率大约是 3 倍。

所以即使我投资时犯了错，错误的进行了置换。最后的效果还是不错。过去十五年是个闭着眼睛都能挣钱的年代。是一个猪都能飞到天上的时代。关键是你投资了还是没有投资。对于大部分喜欢投资的海外华人，如果你错过了这个机会，非常可惜。

当然也有很多人是因为长期不看好中国，过去十五年里总有各种各样无数多人不断地唱衰中国。我就听过无数个版本的"中国崩溃论"。然而中国没有崩溃，反而越来越富裕。

中国未来的命运会怎么样一切不好说，但我自己感觉最好的投资时间已经过去了，至少在房地产投资领域，因为中国的农村已经没有什么年轻人了。不会有更多的新人从农村进入城市，所以在中国至少三四线城市会持续地萎缩，而中国的一线城市政府对人口管控越来越严格。也许中国房价还能再涨，但不会再涨到哪里去了，至少不会有过去这样十倍几十倍的暴涨。

我的这些故事并不是让年轻人去盲目模仿。每一个时代周围的环境都是不一样的。不可以套用细节。我希望读者从我的故事里听到一些有益的经验和教训。啃老是可耻的，人活得要有骨气，要相信自己是可以用双手改变自己的生活状态和命运。在投资理财的操作层面有这样一些建议。

一、选对大的局势比具体操作更重要，具体操作你可以有失误，可以不用特别完美。比如我一而再再而三的失误，但是一样挣钱。

二、年轻的时候，不能只关心周围一点点的小事情。而是要"胸怀祖国，放眼世界"。机会来自四面八方。眼界很重要。今天无论你是生活在中国还是在美国，尽可能地多的去了解世界上其他地方的事情，可能对你的生活有启发。

三、房地产投资和其他所有的投资一样，没有人能够帮助你做决策。需要独立思考。不要指望别人能替你思考。不能只是从名人的嘴里寻找答案。大部分人依赖名人替他们思考其实是逃避责任。要相信自己，要通过自己进行艰苦的分析作出判断，并勇于为这些判断负责。

四、还是那就老话，"没有人比你更在乎你的钱"。而另外一方面，"啃老是可耻的"。不劳而获只会让一个人离成功更远。爱你的亲人，不要把亲人的爱当作战利品。

第十五章 从 100 到 1000 万（二）抄底！抄底！

01 指数房

在我最初的普通人家十年一千万理财计划里，美国才是重头戏。中国的房地产投资的故事写得很长，但是其实我更多的时间是花在美国这边的。毕竟我生活在这里，每次去中国都是来去匆匆。所以在这一章里我回忆一下投资过程中的第二个重要的阶段，就是美国次贷危机之后的抄底阶段。

美国房价是从 2008 年底开始一路走软的。我自己住的房子价格当然也在下跌。只要自己保持好的心态，自住房的涨跌其实是没有什么关系的。因为我每个月要付的贷款都是一样的。

房价下跌对我反而有好处，因为我可以交更低的房产税。当房价大约下跌了 20%的时候，我写了一封长长的信给当地城市的税务局，陈述我的住房估价是多么的不合理，市场的房价应该比他们给的估价更低一些。在那封信里，我用 MBA 学到的知识，用各种方法给出房地产的估价，然后取了一个平均值和区间范围证明我的房子被高估了。

结果当然大家可想而知。税务局完全没有理我，既没有给我更低的估价，也没有回信反驳。账单上的金额一分没少。有本事你不付，政府马上来拍卖你的房子。当然我也可以去法院起诉，但我觉得这样是多此一举，有这功夫可以在其他地方挣很多钱。各国政府都是一样，仗着自己资源多，最不怕的就是和你打官司。

在整个次贷危机过程中，我一直在用我在美国买的第一个房子作为价格的标杆。房价不同于股价，没有什么指标来跟踪。美国仅有的几个房价指数也是全国性的，对于某个社区和城市，没有太多意义。我 2002 年买的第一个房子，同类的房子很多，流动性也比较好。所以用它的价格作为指数比较合理。这里为了方便阅读和理解，我暂时管那个房子叫作"指数房"。

我 2002 年买入"指数房"的价格是 43 万美元，2005 年我以 72 万美元的价格卖掉。2008 年底的时候，大约跌到 60 万美元。2009 年中的时候，大约跌到 50 万美元。跌到 60 万美元的时候，炒房者先把房子扔给银行。跌到 50 万的时候，很多实际居住的人也开始把房子扔给银行，大量的法拍屋（foreclosure)开始出来了。

这个道理也很简单，因为很多以 72 万美元购入的人没有付首付或者只有 10%的首付，等房价跌到 60 万美元或者是 50 万美元的时候，对于他们来说经济上更好的选择就是把房子丢给银行。

而且美国的大部分地方都有一个奇葩的法律，就是这种情况下银行没有权利去追缴债务人的债务，银行最多能做的事情就是把房子接手过来，然后给债务人一个不好的信用记录。

这个不好的信用记录，差不多需要 3~5 年才能完全抹清。大部分人觉得 3~5 年不是什么大不了的事情，相比十几万实际的现金损失是个更好的选择。所以并不是他们负担不起这个房子了，他们明明还能够负担得起，但是他们选择把房子交还给银行。

而且把房子还给银行往往他们还可以免费多住上一年。他们可以理直气壮地停止付房贷，因为银行不会一夜之间把他们赶出去。银行走法律程序需要一年左右的时间。即使在银行走完了法拍屋流程之后，甚至法拍屋的新购买人来了之后，要无赖的房东还可以拒绝搬家，索要一笔搬家费。

所以次贷危机很大程度上是一个人为制造的危机。并不完全是因为银行把贷款贷给了没有能力负担的人。更主要的可能是银行的执行条款和法律的执行层面也过于宽松导致的。这也是为什么在全世界除了美国都没听说过有次贷危机的。

当这些房子拿出来做法拍屋之后，引起房价的下跌。随着房价下跌会引起更多的人选择把房子扔还给银行，进入法拍屋程序。这是一个自我加强的正循环。最严重的城市社区，比如 Stockton 最后的结果几乎是大半个城市的住房统统换手一遍。

次贷危机的时候，当时法拍房分两种，一种是短售（short sale），一种是法拍屋（foreclosure)。短售指的是业主走正常的流程卖房，事先和银行商量好，并且获得银行短售许可的卖房方式。因为房子的价格已经低于贷款，所以卖多少钱就把多少钱全部给银行。选择短售说明业主还是认真负责的，对他的信用记录影响要比被法拍屋小。法拍屋就是很不负责任地把房子扔给银行，逼银行走法院拍卖的手续。一个人一旦有过法拍屋的经历，信用记录会严重受损。

我的指数房要是当年没有在最高点把它卖掉的话。恐怕我也会进入法拍屋或者短售的程序。因为这个房子的价格，后来又从 50 万跌到 40 万，从 40 万美元跌到 30 万美元。我不知道我是否能够抵制住诱惑。

02 抄底准备

从 70 万美元跌到 60 万美元的时候，还有很多勇敢者冲过去买。但是从 40 万跌到 30 万的时候，大家都吓傻了，没有人再敢进去。因为没有人知道市场的底部在哪里，整条大街上到处都插满了法拍屋标签。

可是我知道一切都会逆转过来。而且越接近底部，逆转得就会更加剧烈。当时我在投资理财论坛上经常说的一句话就是"one foreclosure sold, one foreclosure less." 每卖一个法拍屋，市场上就少一个法拍屋。

我几乎每个周末都出去看房子。甚至可以说我一直在出价试图购买。但是我一直没有买到，因为我出价每次都很低，是当时法拍屋开价上再下压 30%-50%。我出的价格之低，让中介都懒得理我，觉得我完全没有诚意。事实上我也的确没有诚意。因为我手上的钱很少，当时我只有 5 万美元的现金。我就用这点钱去摸到市场的最底部，买不到也没有什么，至少我不想接那个下落的刀子。

我不断看房、和很多中介沟通、不断出价的目的是 get en-gaged (参与进去)。因为我知道光看新闻是无法判断市场底部的。而且市场真的触底时，就看谁抢得快。等触底反弹那个时候再和中介接触，建立人脉关系就来不及了。

不过也有很真诚的中介建议我不要买。我记忆中当年帮我卖掉指数房的那个中介就是这样的。他说房子经常几个月租不出去，还是小心为妙。因为当经济危机来临的时候，住房的总需求也会减少，即使人口不变。租房的人也会压缩自己的生活开支，比如原来一个人住一个公寓的选择两个人合租一套公寓，失业的年轻人回到父母身边，失业的老人选择和兄弟姐妹孩子们一起居住。

我原来想在大学周围买房子，那里的房租比较稳定，可是大学周围的房子价格总是很坚挺。和好学区的住房一样，下跌幅度不大。尝试了几次基本上就放弃了。下跌幅度小的地方，上涨空间也有限。

在这个不断出价的过程中，我也渐渐学到了一些门道。短售和法拍屋交易中，并不是出价最高的人就能够拿到房子，经常会有些不能摆到桌面上的东西。有的时候，中介会想方设法不卖给你。

比如我当时看到一个 fourplex（四单元房）在短售。这是一套四个单元的公寓房。这套房子临近一个数一数二的好小学，步行就可以走到那个小学，所以未来出租不会有问题。因为孩子上学，所以租金和房客会很稳定。我当时计算了一下，当时按照它的开价买下来就是正现金流。好学区的正现金流的房子像宝石一样的稀少，碰见了要赶紧抢。

房东是一个犹太人，拥有这四个单元快三十年了。现在年龄大了不善管理，房子又出了几个比较大的维修责任，他就用六十万的价格把四套房子一起拿出来卖。这样的房子在市场正常的时候价格应该在 100 万-120 万美元之间。

我马上和对方的中介联系，中介倒是热情带我去看房子。但是用一大堆的理由跟我说这个房子有多么不好，有各种各样的问题，地基有问题，墙有问题，屋顶有问题，都是大修，简直要重盖了。我当时并没有完全听明白他的意思，我只是相信了他，表示感谢，谢谢他告诉我实情，不然一上来就演砸了。

这么多年以后，等我有了很多管理房屋的经验之后，才明白其实那个中介是想把我吓跑。不知道当时有什么内线的买家已经谈好了，怕我出高价搅了局。现在想一想他说的那些白蚁和屋顶问题，其实都不是什么大不了的问题。只是在当时我还没有太多管理投资房的经验，所以被他说一说就吓怕了。那些问题现在看看可能也就是 5 万~10 万美元就可以全部解决。

这样的房子绝对是现金奶牛（cash cow)的房子。这个房子价格是 60 万美元，四个单元的租金每个月就 1 万，一年 12 万美元。Cap rate 将近 20%。如果你玩过大富翁的游戏，就知道玩房地产这个游戏的秘密之一，就是要在早期有一头现金奶牛不断地给你生产出你买房子需要的现金来。只有这样才能持续盖房买地，成为游戏的赢家。

我在摸底的过程中还碰到过一个老中卖房子。应该说当时中国人卖掉房子的人很少，买房子的人居多。卖房子的拉丁裔和非洲裔要多一些。帮我买卖指数房的那个中介，2009 年的时候，他的生意糟糕透了。因为他之前都是做中国人的生意，次贷危机之后，一下子没人买卖了。他和我说"幸亏当时没有辞掉正式的工作，当中介只是兼职，不然现在要去街上要饭了。"

到了 2010 年，他的生意突然又好了起来，我问他是怎么样做到的。他说以前中介广告他都是发给自己过去的客户，大部分都是中国人，所以没有生意。因为中国人只买不卖，而且买房子不需要中介。后来他把代理短售卖房的广告专门发给拉丁和非裔的低收入人群。结果生意一下就好了起来。客观地说，在整个次贷危机过程中，走法拍程序或者短售的大部分业主也都是低收入人群，高收入人群在次贷危机过程中只是坐了一次资产账面上的过山车，并没有选择卖出，所以对他们没有实质性的影响。

当时碰到中国人在卖一个短售房，所以我就感到很好奇。我也不好意思问他们为什么要把房子短售出去。我只能跟他们说中文套近乎，我说我的信誉良好，把我的 offer 提交给银行，肯定能够批下来。那个老中支支吾吾地回答，不是很干脆，似乎恨不得我马上人间蒸发，最好别来烦他。当然，最后我没有买到这个房子。后来一个越南中介告诉我，她说这样的情况，多半是房东压根不想卖。只是走一下流程把房子转卖给自己的亲戚朋友，这样实际的拥有人还是他们自己。但是可以借这个短售的机会抹掉一些银行的贷款。这样的短售房旁人自然是买不到的。

我计划买的房子是独立屋。但是公寓的房价其实跌得最狠。当时我刚到湾区租的公寓也有法拍屋和短售在卖。价格已经跌到大家不可想象的程度。因为 2008 年在房价高峰的时候需要 25 万美元一套，而在 2010 年法拍屋的价格只有 5 万美元一套，而且还可以再讨价还价一下。2019 年这些公寓的价格已经涨到 40 万美元左右。2010 年，虽然我也觉得价格低的诱人，值得买入。但由于各种原因，我就是没有买到这个公寓。很多年之后，有感而发，这个故事我还专门写在下面这篇博文里。

调情的艺术(2018 年 3 月 6 日)

by Bayfamily

上一篇文章居然被微信管理员封杀了。正经的事情不让谈，这会只能说点不那么严肃的事情。今天换一个角度来讲投资理财的细节，调情的艺术。The Art of Flirting. Flirting 的正式翻译是调情，这个词比较反面。（此处略去 1000 字）

Flirting 是 Seduction（勾引）前奏。这个世界充满了各式各样的 seduction。有的时候你是被政客 seduced，比如 70 岁的特朗普老头不知道诱惑了多少红脖子。有时你被金钱诱惑了。有时你被男女明星诱惑了。诱惑的本质就是，诱惑者扔出一个 magic spell，让被诱惑者心甘情愿臣服于你。

你可能会问，这和投资理财有什么关系？投资理财需要和人打交道，无论买房，还是买车，还是购买理财产品，保险产品，都需要讨价还价。人和人沟通，有各种各样的力量。经济学的一个重要假设就是人都是理性的。可惜我们人恰恰是非常不理性的。人有愤怒，有共情。大家不要忽视了性、暧昧、诱惑在讨价还价中的力量。要做到暧昧的力量为我所用，而不是为我所害。

先举两个例子说明一下吧。

一次是我在北京秀水街买包。北京秀水街都是一些浙江的小姑娘在卖包。我在一楼的某个柜台上看中了一个包，秀水街的包其实都很类似。同样的商品很多柜台都有。我讨价还价的技巧一般是第一家价格一定要砍到对方不卖的地步。然后第二家同样的商品，价格往上加 10%，他再不卖给你。你再找第三家，再加

10%。 直到有一家商家卖给你。这样你知道你是买在很接近他们成本价格的地方。

当时和我讨价还价的是个个子不高的皮肤白皙的浙江小姑娘，说话带着南方口音，白里透红的皮肤。我一下子被她的容貌迷惑住了，按照常规，第一家无论什么价格我是坚决不买的。一定要找到一个不肯卖的价格，然后再一家家加上去。

我正要离开的时候，她柔声地对我说，"就买咱家的吧，去哪家买，不是买呢？"她就那样站着直视着眼睛对我说，吐气如兰地补上一句"对不对？"像是小时候邻居家小妹妹找我要糖吃。

讨价还价的结果你可想而知。我一下子就稀里糊涂同意了。走出秀水街大厦，被长安街的冷风一吹。我就明白，我是多么傻瓜一样地上当了。居然把自己讨价还价的原则都忘了。这是我被人暧昧和 seduce 的例子。

再举一个我 seduce 和暧昧他人的例子。

2009 年房地产危机的时候，我在湾区开始看房子。中介是个越南裔少妇。带我看了半个月的房子，平时有说有笑的。最后我看中了一个很小的 apartment。当时银行要的价格是 5 万美元（现在价格 30-40 万）。当时市场非常低迷，根本没有人给 offer。我对中介说，我看中了这个房子，咱们给 offer 吧。当然我也表达了深深的忧虑，万一租不出去怎么办。

我想这个中介可能是被我迷惑了。中介总是标榜他们是真心真意地为客户着想。也许真的最后我的中介就替我真心真意地着想了。结果我的中介来了这么一句。

"可是万一，银行接了你的 offer，怎么办？"

我当时一下子就糊涂了。中介居然害怕 offer 被接受。堪称千古奇谈。现在回想起来其实我让中介真的产生带入感了。

当然这个暧昧害了我。于是我没有给 offer,中介可能事后也觉得自己被暧昧忽悠得糊涂了，有些不好意思，于是再也没有和我联系过。

商家是最明白如何利用性和暧昧的力量进行销售的。君不见，国内售楼处的销售员都是小姑娘。因为小姑娘忽悠大叔，一拿一个准。走街串巷卖保健品的，都是小姑娘和小鲜肉。小鲜肉逗得老奶奶乐哈哈。老爷爷从小姑娘手里一大包一大包地买保健品。商店化妆品柜台里没有用帅哥进行推销，因为没有哪个女人想被帅哥知道她们化妆的秘密。

我自从有了秀水街的教训，凡是讨价还价的场合，碰见小姑娘转身就跑。

我自己最成功的一次讨价还价是和一个印度中年油腻大叔手里买车。昏天黑地地一路讨价还价到半夜。对方头上的气味熏的我眼睛都快睁不开了，我当时就预感到，今天肯定能谈个好价钱。 如果，你是帅哥小鲜肉，尽量找大婶大妈讨价还价。 如果，你是女人，千万不要跟小姑娘费口舌，直接找他们男经理。

女人购买大宗商品的时候，记得把自己打扮得漂漂亮亮的。你花那么多钱买的衣服，终于有用武之地了。对了，别忘了上一点点眼妆，一个杀人般的眼神，会让对方魂飞魄散，白花花的银子就都流到你口袋里了。

男人购买大宗商品的时候，记得多准备点笑话。你读了那么多的书，不是只为了深夜没事思考宇宙真理的。记得几句轻松的话语，争取把对方逗得花枝乱颤。

人的因素是买卖房屋中最不可控的因素。读了我的博文就会明白，其实是出于一些特别荒唐的小理由，让我错过了这样的机会。

2009 年的夏天，我出差去佛罗里达开会，顺便去看我的一个朋友。他住在奥兰多。老中聚会总是忍不住谈论起房子。当时的奥兰多与迪斯尼周围的很多公寓卖到不可思议的低价。

我印象中大概一室一厅的公寓价格是 5 万美元左右。但是我那个朋友就是坚决不肯买。我说这是一个好的投资，你应该买下迪斯尼周围的公寓，以后不愁租的。因为迪斯尼会有游客来，现在经济萧条不容易租出去，以后经济好了肯定会容易租出去。

但是他给我算了一笔账，他和我算了一下物业费和房地产税费。最后算下来一个月刚刚打平。他说自己忙活一场一分钱不挣，那又何必呢？所以不值得买。我说按照你这样的算法，哪怕这个房子价格跌到 0，也不值得买，白送给你也不值得买，因为即使白送给你，你也还是基本打平，或者每个月挣 100-200 美元。你不能光看现在的收入来决定买不买房子，要看未来的收入和房价。另外不能只看现金流这点小钱，要看房屋价格的变动和你能利用的杠杆。

最后这个朋友似乎买了一套，好像是用全现金买的。因为贷款额太小，没找银行贷款。后来他跟我说一直不挣钱，于是他就再也没有买。最后似乎错过了这个历史大底。其实他当时借助银行的贷款杠杆，是有足够的能力，一下子买到 10 套 20 套的。现在这些公寓也就成了他的现金奶牛。

03 股票与抄底时机

虽然我不炒股，但是次贷危机之后，我一直关注股票价格的动荡，因为股票价格和房地产价格有着互相紧密的影响关系。我只能凭着我的记忆回忆这段历史。有兴趣的读者可以比照一下实际的历史数据验证一下我说的对不对。

股票市场在雷曼兄弟倒闭之后开始一路往下跌。Fannie Mae, Freddie Mac, Washington Mutual，纷纷破产或者被政府接管。一个银行接着一个银行破产倒闭。到 2009 年初的时候跌得非常惨。对于市场底部的标志性事件，记忆中我有这样几个。一个是 AIG 破产了，一个是花旗银行的股票跌破了一美元。而花旗银行一年前还是 40 多美元一股。终于大家达成共识，银行是太大了不能破产"too big to fall"。连高盛这样的公司都不敢确信自己不会破产，找巴菲特伸出援助之手。巴菲特给了一个包赚不赔的可转债券的金融援助。最后连 GM 这样以实业为主的公司也破产了，政府只能援助。2009 年初，作为美国工业经济、制造业的明珠，美国制造的标志，通用电气(GE)也摇摇欲坠要破产了。

我当时不太信这样综合性很强、既有实业、又有品牌的 GE 会破产。所以格外关注了一下。原来 GE 有一个非常庞大的金融部门。它的商业部门运行正常，但是它的金融部门有毒资产要把整个 GE 帝国拖下水。

GE 开了一个非常庞大的新闻听证会来证明公司不会受到大的冲击和影响。我仔细看了一下他们那天做出来的财务分析报告。当时我还感慨一下，因为我知道那些 PPT 不知道是哪个投行里的 MBA 毕业生，用了不知道多少个不眠之夜赶出来的。

看完报告，我忍不住玩儿一样的买了一些花旗和通用的股票。我印象中只买了 100 股花旗，100 股通用，花了不到几百美元。读了通用的分析报告，我也完全不能判断市场底部在哪里。我只想买一点股票作为一个标志，以后可以用来回忆这段历史。当时我太太和我说，我应该记一个日记，把每天发生的事件和自己的感受记录下来。这样可以当风浪过去的时候，回头看看，提高自己的抄底水平。

那个时候，股票震荡剧烈。道琼斯多的时候一天起伏就有 1000 多点。每天对股票指数震荡的报道，好像很是家常便饭的事情。没有人知道底部在哪里。专业人士不知道，我也不知道。但是总是有无数多的大师出来预测底部在哪里。

我印象最深刻的是前总统克林顿都跳出来发表见解。在 2009 年初的有一天股票大跌之后，大约是 3 月份左右，他侃侃而谈，痛斥本次次贷危机的根源，然后他说他感觉市场还远远没有到底 "This is still far from over"。这是他的原话，我印象深刻。他说我们犯下了很大的错误，需要漫长的时间来慢慢修正。

大人物说出这样的话，说明市场真是已经到底了。因为市场没有更多的人看空了。

克林顿这句话说完，股票开始一路反弹。一口气不停，是个完美的 V 型反弹。在我印象里，克林顿当时的讲话基本就是股票的最低点，是整个次贷危机的历史最低点。

所以你大概可以判断出股票的最低点和经济的形势并没有太大的关系。最低点取决是后面是否还有更多的空头。市场是否到谷底是看是否还有更多的绝望者。市场是否到顶点是看是否还有更多的乐观派。就是连前总统这样的话的人都说出绝望的话之后，实在不能再有更多的绝望者了，股票市场这个时候就到了最低点。当然这样说说容易，只能用来做大趋势判断。具体的节点不确定性很大，这也是我从来不炒股的一个原因。

股票到了最低点之后一路反转上涨。是的，真的就是一路反转上涨，根本不给任何人上车的机会。一口气不停地涨了很久。我自己不炒股票，但是每天看市场的行情，我可以听到或者感觉到千千万万一脚踏空的人，发出痛苦的呐喊声。我的一个朋友就是这样。她是斯坦福大学学经济出身，但是在市场最低点的时候，竟然她也说定投的投资策略不 work。现在回想起来，她应该和克林顿一样，都是最后一批绝望者。

经历过这样的 V 型反转，就会更加对股市充满敬畏之心。这也是每次经济危机到来的时候，很少有基金公司敢把股票卖掉的一个原因。金融风暴来临之前，往往大家都能看到下跌趋势，但是没人能够控制好节点。股市会随时发生反转，让你一脚踩空，追悔莫及。

但是在房地产市场就不一样了。我每个周末都在看房子，摸着市场脉搏。2010 年，当股市大约上涨了一年左右，我给自己下的命令就是要开始买，而且一定要开始买。房地产一个循环就是十几年，一辈子没有几次这样的机会。而且为了这个机会，我已经整整准备了 5 年。从 2005 年起，我就期待着有一天房地产崩溃触底。市场崩溃我已经等到了，触底要是错过了，那就太辜负我 5 年的心血了。

因为我已经苦等了 5 年，所以我要毫不犹豫地全仓杀入。

04 艰难的抄底

抄底说说简单，全仓杀入。可是我哪来的钱呢，花钱的地方到处都是，存钱的篓子千疮百孔。因为付清了所有的 MBA 学费，买入了中国的房子，买了好车。这个时候我把美国所有的钱都汇总在一起，可以投资的钱大概也只有 8 万美元左右。

看着银行里的 8 万元存款。我对我太太说："我要买 8 套房子"。

她说"你疯了吗？我们手上只有 8 万美元，你怎么买 8 套房子？我们目标小一点，我们买一套就可以了。"

我说"不行，我一定要买 8 套房子。"我斩钉截铁地说。这样的机会太少了，而且我盘算了这么久，我一定要买 8 套房子。

我像赴刑场就义一样的口号似乎吓到了她，她都没有理我。她倒是好奇我有什么本事变出魔术，有本事买 8 套房子。她同意我先买一两套房子。并且她说你从来没有在美国当过房东，根本不知道怎样管理出租房。还是先实际一点，买一套房子练练手再说。还可以等下一次经济危机再找机会。

"我要买 8 套房子。"我还是那句冰冷的话。像复读机一样一字不差，像南极的石头一样冰冷而坚硬。

她没好气地走开了，懒得理我这个神经病。

我之所用这样吓人的口气说话，是因为我知道，没有坚定的意志和钢铁一样的决心，人是做不成事情的。

这个时候我 2005 年 72 万美元卖出的"指数房"已经标出了一个不可思议的低价，26 万美元。比最高点跌掉了 64%！我看到这个价格心砰砰直跳。就像小时候抓蟋蟀一样，小心翼翼地扑向我的猎物。我知道市场底部就在眼前，每下跌一步就越接近底部。因为仅仅两个月之前"指数房"还是 32 万美元。两个月一下子又跌了 20%。一切都完美地符合经典的市场底部的特征，持续下跌一个阶段后快速探底。

现在想起来。真的我非常感谢我买入的第一个住房。我不但从这个住房挣到了自住房的首付，而且因为和这个房子类似的房子当时市场上很多。让我有一个我熟悉的"指数房"把握市场的脉搏。

指数房跌到 26 万美元的那个月就是当年整个次贷危机湾区房价的最低点。我还记得当时的那个法拍屋里面的样子。在一开始的时候，大部分法拍屋都是干干净净整整齐齐的，后来的法拍屋越来越破。当时那个 26 万的法拍屋里面已经破烂不堪。地毯要换，墙要重新刷。厨房油腻不堪，垃圾扔了一屋子。看来是一个极度不负责的人搬走留下的。

就在那个 26 万美元指数房标价出售的那一周，市场似乎一下子从昏睡中醒了过来。很多买家蜂拥出现。我的 offer（出价）很快就淹没在其他 offer 的大海里了。

我没有抢到这个房子。于是我开始诚心诚意地写 offer。市面上在法拍的房子非常多。一个小区里 10%的房子都在走法拍程序，总共有二三十个。但是交易过手速度非常快，成交量也非常大。

我当时看中了两个社区的房子。一个离我住的地方比较远，开车 45 分钟，一个离我住的地方比较近，30 分钟。我做了非常详细的 Excel 表，根据租金、价格，利率，保险、HOA 费用、地税。我把能想到的因素都考虑进去了，包括未来可能出现的空置率和维修费用。也参考历史价格计算了未来可能出现的增值。当时按照保守计算，离我近的房子 Cash on cash 的年回报率是 15%，离我远点的房子年回报率是 20%。

所以显然我应该买离我远一点的地方。好在我当时吃过Excel的亏，没有书生意气，我两边都同时给 offer. 我当时想的是买到哪个都可以，当然最好是买到回报率高的地方。这么多年过去的结果显示，那个 Excel 表计算的完全没有意义。因为最后影响空置率和维修成本的居然是距离。距离远的地方我懒得跑和管理。出现维修的事情，也懒得去维修而让客户自己去找更昂贵的维修工。最关键的是，你在房租议价上，远的地方没有近的地方那么强有力。往往是好不容易找到租客，想想跑起来太烦，能租个什么价，就租掉算了吧。

当然当时我还没有想那么多。我思考的最主要的事情就是尽可能地买到房子。我知道抢房的时候，根本不要挑挑拣拣，哪个都可以。我根本不等上一个 offer 是否给回复，就抢着出下一个 offer。但是过了一个月，我的offer没有一个被接纳的。我给的基本都是要价（ask price）的 offer。我赶紧问相关的中介，到底是什么情况？

中介跟我说，其他人都会加价，加价从 5%-10%不等。而有些短售屋的加价加得太多，超过了银行贷款。业主干脆收回去不卖了！

我的子弹有限，不敢加价太多。8 万美元，按照 20%的首付。我满打满算我可能可以买两个独立屋。如果运气不好只能买一个或者买一个公寓。我可不想我等了 5 年的机会就这么错过了。显然我需要去找钱，我需要大量的钱做首付。

可是钱从哪里来呢？这是一个大问题，我抓破脑袋在想。

05 克服千难万险也要抢

抢房子不顺利让我渐渐回到理性。又过了两周我也学乖了，我加的价格比别人也更加多一点，终于买到了第一个法拍屋。这是一个离我比较近的一个小小的三居室独立屋。22万成交，我的买入价比2008年最高点65万美元低了一半还多。

办完交割手续，我立刻就找贷款中介，让他给我再开一个新的贷款预批函（loan pre-approval letter）。房价每天都在涨，我一分钟也等不及。可是贷款中介几乎给了我一个晴天霹雳一样的消息。他说你买不了了，你的条件只能买一个房子。

我说"为什么我只能买一个房子？"我没好意思说我的雄心壮志是买8个房子。

他说你们的收入和自己现在有的贷款负担比例太低了。你要买下个房子也可以，但是必须把这个房子先出租出去。要有半年以上的房租收入证明，这个时候你才可以买下一个房子。如果运气不好，你可能还要一年以上的出租收入证明，才能买下一个房子。

我心里咯噔了一下。"半年以上？房价每天都在飞涨。我怎么可能等半年？"

我经历过中国的抢房过程。我知道这个时候循规蹈矩是没有用的。需要八仙过海，各显神通。买一个房子可远远不是我的目标，我要买8个房子。我的内心对自己呐喊。虽然我不知道我怎么样才能买到8个房子，但我要克服千难万险去买到这8个房子。因为那是我的目标。是我写在投资理财博客上，给几十万个读者看过的目标。我有一万个理由要去完成这个目标。我今天在写这篇回忆录的时候，我还能够感觉到我当时激情澎湃的心脏。

怎么办？换贷款中介！找个不用等那么多时间的。

是的，我只能一个又一个的去寻找各种各样的贷款中介，让他们帮我解决我的问题。大部分的回答都是 NO！因为我当时在创业，所以我自己的收入属于自雇收入（self-employment in-come），而自雇（self-employment）需要多年的收入历史才能够证明自己有稳定的收入。

我需要找到一个贷款中介，在这方面相对宽松一些的。

贷款的问题没有解决。抢房子又总是被 overbid（他人抢价），更糟糕的是钱的问题还是没有解决。买第一个房子首付用掉了 4 万多美元。我还能最多买一个。我上哪儿弄更多的钱呢？

我当时焦急的心态就和玩大富翁游戏里，手忙脚乱完成土地置换交易后开始盖房的人一样。那个游戏里砸锅卖铁也要想办法盖房子。但是往往不是有地就可以盖房子，你需要有现金才行。

更多的首付款大概有这么几个来源，一个是把中国的房子卖掉，那样可以筹措一些钱。二是从美国自住房里申请一些房屋净值贷款(home equity loan)。三就是把自己 401K 的钱取出来。

中国的房子当时正在狂涨。我害怕像上次一样偷鸡不成蚀把米。自己自住房的 home equity loan 可以用，但是我尝试了几个银行最后都不行。因为房价下跌了，我自己的自住房的价格也下来了，所以我剩下的 equity 没有那么多。次贷危机后，银行吃一堑长一智，对 loan to equity value 的要求也特别高。401K 的钱取出来有很多问题，最直接的问题就是罚款。虽然我知道房子的回报会比 401K 更好，但是蒙受罚款却不是我想要的。因为罚款是真金白银，交了就没有了。

当你缺钱的时候，没有人愿意给你钱。不但是我一个人缺钱。当时投资理财论坛上抄底的各路英雄没有一个不缺钱的。我印象中有一个网友甚至开出 15%年利率的回报，用房子做抵押，找人借钱。可是还是借不到。

我买的第一个房子空置了一个月之后，勉勉强强出租出去了。但是出租也不是一帆风顺，因为我那个区非核心地带，经济还没有复苏，来看房的都是一些稀奇古怪的人。我头一次在美国当房东，这些人是不是能交下月的房租，我心里也没有底。

我只能好声好气地伺候着，有求必应。灯泡坏了我都跑过去帮他们换一下。把房客伺候得像大爷一样。因为我知道这个时候不能有任何闪失。我想起了前一阵子在拉斯维加斯买房子的那个网友说的话。做了房东才知道，真不知道谁是杨白劳，谁是黄世仁。

06 抢到第二个房

又过了两个月，我终于找到一个贷款中介，他可以帮我办第二个房子的贷款，不用等半年。不过利息要稍微高一些。利息高就高吧，回头 refinance 时候再说，这个时候顾不得那么多了，赶紧抢到房子是最重要的。

我买的第二个房子是在游轮上买到的。那个时候每周都不停地在发各种 offer。几乎所有的 offer 都全军覆没。最大的障碍就是我的银行现金太少，卖家不是很肯定我有足够的能力 close deal。发那个 offer 的时候，正好碰到我们全家去海上坐游轮度假。

工作再忙，不能耽误休息。买房再忙，不能耽误度假。我的这个回忆录可能给读者一种错觉，感觉我每天都在忙房子的事情。其实不是的，大部分的精力我还是在忙我的工作，照顾孩子。买卖房子的事情，只限于周末和晚上下班。每年的度假再忙也是必不可少的。

当时手机还没有这么发达，游轮上完全没有信号。整个游轮只有一个网络端口，按分钟收费。但是没有办法，我也只能一边看着墨西哥湾的落日，一边在游轮上写 offer。游轮上没有打印机。所以我只能用带着的计算机把长长的合同每一页截屏截下来，然后手描的在上面签字。写完offer再用邮箱发送出去。轮船在大海上航行，外面是喧闹的人群。我在游泳池边完成了这个工作。当时有种生意人做大买卖的感觉，因为电影里大富豪们都是在高尔夫球场上和游泳池边上把生意做完的。

07 不要相信媒体

2011 年，当房价止跌回升的时候，跳出很多著名的经济评论家预测未来。这些评论家，每个人都带着吓死人的头衔，包括诺贝尔奖经济学奖获得者 Robert Shiller。他号称因为准确地预测了互联网泡沫和次贷危机而获得诺贝尔奖。我是不信这些事后诸葛亮式的吹牛把戏的，无论他有多么大的头衔。因为普通民众可能很少注意到他 2015 也预测美国股市泡沫严重，立刻会崩盘。结果被打脸。看空的人永恒看空。吹牛的把戏就是不断地试错，试对一次就无限扩大宣传，然后拿诺贝尔奖，试错了就默默无语。

当时电视采访他问他觉得房价会下跌多久，他说可能会下跌 3~5 年的样子。最后又有人问他，你觉得房价什么时候会回升？什么时候会有下一个房地产泡沫？他当时的一句话是，"probably not in your life again."

我对他后面这半句话特别不以为然，我甚至认为房价下跌 3~5 年这样的判断也是不靠谱。至少对于局部地区，湾区这样的地方不是这样的。市场反转就在眼前。说美国此生再不会有房地产泡沫更是不可能的事情，下跌之后就意味着暴涨。只要是自由市场，有跌就有涨，有涨就有跌。

可是所有的媒体报刊杂志都不这么说，如果你有兴趣去考古看一下 2010 年 2012 年前后的所有的媒体，没有一个媒体会告诉你房地产价格在下跌之后会暴涨，反而会有大量法拍屋源源不断出来。你今天去查一下 Foreclosure second wave 这个关键词。就能看到当时汹涌澎湃的报道是多么的错误，当时很多媒体认为第二轮法拍屋浪潮马上就到。我随便节选一段 2012 年初的新闻报道。

"Foreclosures have plagued the United States for the past few years and it seems that trend is set to continue. Now even though the amount of foreclosures dropped 19% in January and another 8% in February, it's expected that a massive increase in foreclosures is on the way. Experts warn that the massive $26 billion settlement between five of the largest banks in the country will cause a major ripple when it comes to foreclosures and how they are inherently handled."

没有一个著名的经济学家，没有任何的股票评论人，至少我没有看到一个公开预测 2012 年之后的房地产价格的狂飙。

然而在我眼里，这简直是秃子头上的虱子的事情，虽然我也不知道什么时候价格会反转上升，但我知道反转是肯定的，因为过去的历史一次一次都是这样的。而且反转不会用几年就会达到新高。

这个现象又一次印证了我之前的一个观察和理论，就是所有的这些评论人，他们最关心的是如何讨好听众，他们并不关心自己的判断是否正确。他们也许独立思考，但是真正独立思考的人，很少敢在公共媒体上公开说。至少媒体不愿意播放和广大民众意见相悖的观点。

做出独立思考而采取行动的人是默默无语的。黑石 Blackstone 这样的对冲基金就在干这件事。他们突破传统思维，直接从银行手里购买法拍屋。据说前后整整买了将近 100 亿美元的法拍屋，最后发了一大笔财。他们默默买进的时候能够声张么？当然不能，恐怕还要雇经济学家在媒体上鼓吹泡沫和衰退有多么严重呢。

08 信息不对称的房市

第一年抄底的工作结束，我在文学城博客上写了一篇新年总结的文章。我告诉大家不要迷信名人和媒体以及各种 Excel 的指标，抢到篮子里的就是菜，不要犹豫赶紧抢。

我这样是在警示大家市场底部已经形成，鼓励别人抄底。但是这些鼓励给我自己可能带来了很大的副作用，因为我在当时发现我买房子的时候，很多和我同样背景的人在和我竞争。我抢房子的时候，我发现一多半是中国人、印度人，和其他亚裔面孔居多。似乎美国普通的民众非常的少，至少在湾区是这样的。我感觉这里面可能有很大一部分程度来自信息不对称。

大部分中国人和印度人在 IT 领域工作。他们在公司里已经感觉到了经济在复苏。那个时候又是中美的蜜月期，我们作为美国的华人，我们知道还有太多的中国人要到美国来。他们或者是为了子女教育，或者是厌倦了中国恶劣的空气环境，想移民到美国来。就像当年山西的煤老板赚了钱都去北京生活一样。

此外还有大量的中产阶级中国人效仿 70 年代和 80 年代的台湾，把他们的孩子从高中就开始送到美国来。这些孩子过了几年大学毕业的时候，首选的工作也还是IT领域，最大的可能也就是落户在东西海岸人口密集的城市。我认识的聪明的中国家长那个时候已经开始为孩子将来的婚房做准备。婚姻和住房，按照我们东方人特有的习惯，都是这些家长要负责到底的事情。这些国际买家的购买力和当地人当下的就业和收入是没有关系的。

美国人也许知道自己家里的事情，但是对于美国以外的事情不是特别了解。在旧金山房地产历史上出现过好几次这样的例子。我印象中 90 年代香港的大批移民曾经救了旧金山因为经济衰退导致的低迷的房市。

人们对于房市底部的判断往往过于悲观。因为人们经常用库存除以销售量来确定房市走出低谷的时间。我曾经阅读过一个80年代的 San Jose 地区的房地产衰退时期的报告，当时预计需要30年才能消化掉现有库存。可是最后只用了两年的时间，就把库存消化掉了。主要的原因是销售速度和库存本身都是变化值。人们会根据预期随时调整买入和卖出。

如果有企业在大规模的扩张，那么人就会源源不断地进来。2010 年前后像苹果，谷歌这样的公司，已经渐渐走入如日中天的阶段。他们都在湾区大举扩张的计划，购买土地，新建更多的办公楼。Facebook 这些原本创业阶段并不在湾区的，也在湾区大规模地招聘人员创建企业。当时的特斯拉已经初现规模。湾区一个本来不生产汽车的地方，未来会变成美国汽车建造的重要中心之一。湾区的风险投资在 2012 年开始活跃起来。一大批科技企业在湾区开始孵化，包括后来鼎鼎有名的 Uber 等。

这些 IT 的产业信息以及亚洲买家的信息，普通美国民众特别是传统行业的普通民众是不知道的，也没有切身的紧迫感。IT 行业的人，印度、中国等新移民知道这些信息，我们比仅接受大众媒体影响下的普通美国人信息掌握得更多更全面一些。因为这个原因我看到了大量的亚裔背景的人在那个时候开始抄底买入大量的住房。

房价上涨的时候，基本规律是核心区的房价先涨，然后蔓延到外围。比如在湾区，2012 年湾区最好的学区，最核心的地段的房价已经涨过了 2008 年时的最高点。然而此时，外围的房价刚刚触底不久开始反弹。房价还没有达到2008 年最高点的一半。

用我的指数房作为例子。2012 年的时候，那个房子仅仅涨到 36 万。而同时其核心区的房子已经超过了 2008 年的最高点。房地产的区域性很明显。

然而全美的经济学家或者联储局，他们关心的是全国的经济形势。大部分人是沉浸在 Great Depression 的痛苦中。我记忆中，当时我的一个朋友委托我帮他一个朋友的孩子在美国找工作。还是刚刚从斯坦福硕士毕业。这在以前是闭着眼睛就能找到工作的，可是那个时候真的就是找不到。报刊杂志还是各种负面的消息，因为就业率依旧不高。

湾区的房地产投资人群里反而是另外一种声音。就是我们是否形成一个新泡沫（Are we forming another bubble）？因为房价反弹太快了。不过在我看来，因为核心区的房子涨过了 2008 的最高点，就认为新的泡沫又在形成中是很荒唐的一个想法。我坚持的一个观点是房价才刚刚开始起步，要涨很漫长的一段时间。也许是 5 年，也许是 10 年。因为你看看过去的历史就知道，每次这样大的循环都是 5-10 年一个周期的。

大众媒体很少有前瞻性思维。我这么多年对大众媒体的总体观察就是，媒体的反应总体是滞后的。因为一个事情变成热点之后，才会引发媒体关注。而引发媒体关注之后，经过采访和调查，整理成文章，再传到普通人的时候，节拍已经慢了一大步，最好的机会已经过去了。媒体擅长做的就是利用这种痛苦，最大化销售自己的杂志，或者赢得更多的点击率。

当我们做一个投资决策的时候，首先要想到的就是我这个信息从哪里来的？我是不是这个信息的最后一批知道者。是否我身后还有比我更晚知道这件事情的。如果没有，那可能要深思熟虑了。

前瞻式的信息获得只能通过亲力亲为，在一线的人手中获得。比如投资理财的论坛，2012 年就充满了各种购买法拍屋的经验帖子。从这些帖子中你能够获得的信息和知识远远超过多数主流媒体。

不过，在美国的华人相当一部分人有一个大的心病。就是总是强调融入主流社会，远离中国人的社区和媒体。事实上，从主流媒体中我们能够获得的信息总是非常有限。主流英文媒体，一切似乎都是朦朦胧胧得，总是不具体，说不到关键点上。这不单单是限于投资房地产，包括孩子们的教育、升学、办理移民。你会发现最有用的信息都来自华人本身的中文社交媒体。

我认为房价会陷入长期复苏的观点和当时在投资理财论台上一些勤于笔耕的人基本一致。房价上涨远远还没有到泡沫的程度，这只是一个漫长上涨的开始。随着大家工资的升高以及就业率的提高，那个时候大量的需求才会真正被释放了出来。

09 哪里都找不到钱

道理都明白，最后没有抄到底也是一场空。最后谁可以抄到底，其实就是执行力的问题。我自己非常清楚地知道这点，可是执行层面越来越困难。

我几乎是以历史最低点的时候买入了第一个房子。过了几个月，等我心急火燎买入第二个房子，房价已经涨了 10%-20%左右。要买第三个房子却费了老劲了，因为所有的中介都告诉我不能贷款。要等两个房子都有比较长的出租历史才可以。

我可等不到那一天。我要买 8 个房子。我自己一遍一遍给自己坚定地强调这个事情。如果你老老实实的，把自己想象成一个人肉皮球，被其他人踢来踢去，最后你就是什么也做不成。这个时候我只能找审查稍微宽松一点的贷款中介帮我出主意。他的一个办法就是把我的海外的一些咨询收入加进来。因为这些收入并不是有清晰和明确的定义的，解释的空间有很大的余地。

贷款解决了，可是我的首付问题依旧没有解决。买两个房子已经耗尽我手上所有的现金。一有风吹草动，恐怕要动用信用卡过日子了。机会放在这里，杠杆我也能拿到，可是我没有撬动这个杠杆的金钥匙。

当时我有几个选择。一个办法是把中国我买的第一个上海中心城区的房子卖掉，那个时候中国的这个房子已经涨过了 100 万美元，如果把它卖掉，我就用这笔钱做首付，一个独立屋只需要 5 万美元。那么可以购买 20 套住房，总市价 500 万~600 万美元左右。这 20 套住房价格涨一倍，回到 2008 年的次贷危机前最高点，那么我"普通人家十年一千万"的理财目标就实现了。能够实现这样的目标该是多么令人开心的事情啊。

然而明明知道纸面上这是正确的投资决定。可是我不敢。我担心那些理论计算以外的不确定性因素，让我真正落实这件事非常困难。第一，我可能要交一些资产增值税。当时我已经持有绿卡了。这个房子我在中国按照比较低的价格买进，较高的价格卖出，我可能要补交大量的税费。交多少税，怎么交，这点我不是很明确。

我当时咨询了一些会计师 1031 Exchange 的办法。我说可不可以把中国的房子卖出，作为 exchange 买美国的房子，这样我可以延税。会计给我的答复是否定的。他们说中美两边的房子很难说明是同类或者相似的房子。我说都是住宅啊，很相似啊。会计师依旧直摇头。当然会计师的答复都是偏保守的，他们不想承担更多的责任。但不管怎么说让我对这个问题产生了一些疑虑。

还有就是这么大笔钱进入美国，会不会有其它的问题？我没有做过 100 万美元以上的国际汇款。大额的美元汇入美国，可能需要向税务部门甚至 FBI 解释这个钱的来龙去脉。虽然我是守法公民，但是被别人调查的感觉非常不好。尤其是当时中国外汇管控已经变严格了。一人一年五万美元的限额。我需要找 20 个人帮我汇款才可以。问题是即使我在中国那边想办法绕过了外汇管制，我在美国这边说得清么？他们能理解我找 20 个人代我汇款这事么？我有证据么？我能说明这不是洗钱和非法交易么？调查你的税务官员，他们能明白中国那边关于外汇管制的一些措施吗？你雇佣律师和会计师说明白这些事情代价有多大？

很多人对美国的金融管制很反感，让你感觉普通人其实没有多少自由。当然我理解可能这些管制一开始的出发点是好的，防止有人逃税或者防止恐怖分子毒贩洗钱。但是副作用也是明显的。普通人用钱也是战战兢兢的，生怕政府把自己当成坏人。这也是我后来坚信比特币未来会有一定市场的一个原因。这部分在后面比特币的章节里我再展开讲。

在美国，你没有办法把几万块钱随便借给朋友。因为你担心会有政府找你要证据，找你要赠予税。所以你或你父母在中国卖掉房产的钱也不太敢拿回美国来，倒不是因为你说不清楚，而是因为被调查本身就是一个很痛苦的事情。

我想想这些事情都很头大。另外一方面让我担心的就是上一次在中国置换房的经验教训。当时我也是想一个换四个，但最后的结果是还不如什么都不做。我对未来的趋势能够把握得那么准么？所以我放弃了卖掉中国的房子，转钱到美国投资的想法。中美之间的投资还是各管各个的吧。

当然现在回顾往事，看看当时我的这些担心，也许是我把风险想象得太大了。因为在投资理财论坛上的确也有人把中国的房子卖掉，拿到美国来投资的，也没有什么太多的事情。比如当时就有一个投资理财的网友，咨询我在 San Jose 买 multi-family house 是不是一个好主意。她是一个 2012 年到美国的新移民。她算了一下圣荷西的回报率比上海高太多了。我告诉她在美国管理房屋跟中国是很不一样的，要负责维修。如果是一个 multi-family，甚至还要处理邻居的关系。最后她买到了没有我不知道，但我衷心祝她好运。只是我知道她的确做到了从中国汇款上百万美元到美国。

我最终下决心不卖中国的房子，压倒骆驼的最后一根稻草其实是信誉。2011 年的时候，我把上海的第一个房子租给了一对年轻夫妻。他们带着家里的老人，一起搬了过来。因为老人的年纪比较大，所以他在搬过来的时候一再跟我确定，他希望长住这个房子，所以当时签了一个 5 年的合同。

当然我也可以撕毁这个合同，撕毁合同也就是赔偿他们一个月的房租而已。可是签约的时候他们和我说得非常恳切，有明确的约定。他们说宁愿房租高一点，也希望找一个稳定的地方。因为他们的父母当时已经 70 多岁了，不想也不能再折腾。而且这个家庭从来都是准时准点付的房租，从来没有给我找过任何的麻烦。甚至房租每次都是截止日期前三天付给我。房屋的维修也都是他们自己去办理，然后征求我意见之后把账单寄给我，从房租里扣除。

我这么多年跟房客打交道的经验是，如果你为别人着想，为房东省下了金钱和精力，最终这些好处都能反馈到你自己身上。房东可能会在房租上给你更多的优惠，可能在你搬出的时候给你更多的宽松日期。然而很多房客不明白这一点，尤其是美国的大多数房客。他们不知道房东付出的所有劳动，每一个修缮，每一个看似合理的要求，最终羊毛都出在羊身上。而房东的小时工资往往远比房客的小时工资要高很多。所以房客麻烦房东是一件很傻的事情。

因为我不想违背信用，所以我没有把房子卖掉把他们赶走。这是我十几年投资的一个基本原则，就是我极其在意自己的信用。维持信用记录不仅仅是保证我有较高的信用分值，可以帮我获得贷款。另外一方面我总觉得冥冥之中，人世间一切都是环环相扣，紧密相连的。一个人如果做到又诚实又守信，上天总是会用各种方式来奖赏你。一个人如果言而无信，出尔反尔，那么也许你可以占一些小便宜，但是命运总是会想办法把这些小便宜成倍地从你身上夺走。也许是通过某种阴差阳错，也许仅仅是因为你内心的不安导致你犯错。

既然这样不行，那样不行，我只有最后一个办法了。那就是从 401K 里头贷款。401K 明明是自己的存款，但是此刻只能走贷款程序，把钱取出来。你瞧政府又何必多此一举呢？让人们自己管好自己的钱不是很好么？何必养活那么多中间人。401K 里一个好处就是利息还是付给自己，所以利息再高也不是什么损失。但是 401K 的贷款金额是有限的，就是如果你换了工作，rollover

那部分是没有办法贷款的。你只能用在当下公司工作期间的contribution 抵押做贷款。也不知道当初为什么制定这些荒唐的规矩，对于自己的钱设定那么多的管理规则。

因为这个原因，所以虽然我们当时的 401K 退休金有几十万，但是我能贷出来的钱非常少，只有 5 万多美元。但不管怎么说，这笔钱够我买第三个房子的首付了。于是我又开始不断每个周末去看房子，抄底的挖掘机继续前进。但是正当我满腔热情地疯狂递交offer的时候，另一个灾难又发生了。上帝总有各种办法磨炼一个人的心智。

10 抢到第三个投资房

这次是我生病了。就在这个最重要的节骨眼上，我生病了，而且病得很严重。我运动的时候，一个不当心，腰椎受伤了。一开始是隐隐约约地疼痛，后来是钻心地疼痛，最后我只能躺在床上了，一动不能动。医生说只能静养，别无他方。我说需要多久能恢复？医生说他也不知道，少则几个月，多则半年一年。

人休息躺在床上，可是房价还在蹭蹭地上涨。我心急火燎也没有用。

当时房价不能一步涨到位的原因其实是银行。很多房子即使再加 10%的价格也是卖得出去的。因为一个房子经常是十几个offer。但是银行的贷款估价限制了房价的快速攀升。比如当时一个40万美元的房子，offer 从 40 到 45 万美元不等。虽然卖家希望卖到最高价 45 万美元。但是 45 万的 offer 没有办法成交，因为银行贷款评估的时候并不认可。此时银行贷款吸取次贷危机的教训，变得极其小心。他们只会根据最近几次交易的价格，也许稍稍有一点浮动来决定你这个房子的合理价格。即使合同是 45 万美元，最后也是要根据银行评估重新商量。

因为有银行贷款这一关做最后的保险，所以我后来胆子变得越来越大，给出的 offer 也越来越高。加 10%~20% 都不在话下，卖家想卖多少钱都行。签了合同再说，后面银行估价下来再慢慢谈。如果给出的价格我没有排在第一名，后面压根没有谈的机会。

我只能躺在床上带病坚持工作。躺床上并不妨碍我给他们出 offer，躺在床上，我依旧可以打电话给中介。但是躺在床上让我没有办法去看房子，其实很多房子我也不需要看，因为通过照片和地图我大概知道这个房子的价格是多少，以及是否有更好的升值空间。

最大的问题是我不去看房子，卖家总觉得我没有诚意。即使我给出高价有的时候他也不愿意接受。卖家觉得我可能是胡乱试试的，房子都没有看，没有诚意。因为这样我错过了好几个 deal 我只能干着急直瞪眼，一点办法也没有。

但是只要你动脑筋。办法总是有的。办法总是比困难多。我的信用良好，分数很高。我只能用非常规的办法解决这个问题。就是每次我出 offer 的时候，附上自己的信用分数的截屏报告。中介告诉我没有人出 offer 的时候附上自己的信用报告，这样不符合常规。我说因为没人这样，所以我才一定要给。这个办法果然有效。就这样费尽周折，我也买到了第三个房子，这时候我又没有钱了。

那个阶段感觉自己的钱就像打游戏时候的血条。好不容易满血复活了，上去几下子就被妖怪打没了，然后心急火燎地接着等复活。

我像一个残疾人一样躺在床上。没有首付的钱，也不能工作。可我买 8 个房子的计划才执行了一半不到。怎么办呢？

好在当时我已经工作很自由，我不需要担心失去工作。因为当时我主要的工作是在创业经营一家公司。因为在创业阶段，我没钱给自己发工资,所以我大部分的收入来自做一些咨询业务。

咨询业务稍微停停不要紧。这个公司因为我是老板，所以我不去，问题也不是特别大。

病痛的打击更多是来自信心。我不知道我的脊椎能不能好。在床上整整躺了一个多月之后，我几乎还是下不了床。我不知道以后会怎么样，如果我一直像个残疾人一样，我的创业公司该怎么办？我还能不能管理投资房？

11 抢到第四个投资房

大概又过了三个月，这个时候我可以下床活动了，可以开车到处走一走了。但是我不能站很久，只能坐着或是躺着，或者是快步行走。如果是站着不动，只要一分钟脊椎就会疼得我呲牙咧嘴。我去医院拍了核磁共振，显示的确我有一部分脊髓液外流压迫神经。医生也没有什么好的办法，告诉我唯一的办法就是尽量恢复，不要让脊椎受力。

那时候房市依旧火热，非常地抢手。有的时候中介都见不着，我觉得记忆中最夸张的一次，大概我们有五六个人同时约好了去看一栋房子，在门口等了一个多小时，中介都没露面。

但是我要买 8 个房子的目标还在那里，我心中的火焰还在燃烧，我还是要去实现我这个目标。虽然我没有什么首付的钱，虽然我不能站立太久，虽然我几乎无法贷款，我也要继续看房子，找机会。

下一个看到的房子是一对老夫妻在卖的短售屋。这是一个在铁路边的房子，真是一个破得不能再破的地点了。这里虽然离铁道不远，但是我知道附近正在规划建设一个大的研发中心。几年后可能会有几千人到这附近来工作。

这是一个独立单位的房子，短售标价只有 11 万美元。这对夫妻不打算要这个房子了，我当时觉得很奇怪。房子地点虽然很差，但是房子里面修缮得很好。后来了解到这对夫妻在这个房子上倾注了大量的心血，次贷危机前，他们申请了 home equity 抵押贷款，把这个房子装修一新。把卧室客厅全部重新翻修过，屋顶重新换过，厨房和厨房电器全部都是新的。

他们花了两年的时间去修这个房子。光修房子就花了 15 万。但是这 15 万都是从银行来的。这个房子在 2007 年的时候估价是 45 万，当时他们因此款贷了 15 万美元去修这个房子。

按理说他们好好地在这个房子里享受自己的生活就好了，慢慢地把贷款还掉。但是就是因为房价跌了，跌到只有十几万，他们觉得自己背着 15 万的贷款实在不合算，于是就想把这个房子短售掉。

在其他正常的社区里，我当时感觉无力和别人抢房子。我一没钱，二行动不便。但是这个房子因为离铁路比较近，后院经常可以听到火车的轰鸣声，所以没有什么人来买。

于是我出价把它买了下来。11 万的房子，20% 的首付，我只花了 2 万多元就把它买了下来，而且没什么人和我抢。这两万元是我从各种犄角旮旯里凑出来的。包括 2008 年的时候我以 1 美元买入的 100 股花旗银行股票都卖了。又用了一个一年不付利息的信用卡刷了一些钱。好不容易凑齐了首付。

房屋主人走的时候收拾得特别干净。我去接手的时候，院子里都没有一片落叶，草坪整整齐齐。仿佛可以感觉到前主人对这个房子的深情。他们对房子倾注了那么多的爱，付出了那么多的劳动，但是在最关键的时候，他们却选择了抛弃它。

房子的地点虽然很差，但是房子很好，基本上没有什么修缮工作要做。所以我很容易地就把这个房子出租出去了，房租一个月 1500 美元，不但足够还房贷，而且还有富余。

虽然这个房子靠近铁路边上，但是出租反倒很容易。世上总是穷人多，很多人在租房期间不在意压缩一下自己的生活质量，只求租金低。所以在后来的日子里，这个房子没有空置过一天。

现在这个房子的价格早已突破了历史最高点，估价 55 万美元。如果认真想想，基本上这对夫妻两年的心血和银行的 15 万美元是白送给我了。对于他们，这些本来都是可以避免的，只是因为自己太过于贪婪和算计自己的利益。所以人在做事情的时候，不能光想着自己，不能只是做一个精致的利己主义者，人还是要有一些诚信和担当的。

12 抢到第五、第六个投资房

我买第 4 个房子的时候，房价的趋势已经很明显，一轮一轮在上涨。半年之后，我渐渐恢复得可以自由行走了。虽然时不时有些不舒服，但是没有大碍了。但是我实在凑不出更多的钱去买后面的房子，如何实现我 8 个房子的目标呢？

读者可能会觉得我为什么痴迷于这 8 个房子的目标？如果没有在文学城上写下自己十年一千万的豪言壮语，可能我也就放弃了。因为自己有这样的承诺，有这样的公开目标，内心深处给自己制造了一些压力，想看一看自己的能力极限在哪里？

可是钱呢，钱从哪里来？每天我看着不断上涨的房价急得直搓手。人可以有各种各样的目标，但是没有钱你一点办法也没有。

常言道"如果一个人真的想做什么，上帝都会被感动跑过来帮你。"

历经磨难，我的好运气终于也跟着来了。这个时候我突然接到一个特别古怪的咨询项目。这样的咨询项目，我一辈子也只做过一次。

有一个我所在行业的创业公司要去上市。他们的核心技术专利需要有人做一下技术评估，来证明他们的技术是独一无二的。上市公司的技术负责人，通过很多关系找到了我，让我帮他们做一下技术评估。因为我曾经在这个领域发表过一些期刊论文。他们觉得我比较适合做这方面的技术评估。

你会觉得奇怪，为什么这个工作是创业公司自己去找人评估而不是投行找人评估。其实不是，是投资银行要对他们的技术做尽职调查。但是投资银行的人压根也不懂这些技术，所以就让创业公司的人给他们推荐专家来做评估。

做这个工作不复杂，只要写一份报告，把相关的技术优点和缺点比对一下就可以。技术内容我很熟悉，差不多一个星期就可以写完。不过我知道投行是怎么回事。因为我在那里实习过，所以如果按照小时计算的话，这样一个咨询费用不过是 5000 美元左右的酬金。可是这个上市过程是一个上亿美元的交易，我就不客气地把自己的要价放大了10倍，给了一个5万美元的咨询费估价。

创业公司的这位老总对我非常的客气。他主动说可能你还是要少了一点，他建议我可以再加一些。他说最关键的是能不能快一点出这份报告。反正钱也不是他出，最终都是投行买单。写报告这种事情得心应手。我写一本书也不过是几个月的事情。于是我价格又抬了抬，我说那干脆就 10 万美元了吧。

他看着我呵呵笑，觉得我一副不开窍的样子。一个公司在上市的时候，眼睛里看到的都是大钱。对这些小钱完全不在乎。反正这笔钱也不是他出。我感觉他似乎呵呵的样子是说可以再加一些。在上市的交易过程中，各种财务数据报表的最后一位往往是一百万，百万以下的他们连看都不看。

不过我没有再贪心。过了几天投行的人找我，签了合同。我开的 10 万美元的价格，他们一口就答应了，压根没有还价。但是只有一个条件，就是这个周末结束前必须把报告给他们。

于是我忙了整整一个周末，那几天几乎没有合眼，把这个报告赶好给他们，算是尽职调查的一部分。其实大部分时候公司的并购，这些尽职调查都只是走一个过程。买卖双方内心深处都很清楚，投资银行这个时候接到这个单子，难道能让这个公司不上市吗？公司努力上市，难道他会找一个人对他们的技术评估说坏话的吗？

对于我而言，别人雇我做技术评估，难道我能评价他的技术一无是处吗？当然我也会保护自己，我不会说一些违背原则的话。创业公司能够做起来，技术只是一方面的，还靠技术以外的很多东西。独门秘籍一样的技术是不存在的。大部分的技术评估有非常大的弹性空间，我不能把黑说成了白，白说成了黑，但是灰度的颜色到底是多少，评估者的自由度很大。

我自己觉得我的报告无懈可击。虽然仓促之间完成，但是也没有违背自己的职业道德。这可是雪中送炭，意外横财。我用一个周末就挣了 10 万美元。

这 10 万美元对于投资银行的人可能根本不算什么，对我来说其实很重要。靠着这笔钱我买入了第 5 和第 6 个房子。离目标还差两个。等我买完第 6 个房子不久。我的指数房已经涨过了 45 万美元。比最低点几乎要涨了一倍。这个时候抄底的最好机会基本已经过去。我感觉房价肯定会突破新高，现在只是市场进行正常的恢复，远远没有进入到泡沫。真的市场疯狂进入泡沫的状态，需要换一批购房者。曾经经历过房地产泡沫的业主，恐怕会小心谨慎，很难再制造一个泡沫。

13 买到第七、第八个投资房

这个时候房价稍微稳定了一段时间。一年后，我用平时的积蓄又凑了一些钱，买入了第七个房子。这时候我的指数房已经涨到快 55 万了，我实在没有办法再买更多的房子了。

这些大约就是我在整个次贷危机之后，湾区抄底过程中的真实记录。第七个房子买好之后又过了一阵子。我把第一个房子

refinance 了一下。用 cash out 的钱买入了第 8 个房子。终于了了了我的心愿。

在整个抄底过程中。房价平均涨了一倍。因为是 20%的首付，所以现金回报率(Cash on cash)是 10 倍左右。最赚钱的是那个铁路边上的小黑屋，现金回报率三年是 20 倍左右。

在整个抄底过程中，我基本上没有特别大的资金投入。当然主要原因是因为自己是普通人家，没有太多的积蓄。因为自己在创业，没有太高的收入。大部分时候家庭税前收入一年只有 15万-20 万美元。个别时候有些额外的咨询收入，量也很少。

我对自己在次贷危机之后抄底的执行能力是基本满意的。如果再给我一次这样的机会的话，我几乎想象不出我怎么能比这一次做得更好了。因为我作为手边可动用的资源就这么多，我给自己的表现打 80 分吧。

第十六章 在美国做房东

01 初试房东

次贷危机抄底过后。我开始了在美国当房东的日子。美国的房东有很多外号，有的时候叫地主，有的时候我们老中自嘲为"淘粪工"。淘粪工的语义来源是投资理财论坛上经常讨论房东维修房子的事情。包括马桶堵了，都需要房东亲力亲为。所以房东们自嘲自己为"淘粪工"。当你经营的出租房规模很小的时候，其实大部分时候业主都是淘粪工。经营上规模之后，可以有比较长期的工人帮你工作。

我一开始做房东的时候，也觉得很诡异。特别是我急需钱抄底买湾区的房子的时候。一方面自己是一个博士，创业公司再不济我也管着十来个人。另外一方面每到周末，我却经常要提着工具箱，帮别人修门锁，修开关。通马桶的事情我倒的的确确没有干过。和上下水相关的活儿我都交给了水管工(plumbers)。抄底那几年过去之后，一般的维修我也不再亲自上手。但是有的时候，活儿太小找不到合适的工人，也只能自己亲力亲为。

在中国当房东和美国当房东是完全不一样的。过去十年我同时体会了这两种当房东的感觉,可以分享对比一下。

在中国当房东是活脱脱的黄世仁。因为你只需要管好钱，具体的事情都不用你管。因为人工费不贵，维修的事情有物业去帮

161

你去做。另外因为中国大部分房子是公寓楼，所以没有什么要修的，屋顶不会漏，墙不会漏，窗户不用换。如果让我写中国当房东的故事，可能一千个字就够了。

在美国当房东，特别是小业主当房东，活脱脱的就是杨白劳，因为美国的房子大部分都是独立屋(Single Family House)。考虑到租金控制(rent control)和屋主委员会—物业（HOA）的管理费，我购买的大部分房子都是独立屋。因为真正升值的是土地。非独立住房 HOA 年年上涨，也会对你的利润有很大影响。

美国修房子的人工费很高。然而对于小业主，不单单是人工费的问题。当你房子不是很多的时候，没有稳定的维修工作量，你去找一些陌生的工人来修理，难免要被宰。

唯一的办法就是自己去做修理。我觉得大丈夫能上能下，既然中华民族优秀的妇女同志们可以上得了厅堂，下得了厨房，我们这些油腻的大老爷们，自然也是发得了 Nature 论文，通得了马桶。四体不勤的男人没啥值得骄傲的。

我自己家的修缮工作大部分都是自己做的。无论之前我说过的自己铺设地板还是平时空调暖气汽车的维修。我感觉给自己家修东西其实是充满了乐趣。尤其是我不忙的时候，周末在家鼓捣一些工程项目都是很有趣的。比如在后院建造一个小孩玩的秋千滑梯，在侧院搭建一个花架子。这些事情很长一段时间都是我周末最大的乐趣。我会兴致勃勃地去 Home Depot 采购原材料，自己设计，动手完成。最享受的就是每次完成之后，坐下来喝一杯清茶，细细欣赏自己的劳动成果。

给自己家干活永远都是充满了动力，当然最主要的原因是有成就感，所以你能享受其中。这就好像你给家人做一顿丰美的菜肴，然后看到家人们吃得开心的样子，你会心满意足。哪怕此刻已经累得腰都扶不起来了，你也会很开心。

给自己修房子和给房客修房子的差别，大概就是相当于给自己做饭和在餐厅做饭的区别。给房客修房子，你通常没有心情，只想对付了事，赶紧逃之夭夭。这对每个初期当房东的人都是考验。

02 调整心态

我的体会是，最重要的第一条就是调整好自己的心态，控制住自己的傲慢。大部分的美国华人都受过高等教育，而且往往不可避免地鄙视体力劳动者。其实体力劳动也好，智力劳动也好，并没有什么高低贵贱之分。大部分人很多时候都是在自欺欺人地找感觉。

我给你算一笔账，你就会明白。比如投资银行的人是最讲究体面的，一个个西装革履的在高楼大厦里面工作。可是当投行的 Managing Director (MD)也好，副总裁(VP)也好，会见客户的时候，不是也要恭恭敬敬客客气气么？因为只有对客户恭恭敬敬客客气气，这单生意年终奖就可能提成 10-50 万美元。即使客户蛮横无理，刁钻找碴，看在钱的份上，你也忍了。

我在抄底买房子的时候，仔细核算了一下。如果我可以稳住租客继续租住，房价持续涨到年底，那么这几个房子加一起我就可以挣到 50 万美元左右。我帮助修理一下房屋，通一下马桶，那又和投资银行的工作有什么区别呢？无非在投资银行，你服务的是大老板们。而当一个淘粪工，你服务的是普通民众，甚至是挣扎在温饱线上远不如你的普通民众而已。

但是毕竟都是服务，钱都是钱。老百姓更多的时候比那些刁钻的生意场上的老板容易对付多了。其实主要的问题往往还是来自你的心态。人本能地不喜欢给低于自己社会阶层的人服务。要是给比尔·盖茨家修个车库门，即使没好处，我看很多房东也会乐于跑一趟去看看富豪家怎样。

我说这些道理是告诉你，同样做一件事情，有理想和没理想，有长期计划和没有长期计划是不一样的。明白了这些道理，就会让你在做这些体力劳动的时候充满了干劲。不然就会顾影自怜，抱怨人生。

我认识一个朋友，当我的指数房价涨到 40 万左右，在我看来还有很大的上涨空间的时候，他受不了做房东之苦，把房子卖掉了。这位朋友也是博士毕业，房客老找他修这个修那个，最后他不堪其烦，毅然把房客赶走，房子卖出。我觉得他没有调整好自己的心态。他总觉得自己一个大博士，去服务于这些个没文化的，又被那些人呼来喝去地搞维修，心里多多少少有些不甘。

美国房子的修理工作一点都不难，房客其实自己都可以修。只是大部分的房客没有意识到，把房东呼来喝去做这些修理之后给自己带来的后果是什么。我印象中有一个房客，家里有一只蚂蚁，他都会打电话让我去。他说这个房子出问题了，客厅里竟然有蚂蚁。要我帮他把蚂蚁清理掉。对待这种客户最好的办法就是赶紧涨房租让他们滚蛋，爱去哪里去哪里。

其实四体不勤的人，你一眼就可以判断出来。四体不勤的人的共同特征就是不考虑他人，只想着提要求。面谈的时候，会对房东提出各种各样的清洁卫生要求。你问他能修什么的时候，他们说自己什么也干不了。

很快我就找到减少自己维修工作量的办法。每次和他们签合同的时候都会附加一项专门条款。在已经谈好的房租上，我说可以帮你每个月降 50 美元，但是如下所有的小事情通通你自己来修理，材料费我来负担。这些小事情包括换灯泡、换门锁、换纱窗、杀臭虫等等，我列了长长的一个清单。

如果房客对这些清单有质疑，或者是房客说他自己处理不了这些事情的，这样的房客还是直接拒绝了为好。事实上，大部分勤劳的房客，还是乐于接受突然降低了 50 美元房租的好处的。用这样的方法显著地降低了我的工作量。

03 选房客

我在美国当了 8 年的房东，同时管理着 8 个住宅。我感觉如果想让自己生活舒适一些，最主要的是要找到靠谱的房客。同样的一个房子，一个靠谱的房客和一个不靠谱的房客，给你带来的烦恼，差不多会差 10 倍的样子。而你每个月的租金收入并差不了多少。

那么怎样通过短暂接触，了解对方是否是靠谱的房客呢？可以从以下几个基本原则挑选：

一、信用记录，几乎没有什么东西比信用分数更能预告对方是否是个麻烦制造者了。我曾经有过两个信用分数 800 分的房客，后期的麻烦都少极了。平均一年才来找我一次，一切问题都自己解决。信用分数高的人一方面为了保护自己的信用分数，不愿意跟房东发生纠纷。另外一方面信用分数高的人往往有好的习惯。这些习惯表现在富有责任心，富有同理心，会替别人着想，而不是只顾自己，言而无信。也是因为这个原因，我后来几乎很少租给 700 分以下的房客，我宁肯房子空着，也不要租给找麻烦的人。

二、当然有的时候你找不到信用记录好的房客。比如我出租的第一个房子，那个时候就业市场还一塌糊涂，根本找不到合适的房客。还有很多不错的房客，由于各种原因没有积累自己的信用分数。如果没有信用记录的时候，我就会用另外一个原则就是"语言原则"。

总的来说给你写长长的邮件的，给你发长长的短信的，打电话一口气能说上五分钟以上的，都不是好的房客。在加州湾区有来自世界各地的移民。我整体的感觉是语言能力越差的，越是好的房客。如果英语基本上不太会说，用翻译机才能和你沟通的，那基本上就是值得你优先考虑的优质房客了。语言能力越强，说得天花乱坠的，往往都是劣质房客。

在加州有时你会碰上不交房租的房客。他们利用法律上对自己的一些保护跟你胡搅蛮缠。这些法律条文说起来好像是保护了房客，其实是破坏了房东和房客的信任关系，变相地提升了租房成本。

在中国出租房屋的时候，你很少担心房客付不出房租。你也不用查对方的信用记录，付一个月的押金就可以了。因为如果付不出房租就被赶走，这是天经地义的事情。根本不需要法院或者警察来做什么。不交房租，你去敲敲门赶人，房客吓得屁滚尿流就走了。

在美国有各种法律条文对房客进行保护，本质上是害了房客。他们让那些最需要租房子的低收入人群很难租到房子。因为在美国赶走一个房客需要花很长时间，走法庭程序，走警察流程，往往一拖就是大半年。这期间的损失都要房东来负担。

我自己曾经经历过一次驱逐房客（eviction）的经历，大约让我损失了半年的房租。整个过程中不胜其扰，付出的律师费就更不用说了。原本很简单的事情，一切都要走漫长的法庭程序。而走法庭程序看起来是由房东负担的，但是长远来看，和房租加税并没有什么区别。最终所有的负担，其实羊毛出在羊身上，都是最终由全体房客来负担的。也是因为这个原因，没人敢把房子租给收入很低的人群。一个佐证就是美国的租售比，同样在人口稠密的大城市，美国要远比东亚国家高很多。这是因为房东在出租的时候不可避免的要把这些风险通通加到房租上。

如果你学过微观经济学就会明白这些道理。这些貌似保护租房者的法规其实是养肥了一个大的政府机构。而养肥这些政府机构的人，并不是房东。真正的出钱者反而是社会的最底层租房子的人们。最后的结果是低收入人群真的很可怜，租不到房子。

三、第三个选房客的原则就是不要租给急于要搬到你这儿来的人。我碰到的最糟糕的租客是当时住在汽车旅馆里找房子的人。她谎称是从外州搬来，其实是被撵得无处可住。我动了同情心，就租给了她。结果住进去后我就再也没有收到过房租。直到大半年后请警察把她驱逐出去。

作为房东，人们都恨不得房子明天就租出去，因为空置一天就是一天的损失。但是如果有房客说他明天就可以搬进来，多半不要租给他。相反那些未雨绸缪的房客，说他们一个月之后才能搬进来，往往是更加靠谱的房客，虽然你的房子会空关一个月。

四、总的来说家庭完整的是好的租客。如果家庭结构健全，有比较小的孩子，如果你的房子又在学校附近，那么他们通常会稳定住很多年。如果是未婚同居，或者很多朋友凑在一起，往往不稳定。有自己事业的租客，也都是好租客，因为他们关注在自己的事业上，不会跟你胡搅蛮缠。

五、凡事物极必反。信用分数特别高，家庭完整，收入又高的人，不见得是好的租客。他们往往是有购房能力的，经常他短暂的住一阵子之后就自己买房子搬走了。

六、尽量不要租给较短历史的自我雇佣者(self-employed)。他们的收入不稳定，即使是很好的人，但是没有钱付房租也没办法。

我买的第三个房子就是租给一个开幼儿园的人。她是一个东欧来的移民。当时就在我买的房子边上开了一个幼儿园。她从外州过来，曾经经营了二十几年的幼儿园。她一再和我说没有任何问题，让我不用担心。她当时同时租了我的房子和我边上的一个房子开办幼儿园。把我的房子作为她的个人住址。

但是她的幼儿园一开张生意就不好。她是一个特别好的人，勤劳而努力，信用记录也非常好。但是幼儿园因为种种原因就是没有生意。最后她经营不下去了就开始拖欠我的房租。

我只能请她搬走。她走的时候把房子打扫得干干净净，然后说欠我的那一个月房租以后有钱了一定会还给我。当然我再也没有见到过她，她也没有还给我，我也没有去通过讨债公司去索要，给她留下不好的信用记录。我想人活在世上都有各种不测的风云，能够互相帮助的时候，还是互相帮助一下吧。

七、最后一条最重要。就是无论是谁，都需要走标准流程审查。标准流程就是你永远都要那三样东西：信用报告、银行账单、工资条。无论什么人都要去信用记录上查一下，看看有没有犯罪记录，有没有被驱逐的历史。

理论成千上万，说的再多也没有用，只有你去亲身实践的时候，你才会慢慢积累经验，找到门道。我在湾区的房子基本上都买好了之后，美国的经济越来越好，失业率越来越低。原先把房子扔给银行的人，都要到市场上来租房子。有经济能力的人越来越多地开始买房子。所以房价在涨，房租也在涨，我的日子好极了，每天都看到各种上涨的好消息。每一次换房客，租金都可以上涨一大截。

当我想着可以好好享受一下数钱的日子的时候，又一个灾难发生了。是的，真的又是一个把我打懵的突发事件。人生就是这样，总不能让你一切顺利。有一阵子好日子，倒霉的事情就来了。持续的坏日子也不会长久，转机往往就在前面。

04 种大麻的老中

这次倒霉的灾难事件，是我的中华同胞给我造成的。我抄底买的第一个投资房，后来租给了一对年轻的中国夫妻。这对夫妻刚从中国来，据他们说，那个女的刚到美国三个月，男的是一个广东人，应该是通过亲属移民过来的。女的是从国内嫁过来的，当时已经怀孕。看着是一个令人羡慕的温馨家庭。

他们租我的房子三年，从来不给我找任何麻烦，没有提出过任何修理要求。偶尔有事也都自己修了。每个月房租都是按时付，正确的说每次都是提前一天付。

我还经常心里嘀咕，感觉还是我们老中同胞靠谱。我的第五个房子买到之后，我还打电话问他们有没有什么亲戚朋友也要租房子。他居然还介绍了一个他的表妹来租我的房子。他们看我的第五个房子很满意，但是阴差阳错，其他人比他们早付了定金订走了，当时我还有些后悔。

所以我对这对夫妻的印象特别好。我房子的邻居是HOA的主席。有一次我还写邮件问他："我那个房客怎么样？"他说非常好，他们好像有一个小孩子经常推着车进进出出的，非常安静，从来不给大家找任何麻烦。

大约三年之后，因为利率变化的原因，我那个房子需要refinance。银行让我去约一下房客。他们需要进屋做一下评估。我给那对中国夫妻打电话，预约来做评估的时间。打过这个电话，这对夫妻就人间蒸发了，我再找不到他们了，邮件不回，电话也不回。

我隐隐约约地感觉到不太妙，于是跑到现场去看。房子很安静，我敲门没有回应，门锁已经换掉。我绕到后院去，所有的窗帘全都是遮蔽得严严实实的。而且是那种特别小心的严严实实的，都找不到一个缝隙看到室内。我试图从二楼的窗户看进去，但是也是一样，完全遮挡了，什么也看不见。

我心想坏了，最近电视新闻上经常看到有人租房种大麻。会不会被我碰上了。我耳朵贴到门上听，这时候我听见房间里隐隐约约的嗡嗡的声音，像是有风扇或者是其他什么电机在转。我心里一凉，我的房子真的变成了大麻屋，被他们种上大麻了。

不过我还是心存侥幸，不太相信那对看起来很正常的夫妻会种大麻。房子一旦被种上大麻会很麻烦，因为房子的结构会被他们破坏和改造，长期种大麻，高温高湿，霉菌滋生。需要更换所有的地毯、石膏板。电路系统也会出问题。

我犹豫了再三，只能选择报警。当然现在看看报警不是最好的选择，因为警察不会去保护房东的利益，警察只会秉公办事，按流程走。此外，在警察眼里每个人都有可能是嫌疑人。

警察很快鸣着警笛就来了，我同时约了锁匠来。警察敲门没有人回应，于是警察命令锁匠把门打开。一开门，眼前的景象把我惊呆了。

全是大麻，整个房子像热带森林一样。每个房间已经分不出功能了，地上全是种大麻的水池，屋顶上各种照明设备和各种稀奇古怪的通风管道，那对中国小夫妻把房间彻底改造成了大麻屋。

警察做的第一件事不是去找犯罪分子，而是录我的口供。让我把和房客当年签的合同找出来，把房客的所有信息都给他们，包括房客的驾照、银行账号等等。当我急忙把这些东西都找给他之后，警察又说都是假的，没什么用。同时另外一批警察到房间里，先把电源切断，然后拿一个大口袋，把所有的大麻从根部剪掉，把叶子放到大麻袋里。

我问能否抓到坏人？他们说这样的案子他们一周好几起，他们会做备案。他问我房租多少？我实话实说。他说你不知道他们这些人种大麻挣了多少钱，光今天剪掉的，就能卖十几万。我问哪里可以申请赔偿么？他说你可以民事诉讼告他们，不过 "I won't bet on it"（我可不指望）。这基本上就是警察的全部服务。然后警察就呼啸着警车扬长而去。走的时候还给我留下一句狠话，说以后你出租房子，需要睁大眼睛看清楚点。如果你再有大麻屋事件，你也要被当作同伙嫌疑人接受调查。

警察撤退走了，毒贩留给我的是一个千疮百孔的房子和一屋子种大麻的设备，各种水管水盆，和数不清的通风管道。

后来我读到其他人的攻略，如果发现房子里被种了大麻，更好的办法不是报警，而是跟房客商量一个协议(deal)。要求房客把我的房子复原到原来的样子，然后毒贩自己走人。否则报警。

我没有这方面的经验，选择了直接报警。毒贩固然损失了十几万，但是警察拿到了相关罪证，他们什么都不会去做。好像警察对这样的事情非常司空见惯，种大麻在加州已经变成一个警察管不过来的罪行。他们压根儿也不会去费力缉拿这些犯罪分子。

我后悔当时自己的轻率。因为租给中国人，在情理上多一些信任，三年里都没有想着过来看一下。尤其吓人的是我甚至傻乎乎的差点把我的第五个投资房也租给他们。那个表妹应该是同他们一伙种大麻的。想一想真是有些后怕，当时如果把那个房子也租给他们，警察更有理由怀疑我是同伙了。

后悔归后悔，抱怨归抱怨，眼前面对的是恶梦一场，一片狼藉的摊子，总得我来收拾，承担损失。我买了那么多房子已经弹尽粮绝了，我都不知道这个房子收拾好之后该怎么办？能出租么？能卖出去么？而且我的腰伤还没有痊愈，我也不能干重体力活。这下子让我怎么办呢？

04 峰回路转

我在房子里转了几圈，评估了一下自己的损失。折腾了一天，天色已经变暗，房子没电了，很快黑了下来。种大麻照明耗电比较高，所以他们采用了偷电的办法。为了绕过电表，他们把主电缆那片墙砸破。在电表前用一个偷电夹，夹住进户主电缆。偷电夹有一圈锋利的尖刺，可以刺破厚厚的电缆保护皮，从中偷走电。

因为种大麻必须要偷电，电力公司应该很容易识别哪里有人种大麻的。他们只要看到一个小区有严重的偷电现象，就可以初步判断这个地区是否有人种大麻。偷电也很容易判断，把一个片区总表用电和各家各户分表的总和比较一下就知道了。但似乎电力公司对这样的事情也是睁一只眼闭一直眼懒得管。警察经常拿着红外线视频摄影器在街道上巡逻，四处拍建筑的外立面的温度，来判断是不是有人种大麻。我那个房子是在一个大门封闭小区(Gated Community)里面，警察平时不太容易进去。所以自然也就被毒贩看中了。

应该说这个时候文学城的投资理财论坛还是帮助了我。我咨询了一个比较资深的大地主，问他这种情况应该怎么处理。他说他没有直接的经验，不过感觉保险公司应该负责赔偿。我问这应该属于哪一类赔偿？他说这个应该算蓄意破坏（vandalism）。

真是雪中送炭的好建议。我赶紧给保险公司打电话，每年我交了这么多保险金，不能白交。保险公司第二天派了两个人来了，他们特别平静，似乎都司空见惯了，来了就拍照、画图和测量。他们告诉我这样的案例，一周他们要处理好几起。我这才算放下心来，可见加州的大麻屋已经泛滥到什么程度，而警察的放纵又是到了什么程度。他们画完图，做完测量，然后就回去了，说明天给我一个赔偿的估价。

保险公司的效率很高，第二天赔偿估价就给了我。我可以有两种选择，一种是拿钱自己修，一种是保险公司负责给我修。

我看了一下赔偿的估价。保险公司给的估价其实是挺慷慨的，赔偿里包括所有的房间隔断、石膏板、电缆电线的更换。我觉得有些其实并不需要，只要换一部分就可以了。电路系统我了解，大部分是好的，不用换。大部分房东看见电路系统就害怕，我不是这样的。我唯一不确定的是大麻味道很重，不知道那个味道能否彻底散掉。

保险公司的人走的时候，我问了一下他，我说这一大堆种大麻的设备应该怎么处理才比较合适？那个人客气地看了我一眼，欲言又止，最后说，我如果是你的话，估计会放到租赁仓库里去。然后在 Craigslist 上登个广告，谁要来买就可以把全部设备卖给他，这样省得未来有麻烦。

于是我到街上找了两个墨西哥工人来，把大麻屋里的主要设备放到附近的一个租赁仓库里。然后去登广告开卖。在 Craigslist 上登广告我才发现这里头卖设备的人太多了。加州真是一个大麻泛滥的地方，你根本不用担心卖设备是否犯法。

然后我又找了两个老墨工人，帮我一起干活儿，修理房屋。把地毯全部揭掉，把屋顶里面的一些东西拿下来，把通风管道全部拆掉，把石膏板该换的都换掉，把墙上打的很多洞全部封闭掉。然后重新油漆一遍。

这个工作让我前前后后大概忙了两周的时间，房子很快又焕然一新了。完全看不出种过大麻的痕迹。但是最麻烦的是电力系统的恢复。报警之后，电力公司把电完全切断了，他们需要检查电路合格之后才能恢复电力系统的供应。

因为毒贩偷电扎破了主电缆。所以电力公司要跨过一条街，把整个主电缆全都换掉才可以。其实主电缆上刺破的小孔很小，拿胶封住就可以。但是电力公司不干，换一根电缆就要花 4000 美元，前后用了将近两个月的时间。

电力公司和政府差不多。因为都是垄断经营，效率低下。走手续就能走到你断气。5 元能解决的问题，一定要用 4000 元去解决。主电缆更换，一个小时都不用的工作，要两个月才帮你解决。

好在保险公司慷慨大方，电力公司的这些费用和房租损失保险公司也负责。因为房子是我自己请人修的，所以实际的费用比保险公司赔偿的要少很多。等一切都弄好了，大麻设备也卖掉了，我算了一下账，最后竟然赚了 2 万美元。忙了两周挣 2 万美元，这买卖还不错。

不过这样的挣钱买卖以后也再不敢干了，警察临走时候对我的威胁我还记得。之后我所有的房客在租住房屋的时候，我都专门写上一条，特别说明我每半年需要入室来检查一下房屋的水管和屋顶。就这一条让我再也没有碰到过大麻屋。虽然我从来没有像合同上说的那样去主动检查过水管和屋顶。

05 白人黑人化

在美国当房东还有一件有乐趣的事情，就是让我有机会更全面的接触美国的社会。应该说之前我在读书和工作的时候只能接触美国社会很小的一面，局限于工程技术领域的人群。因为跟我打交道的大部分都是知识分子，受过良好教育的人。

而当房东却让我接触到鱼龙混杂各行各色的人。他们来自不同的国家，来自不同的族裔背景。这些接触一方面让我感觉到美国的多样性，另一方面第一手感受到美国的各种社会问题。美国是在一片荒原上建立起来的国家。全世界各种各样的人来到美国来。因为多样性，所以才有创造力。每个人因为不同的文化背景，有人擅长做这些，有人擅长做那些。

可是在带来各种天才的同时，也不可避免地把各种问题带到了美国。我觉得美国最伟大的地方不是民主自由，西方其他很多国家都做到了。美国最伟大的地方是让不同族裔之间，不同背景的人群和平共处。这实在太难了。族裔融合这事基本上没有什么国家能够比美国做得更好了。通过法律系统和政治正确主旋律的宣传，让各个族裔之间求同存异，和平相处，走向融合。

我在美国还观察到另一个现象。平时报刊媒体很少讨论，但是在我眼前真正发生的现象。那就是就是白人的黑人化。

从前白人试图帮助黑人，让更多的黑人进入中产阶级，像白人一样生活和工作。但是随着经济的发展，贫富悬殊拉大，有相当一部分比例的白人渐渐沦为低收入阶层。低收入阶层白人的生活方式越来越像黑人。他们的受教育程度、人生态度、家庭结构、子女教育、以及在社会上的竞争力，渐渐变得越来越像黑人。白人的低收入单亲家庭和黑人低收入单亲家庭似乎都越来越多。

在中国人们经常讨论一件事，就是中国会不会掉入中等发达国家陷阱，会不会拉美化？现在看来中国可能不太会拉美化。倒是美国有可能变得拉美化。我说的这句话并不是针对拉丁裔。而是说我接触的低收入阶层，无论是黑人、白人还是拉丁裔似乎都变得越来越像。没有做房东之前，我没有意识到有那么多家庭破碎的低收入人口。收入阶层的划分渐渐取代了族裔的划分。

在美国种族是一个特别敏感的话题，你不当心就会掉到政治不正确的陷阱里。作为外国人非常容易在这点上犯错误，特别是生长在单一种族国家的外国人。我们过去生长在中国，一直都是主流族裔，所以我们很少从少数民族的角度看社会。但是生活在中美两岸，让我既能作为社会的主体，也能作为社会的少数民族来感受两种不同的定位。

在美国当好房东还有一个很重要的经验，就是要有大海一样宽阔的心胸。尤其在钱方面，不要和房客斤斤计较。如前面所说，你收入的主要来源是房地产的那四大收入。即：增值、抵税、折旧、通胀。房租收入只是让你能够保持现金流打平，持续玩这个游戏。既然如此，就不要太在意房租多一点少一点。我在投资理财论坛上经常看到有人为鸡毛蒜皮的一件事情跟房客闹得不可开交。总的来说房客在经济上是弱势群体，房东是稍微强势一点。得饶人处且饶人，和气才能生财。

过去十年里，有两次新闻报道过华人房东跟房客发生口角，被房客一枪打死的事情。作为旁观者，房客杀人是肯定不对的，但房东为一点房租送了性命也是不明智的。我的理想不是做一个超级大地主。房产只是一个让我获得财富的方法，所以不值得为了那点房租那么敬业。我这篇文章里说的所有抄底的故事都是我在业余时间完成的，当房东并不是我生活和工作的全部。现在我花在房地产管理的时间，一年也就一周左右。

06 怎样滚雪球

投资理财论坛上，2006 年曾经有个叫作石头的网友很活跃。他是网上公开的第一个实现 1000 万美元资产的人。2006 年，他所在的地区房地产价格涨了10%，因为他有1000万美元的资产，所以那一年他在纸面上至少挣了 100 万美元。他当时感慨地说，"如果用工资去挣这100万美元，那要付出多少年辛辛苦苦的努力啊？而用资本挣资本的方式获得这100万多么简单啊。"他这一年什么都没有做，账户上凭空就多了 100 万美元。

我做房东的感觉就是特别像玩大富翁(Monopoly)。大富翁游戏里你的工资就是每转一圈银行给你的 200 美元。如果你没有被动收入，200 美元很快就坐吃山空了。上班族就像那个棋子，永远在奔波下去，可是并不富裕，毫无安全感。当你投资拥有一定数量的房子之后，再买更多的房子，让钱生钱，一切都变得简单了很多。

用钱生钱，让自己的房产投资变成一个赚钱的列车滚滚向前，会有三种情况：

第一种情况就是在房价比较便宜的地区。比如中西部地区的房子，的的确确会给你带来正现金流的收入，然后你用这些收入投资购房，又可以让你买更多的房子。

第二种情况，就是我的情况。对于我所在的湾区，即使我抄到了世纪大底，靠租金收入去买下一个房子也是不可能的。随着房产涨价，我每个月有了几千美元的正现金流。这个时候，需要通过不断重新抵押贷款(refinance)，套现现金（cash out）出来投资买房。当然每次买入新的房子，你的现金流又会变成持平或者轻微变负。这不要紧，你的任务是滚动出更多的房子，而不是收取租金。

第三种情况，就是我在中国碰到的情况。现金流永远是负的。但是房价还在上涨，又不能重新抵押贷款。你就只能通过不断的买卖，来实现扩张。

无论上面哪种情况，核心的一点其实都是保持自己的杠杆率。杠杆是房地产投资的灵魂，没了这个灵魂就失去了前进的动力。

07 如何还清自住房贷款

大部分正在工作的年轻人的梦想就是还掉房贷，没有房贷一身轻松。然而大部分人都是省吃俭用，用辛辛苦苦挣来的工资，一点一点地把自己的房贷付掉。

其实我想跟他们说的是，只有傻瓜才用工资把自己的房贷付掉，聪明的人应该是把自己工资省下来的钱去投资，然后用挣来的钱把自己的房贷付掉。

我在美国自住房的房贷也有好几次机会可以把它都付清。第一次是上海的房子涨价。2006 年的时候，我买入的上海第一个房子涨了好几倍。我可以把那个房子卖掉，然后把美国的房贷都付掉。也就是说，我可以在刚到湾区 5 年的时候就把自己的自住房全部付清。

但是我没有选择那样做，因为我相信投资的回报更高。当我次贷危机抄完底，买了 8 个投资房之后，2014 年之后，我再也不用为自己的房贷而担心。因为投资房的被动收入已经足够支付我的自住房房贷。这和房贷都付掉又有什么区别呢？

回到第十章我的那个香港同事说的话，他当时语重心长地建议我贷款做 15 年，不要做 30 年。因为一个人很难有 30 年的稳定工作，30 年一直背着房贷，工作的时候忍气吞声。

但事实上你通过投资抓住了一次房地产价格变化的机会，基本上就可以把你的房贷都付清。当然这些的前提是，你平时必须有能力管好自己的财务。要做到按需消费，存下该存的钱。如果你是一个花钱手松而没有毅力的人，他的建议是正确的，房贷做成 15 年的，可以强制你储蓄，早日摆脱房贷给你的精神压力。

在中国有一句官宣的话，那就是"房子是用来住的，但不是用来炒的"。这句话从经济学原理上是靠不住的。更正确的描述是，对于个体小老百姓而言，应该是"如果你想住房子，必须要学会炒房子"。房地产市场和股票市场一样，人生最后的赢家不是那些辛辛苦苦挣工资的人，而是对市场趋势做出正确判断的人，能抓住机会的人。高楼总是穷人盖，忙碌了一年的民工，工资存款可能一平方米都买不起。遍身罗绮者，不是养蚕人，穿丝绸最多的是买卖丝绸的商人。亘古不变的道理是因为背后的经济学规律，仅仅靠煽动仇富情绪是没有用的。

在美国当房东，特别是在核心一线城市当房东，不抓住历史大机遇，靠平时省吃俭用上车的可能性是不大的。我回顾自己能够抓住历史性的房地产市场的大回转，最主要的原因还是来自计划。如果没有从 2006 年就开始的计划和前期准备，我不太会近距离紧密观察房地产的动态，也就会错过 2010 年到 2012 年的历史最低点。

08 雪球不要停

未来我打算把这 8 个房子打造成一个自我滚动的机器。就是随着房租在涨，我就用重新贷款(refinance)方式去买下一个房子。这样我不需要有新的投入进去，实际上我第 8 个房子就是这样买的。第 8 个房子我自己没有出一分钱，都是通过重新贷款用银行的钱买的。

我需要做的事情就是保证这台机器不要出现负现金流，一直保持稍微正一点现金流就好。这样我就不用交个人所得税。按照现在的计算差不多这个机器每年可以增长 5%~10%左右，就是每隔 1-2 年我可以增加一个房子。但是这是一个指数增长的机器，预计 10 年之后，差不多每年可以新增两个房子。

这样一个滚雪球机器本质上是一个打折版的"勤快人理财法"。长期投资最好的办法就是启动一个自己会滚动的雪球。但是房地产和股票不同，房地产的启动雪球需要克服一开始的阻力，并且有一定的份量。不然雪球是滚不起来的。雪球一旦过了临界质量，自己就会沿着山坡往山下滚去，越来越大。这个时候，你需要做的只是控制运动的方向，并不需要你再往上面添雪和推动了。

大部分人在房地产领域没能形成这样一个雪球。或者是一直没有机会形成规模，或者是因为在平地上滚雪球。今天中国的大多数房地产持有者都是这样。他们只是靠历史机遇，稀里糊涂地拥有几个价格不菲的住宅。但是他们中间的大部分人忙着高兴了，无法形成滚动效应。大部分人不知道怎样形成滚动效应，也不明白保持杠杆率的奥秘。

这些年来我在美国做房东的日子越来越轻松。因为随着时间的推移，坏的房客被筛选掉，留下来的渐渐都是优质的房客。另外我把一些可能经常出问题的房子交给房地产公司去管理。这点不得不说美国这个领域的服务还比较差，不像中国有房屋管家这样的包租地产管理公司。未来随着服务业变得越来越发达，房子管理也就会变得非常省心。

完成次贷危机抄底之后，我自己不再靠攒下来的钱进行投资。生活变得非常的宽裕，我们挣的钱都花掉了。不再存钱来投资，那个铁路边上的小黑屋后来涨价涨到 55 万美元。我做了一个重新贷款，套现了一部分美元。2016 年我开始用这笔钱去做一个更大胆的投资。之所以我敢做更大胆的投资，因为这些钱都不是我的辛苦钱，都是银行的钱。即使全亏掉也不是什么事。

这个更大胆的投资，也让我在投资理财论坛上的所有网友都大跌眼镜、出乎意料。我一改之前只投资房地产的习惯，开始了一个崭新的投资，也掀开了我人生的一个新阶段——投资比特币。

第十七章 从 100 到 1000 万（三）比特币

01 缘起

比特币和房地产看起来是八竿子打不着的两个事情。但是根据我的"会走路的钱"原理，它们本质上是一回事。至少在湾区、上海、深圳这样的一线城市的房子投资和比特币投资是一回事。

我第一次关注到比特币是在 2013 年的时候。当时新闻报道比特币的价格一下子冲破了 1000 美元一枚，引起了我的关注。我自己对新鲜事物的好奇心往往比较重。比特币又涉及很多的数学问题，所以我就感兴趣地研究了起来。

我仔细读了中本聪写的白皮书。这个研究让我吃了一惊，世界上居然有人能够发明这么神奇的东西。

我从小就对钱比较感兴趣，所以在我来到美国之后，曾经很仔细地研究了一下钱到底是什么。读 MBA 之后更是这样。大部分和我背景类似的华人，可能都被教育过钱是"一般等价物"。大家也大体上明白钱是如何从实物黄金，演变为银行钱庄开出来的承诺汇票，再到政府信用债券的过程。这里我就不再说了。对金融再感兴趣一点的人可能明白布雷顿森林体系。美国 1972 年放弃金本位，现代货币是法令货币 Fiat Money 这些概念。Fiat Money 是无实际价值的法定货币，通过政府规定赋予其交易价值。

我对货币的兴趣比这些知识可能再古老一点，就是太平洋岛上的 RaiBlocks。那些完全搬不动的巨石如何就成为货币了，如何又退出不再是货币了。还有就是我的另外一个有争议的观点，就是中国古代辛辛苦苦烧制瓷器换来了全世界的白银。其实中国人这些努力并没有换来财富到中国，这些白银只是起到了中国货币的功能，和政府定量印点纸币没有区别。这些白银并没有给中国带来实物，所以那些人几百年的努力全是白忙活一场。

我第一次听说世界上有电子货币这个事情，是 2001 年左右在一本介绍金融体系的书上看到的，比中本聪发明比特币要早 8 年。那本书上只是模模糊糊地说，随着互联网的普及，未来的一种电子货币可能会取代今天的货币系统。可是没有任何更多具体的信息。我遐想了一下，也想不出电子货币是啥样的。可能当时作者自己恐怕都不知道电子货币应该是什么样的。

懂计算机和数学的，都会明白区块链本质是一个速度极慢，效率很低的分散式数据库系统。软件上其实没有什么了不起的。但是区块链对货币系统而言绝对是革命性的。我曾经写过一篇博客，"只有比特币才是属于你的财富"。可以帮助读者理解比特币最大的革命性之处。

比特币才是真正属于你的财富 (2017 年前后)

by Bayfamily

曾经星云法师讲过这样一个故事。他说有个富人和他抬扛，说钱可以给他带来很多快乐。然后给星云法师看自己的存款数量，描述他有多少珠宝和首饰。

星云法师问他，你的珠宝在哪里?明天会不会被别人偷走?

他说，珠宝在银行保险箱里面，很安全。每次去拿要过三道机关。他都快十年没有去看过了。

星云法师说那这些财富都不是你的。存折也好，金银珠宝也好，都是银行的，无论是钱还是珠宝，你只是挂一个名字而已。星云法师的本意是说，大家不要对财富过于痴迷。我想用这个例子说，对于大部分的人来说，那些名义上你的财富其实都不是你的财富。你很难对财富拥有绝对的控制权，大部分财富只是在你这里临时挂一个名而已。

举个例子说，你拥有房产，但是房产的财富是你的财富么？政府可以指定政策，没收充公，可以设定房产税，可以限制交易。让你的房产财富分分钟缩水，或者化为乌有。这在 1949 年的上海、排华时期的印尼、内战时期的美国都发生过。如果是太平盛世呢？你可能面临诉讼，面临索赔。比如在美国，如果你开车不幸撞了人，如果你的访客在你家不幸发生了意外，你的房子也会被索赔被迫变卖。

好吧，也许房地产不是一个好例子，那么我的股票呢？股市要是被关停了，你可能会认为我还有个公司，公司总是我的吧。如果你经历过公私合营，经历过破产清算，你就知道那些财富也可能分分钟不是你的。

再举个例子，你手中的现金是你的么？大部分人的现金都是用实名的方式存储在银行里的。如果你犯罪了，或者被诬陷犯罪了，你银行里的钱分分钟会被充公。战争年代，你必须押对方向。如果你不幸持有了美国内战期间南方的美元、或者二战期间德国的马克、1949年的国民党法币、1974年的南越货币，你的现金都会化为乌有。即使在和平年代，2008 年的塞浦路斯，曾经20万欧元以上的存款统统被冻结。在美国，你被告了，民事官司打输了，同样你的银行账号会分分钟被冻结。

以上的所有财富都有个共同点，就是需要第三方确认你是财富的主人。事实上任何一笔实名的财富，就是通过某个第三方，无论是政府还是银行之类的机构认证的财富，都不是真正意义上你的财富。因为如果这些认证的机构不承认你拥有这笔财富，或者剥夺了你对财富的控制权，你的钱就会化为乌有。

那么我物理上实际控制的财富呢？你要是觉得把钱存在银行不靠谱，放在家里总可以了吧。如果你看过"人民的名义"，看见上亿的现金怎样被查抄，你就会知道，现金放在哪里都是不安全的。

那么黄金呢？我家里放着金条银洋，金条和银洋的尺寸比较小，可以藏在床底下。或者像过去的地主老财一样，院子里挖个坑埋了。黄金白银虽然千百年来，作为保值储蓄已经深入人心。尤其是在乱世，黄金一次次显示它的稳定的保值能力。但是他们携带太不方便了，而且很容易成为政府或者劫匪的袭击目标。

比如，1949 年的国民党政府，在推行法币的时候，强制民间上交黄金白银。文革时期，上海有些人家怕抄家，不得不在半夜里把黄金白银扔到黄浦江里面。越战结束的时候，越南政府掀起大规模排华浪潮，华侨们把他们所有的财富变卖为金条，但是在海上，还是被海盗们洗劫一空。

所以从这点上讲，物理控制的财富也不靠谱。盗匪横行的时候不靠谱，即使是在安定法制社会也不靠谱。比如美国 1934 年臭名昭著的 Gold Reserve Act，规定除了少量珠宝和艺术品之外，所有的黄金必须统统上交给联邦储备局。政府按照 $35 一盎司黄金的价格兑换。任何美国人在世界上的任何地方私自买卖黄金的行为都是重罪违法。这个法令一直到 1975 年才被废止。

比特币最牛的地方就是彻底摆脱了第三方认证，回到了物理控制。物理控制又实现了大脑对财富的绝对控制。比特币无法被火烧掉，无法被物理毁灭掉。如果你不说，没有人能从你的大脑里没收你的比特币。

比特币等加密货币的私密性和便于携带使其具有无可比拟的先进性。一句行话叫作，"if you do not own private key, you do not own the coin"。比特币的持有方式就是私匙，一串数字。你拥有这串数字，你就拥有这串数字账号里面的所有比特币。这串数字你可以写在一个小纸片上，可以存在电脑里，如果你记性好的话，还可以直接背在脑子里。如果你记性不好的话，你还可以用Brain wallet，就是脑钱包。脑钱包就是一句话，一句你自己能记住的话。

脑钱包成立是因为比特币存储方式不过是一个 160 bit 的公共钥匙和一个 256 bit 的私密钥匙。由于公匙可以通过私匙计算得出，所以记住私匙就可以了。256bit 的私匙很难记住，除非写在纸条上。但是写在纸条上不安全，任何人拿手机拍走了，你的钱就丢了。最好的办法是把私匙 256 位变成一个高位的数字存储。比如，"101100010000000100101"很难记住，但是转化成十进制的 30222885 就比较容易记住，进制的位数越高，字节数越短。脑钱包最常用的是 58 位进制转换。58 位用了 26 个字母大小写的绝大多数部分和 1-9 这些数字。这样避免了 0，和 O, I 和 l 这些容易手写出错的字母。由于私匙可以是任意的，所以人们先写出一段话，根据这段话来生成 256 bit 的代码。否则逆行出来的脑钱包无法记住。脑钱包支持任何一种语言系统，因为每个字本质上也都是有一一对应的代码。

但是注意，常用的句子千万不要用来做脑钱包。比如"To be or not to be".早就被用了。被用的结果不是你没法存钱进去了，而是存在里面的钱任何人都能使用。每天网络上有上万亿次的计算，搜索常用语和常用的句子，在破解粗心大意的新手们制作的大脑钱包。

比如，你可以记住"一切反动派都是纸老虎"，根据加密程序，这句话可以被分解成一个私匙。私匙那串漫长的数字和符号不好记，但是一句话很好记。当然像这样的"一切反动派都是纸老虎"的脑钱包很容易被破译。

比特币的脑钱包还可以通过暗语实现对财富的绝对持有。

你可以改成"一切外星人的二舅妈都是喜马拉雅山上的纸老虎"。这句话容易记，如果你还不放心，可以把这句话反过来写，作为你的脑钱包。你可以在这个脑钱包里面放入任意数量的财富。可以是一分钱，也可以是 100 个亿。没有人能够知道你拥有这些财富，也没有人能够偷走这笔财富，除非他知道这句暗语。

你不用在家里藏匿任何实物财富，你不需要向任何第三方机构出示证件。你可以一切都被剥夺，赤手空拳，到地球上的任何一个角落，找到一台能上网的计算机或者手机。几分钟之后，你就可以凭这句暗语，用你的比特币购买任何东西，或者转化成当地货币。没有人能够用任何方式阻拦住你。除非你的脑袋不受你自己控制。

你的大脑拥有对你的财富的绝对所有权。想明白了这点，我想任何一个拥有一些财富的人，都会分散一部分财富到加密货币中。否则不知道自己的财富在哪一轮政治漩涡或者经济风暴中就被剥夺了。如果持有的是加密货币，思聪的 Daddy 也不会那么快乖乖地讨饶，表示今后只专注本土投资(Domestic investment)。他就可以理直气壮地说，"我的钱是我的，你管我想去哪里投资。"

如果你觉得自己生活在太平盛世，生活在完美的法律框架下，任何银行机构或者公共机构不会错待你自己挣的每一分钱。既不会货币超发也不会巧取豪夺。那么想想遗产吧，在现有中外法律框架下，并不支持遗产的持有者对遗产具有无可置疑的分配权。但是加密货币解决了这个问题，你想把财富给任何人，只需要告诉他而不是其他人一串数字就可以了。

"私人财产神圣不可侵犯"这句话奠定了现代资本主义的发展，也是当今社会财富极大丰富的一个重要原因。因为道理很简单，只有财富是安全的、不被剥夺的，人们才有动力去创造更多的财富。但是在过去的人类历史上，私人财产一次次被剥夺的事件屡见不鲜。无论是政局动荡、社会变革、还是法律误判，你的财富在暴力、强权面前只是一头养肥的猪。只有加密货币从技术层面上解决了这个问题，从数学上保证了私人财产神圣不可侵犯。仅凭这一点，对世界经济的贡献恐怕不亚于历史上的保险，证券，有限责任股份公司的发明。

只有拥有比特币，才是拥有真正属于你自己的财富。

02 比特币的价值

是的，在比特币之前，人们从来没有发明过这样的一种财富形式，你可以做到 100%的自我完全控制。你可以不需要第三方认证。没人可以用任何形式，包括法庭、军队、暴力的方式把你的财富剥夺。你永远可以对一笔财富拥有绝对的管理权，只要你保护好自己的密码。

我小时候看各种绑匪的电影，当时意识到对于绑匪来说最困难的事情，就是如何拿到绑票索要的钱。所有的绑匪片，电影高潮部分都是赎金交付的时候。绑匪只能索取物理财富，比如小面额美元这样的散钞。可是即使是这样的，交割地也是问题，真钱还是假钱也是问题。这些永远都是各类动作片枪战电影里，最出戏的地方。无论你怎么想，都想不到一个绝对安全的财富交割方式，似乎这是个不可克服之障碍。

那个时候我还不明白，这个现象的根源在于 2009 年之前，人世间所有的非实物财富都是需要第三方认证的，而所有的实物财富都是随时可以被暴力剥夺的。如果想不明白这个道理，我再给大家举个例子就是中国电影《1942》。地主明明知道灾荒年来了，自己家里储存了粮食、银圆和枪以防不测。可是他完全没有办法控制这些实物财富不被别人抢走。最后事实上他家也的确被人抢光了，落到家破人亡，沿街乞讨。

比特币横空出世解决了这个问题。这是财富和货币历史上的一次革命。

我在写这本书的时候，美国刚刚刺杀了伊朗的苏莱曼尼将军，两国处于战争的边缘。网络传言伊朗打算悬赏 8000 万美元给任何能够杀死特朗普总统的人。如果这个事情想落实，就带来一个难题，伊朗如何支付这 8000 万美元呢？因为成功刺杀特朗普总统的人肯定不想暴露自己的身份。而支付这 8000 万美元又绕不开美国对美元的监管。无论是现金还是银行转账，都会被美国追踪到。刺杀特朗普总统的人也不希望把自己的身份暴露给伊朗政府。所以银行转账也转不了，他自己亲身去拿现金也不可能。

比特币的出现解决了这个问题，他可以发一个比特币账户给伊朗政府，让伊朗政府转入这笔钱。伊朗政府如果想展示他们诚意的话，伊朗政府甚至可以开出一个多重签名(multi signature)的比特币账户。这样任何人都可以看到账户里确确实实有值 8000 万美元的比特币。任何一个人刺杀了特朗普总统，伊朗政府只需要把另外一个密钥发给他就可以了。

很多人认为比特币只是一种炒作的东西，单纯击鼓传花的游戏。那些复杂的数学只是庞氏骗局的伪装。在我看来，比特币的确有很大的炒作成分，投机因素占了很高的比例。甚至你可以说目前比特币最大的需求就是投机需求。可是另外一方面比特币是有功能价值的。它的功能价值就是世界上从来没有这样一种财富形式被创造出来。这种财富形式有一定的市场刚需，特别是在政府功能崩溃，社会正常秩序丧失的地方和时候。

在 2013 年的时候，你就可以听到截然相反的两种不同的声音。传统的经济学家大部分认为比特币是一个炒作。比特币本质是一个电子符号，并不值一分钱，所以它的价值是 0。另外一个声音是比特币的粉丝派，他们认为比特币可以取代黄金，可以成为世界的储存货币。

我当时的想法是两者之间的一个折中。比特币肯定有价值。不会一文不值。但是另外一方面它到底值多少钱这个事情实在不好说，取决于有多少人相信它，以及会不会有其他的山寨币取代比特币，那个时候大家还没发明山寨币这个词，而是叫克隆币。2013年的时候，我也仔细研究了一下当时的第一大克隆币，莱特币。我当时不是很肯定会不会因为任何人都能克隆比特币，而让比特币变得不值钱。

03 泡沫破裂

2013年的时候。我只是看看和了解了一下比特币而已，我什么都没做。因为投资是一个相对需要谨慎的事情，我一直相信巴菲特的那句话 never lose money。房地产投资之所以比股票更能被普通中产阶级接受，也是因为价格的稳定性。所以在当时让我花1000美元去买一枚比特币，那是不可能的事情。

物极必反，就在2013年比特币突破1000美元不久。之后发生了 Mt. Gox 黑客事件。Mt.Gox 交易所丢失了85万枚比特币。从此比特币的价格一落千丈，从1000美元迅速跌回到100多美元。

我当时也是个悲观派。我阅读了黑客事件的前因后果。我的判断是这些事情和比特币本身的结构没有关系，而是交易平台出了问题。但是一个货币能值多少钱，完全取决于有多少人相信它。如果最大的交易所，也几乎是唯一的比特币交易平台都能出安全问题，可能会让很多人对比特币的安全性失去信心。所以我也不知道它的价格会跌多少。

2013年之后，比特币渐渐淡出了我的视野。我不再关注这个投资品。后来我忙着在中国和美国买房子，这件事情也就渐渐淡忘了。我只知道比特币价格跌得惨不忍睹，媒体上一大批幸灾乐祸的人群。

04 会走路的钱

时间渐渐地进入了 2016 年。这一年比特币发生了减半事件。减半是比特币的一种特有的控制货币发行总量的方式。就是比特币挖矿的奖励，每隔四年要减半。我很感兴趣地研究减半事件对价格的影响。因为我经常思考的一个事情就是到底市场是否是充分效率的？或者说哪些市场是充分效率的，哪些市场是非充分效率的？

如果一个市场是充分效率的，那么发生减半这样的事情，价格应该不涨，甚至减半之后反而下跌。因为减半之前，信息已经充分反映在市场预期里。所有人都知道减半要发生而且知道为何要发生。通过减半前后价格的变化，可以知道比特币的交易市场是不是足够的有效率。如果不是充分效率的，那就有通过短线买卖挣钱的机会。如果是充分效率的，那就没有什么做短线挣钱的机会。如果用我两大投资法来解释，就是在充分效率的市场，就应该用懒人投资法。在非充分效率的市场，那就应该用勤快人投资法。

2016 年减半之后，比特币的价格基本平稳。只是在年初的时候有小幅上涨，之后维持在 600 美元左右。这件事情让我有些出乎意外，这样的价格变化说明有足够多的人在买卖比特币。另外市场有足够大的流动性，市场充分效率。

由于对这个事件的关注让我有机会接触一些论坛上关于比特币的讨论。我当时是想登陆这些论坛看看大家对减半事件后的价格预期是怎样的。那个时候论坛非常活跃，每天都有大量的帖子。大部分看上去都是相当年轻的人。而且他们都很聪明，因为在讨论很多山寨币以及算法的问题上，他们对数学和计算机都说得头头是道。

我查了一下那些在论坛上比较活跃的人的教育和技术背景。发现他们都是计算机行业中真正的牛人。比如当时讨论比特币的闪电网，主要的开发人员都来自 MIT 的媒体实验室。可是这些绝顶聪明、拥有高学历、在 IT 领域工作的人，谈及他们 N 年后比特币成为储蓄货币的梦想，却让我大跌眼镜。

2016 年我的梦想是实现我 1000 万美元的目标。而且已经完成了大半。可是这些论坛里的人的梦想居然只是希望发财之后能够把学生贷款还掉。没有贷款一身轻，然后就可以攒钱买名车了。还有一些更穷的人，经常说的就是今天拿比特币去买比萨饼。

这时候，我意识到除了个别大户，他们这些比特币普通玩家都是屌丝，是一帮穷人。这帮穷人未来可能会很有钱，因为他们都受过良好的教育又绝顶聪明。这非常符合我的"会走路的钱"投资原理。让我豁然开朗，眼前一亮。

我曾经看过很多人讲改革开放初期到中国购买古董瓷器的故事。80 年代改革开放不久，中国百废待兴，为了积攒外汇，允许出口乾隆六十年以后的古董，想狠狠宰外国人一笔。这些古董经常就放在中国友谊商店里。几万元人民币一个的瓷器当时绝非大陆普通民众可以承受的。当时一些精明的国外古董商人，廉价买入大批的古董，把这些古董扣在手上，到了 90 年代或者 2000 年以后卖出。这些古董普遍都涨了 100 多倍。因为刚刚改革开放的时候，中国人很穷。可是到了 90 年代和 2000 年之后，中国人一下子变得有钱了。这些古董自然也就贵了。

2016 年的比特币在我眼里，和那些 20 世纪 80 年代初的古董、猴年的邮票、明清红木家具一样。这个时候不买它，什么时候再买它呢？

05 涉猎

但是购买一个投资品光有一番热情还不行，还要仔细分析。因为价格起伏太剧烈，一不当心就会被套在里面。于是我写了一篇博客文章，就是比特币的上限在哪里。这篇文章叫作"比特币会涨到一枚一百万美元么？"

比特币会涨到一枚一百万美元么？(2017 年 2 月 11 日)

by Bayfamily

2016 年是比特币等加密货币(Cryptocurrency)的减半年。比特币风起云涌，得到全世界无数无政府主义者、自由经济主义者、反凯恩斯学派、极客的追捧。各种说法都有。有的人认为比特币会涨过 100 万美元一枚。我想泼一点冷水，说比特币不太可能长期稳定地涨过一百万美元一枚。是因为比特币能耗实在太大了，而且增长迅猛，对环保而言是个灾难。

是的，比特币消耗的电力在急剧增长。目前比特币挖矿的出块速度是每十分钟 12.5 个。每天挖矿的速度是 1800 枚。按照价格 5000 美元一枚的话，每天矿工的收益是 900 万美元，每年的收益是 32.8 亿美元。矿工挖矿都在电力最便宜的地方，在中国的四川贵州的小水电厂，内蒙古的煤电厂。由于挖矿是市场充分竞争的，长期来看矿工的主要成本就是电费。由于硬件上很快就落伍，硬件的投入一般是通过比特币增值对冲掉的。所以矿工收益约等于他们的电费投入。按照保守估计，按照 0.3 元人民币一度电的情况来算，一年大约消耗了 6.57×10^{10} 度电。目前人类一年的总耗电量是 20×10^{12} 度电，也就是如果比特币长期站在现在的价格上，那么 0.32% 地球上的电力就会被用在比特币挖矿上。

问题是比特币的价格还在一路暴涨，有相当一部分人认为比特币在未来 5-10 年有可能成为全球的储蓄货币。全球黄金总市值是 8 万亿美元左右。全球的美元总量是 10 万亿美元。要想成为储蓄货币，比特币的总市场规模应该达到万亿美元这个数量级，在此之前价格不会稳定下来。如果比特币能够持续过去 8 年的增长，未来的价格会在 10 万-100 万美元一枚。

我们来看看那个时候的比特币电力消耗是多少？未来 10 年比特币还会经历两次减半(halving)，分别是 2020 年和 2024 年。2024

年以前的挖矿速度将会是 900 枚每天，如果按照现在的速度在 2024 年以前价格涨到 10 万美元。那么每天的矿工收益是 9 千万美元，折算到一年的电费是 328 亿美元。也就是说几年之后，地球上 3.2%电力将被用来挖掘比特币。

有人推算过，地球上所有银行系统耗电功率大约是 6,000-10,000 MW，是现在比特币总功率的 5-20 倍。未来几年如果比特币的电力消耗增长趋势不变，比特币的耗电总量将会和银行系统的耗电量持平。这样来看，比特币的电子货币革命，至少从能源角度来说，是历史的倒退。如果比特币成为全球性储蓄货币 (global reserve currency)，那么能耗总量将是现有银行系统的 1-2 个数量级之上。

如果按照那些更加大胆的预测，比如著名的防病毒软件 McAfee 的创始人 John McAfee，他坚定地认为比特币会在 2030 年之前涨到 50 万美元一枚。

权且不说一百万美元了。如果比特币能够保持过去的增长趋势，8 年内涨到五十万美元一枚，那么比特币挖矿的总电力消耗是 7.3×10^{12}kWh, 7.3 万亿度电。这是一个天文数字，地球上人类一年的总耗电量是 20,000 TWh, 20×10^{12}kWh, 就是 20Trillion 度电。就是说地球上每年三分之一的电力消耗将被用在比特币挖矿上，才能够支撑比特币价格涨到这个价格。逻辑上感觉很荒谬，别忘了中国一年的耗电量只有 5.5 万亿度。

荒谬的事情不见得不会发生。地球上每年出产 2,500 吨黄金，产生 120Billion 美元的价值。假设金矿本身在成本中占一半的价格。那么金矿挖矿需要投入的资源大约是 60Billion 美元。这似乎和那个时候的比特币挖矿的投入在一个数量级上。这其中绝大部分的黄金从挖出来就直接放到地库里变成金块一动不动。如果有未来世界的人穿越到现在看我们动用了这么多人力物力挖黄金摆在仓库里，也是极其荒诞的事情。

如果说 8 年后地球上 1/3 的电力被用来挖掘比特币是很大的遗憾，是环境和能源的灾难，但是也不是不可能。比特币的挖掘最初在个人电脑上就可以实现，现在必须大规模的公司和数据中心组成挖矿池。等到世界上很多地方都像对待黄金一样动用国家之力挖掘比特币的时候，估计比特币的电力消耗就会达到 1/3 全球电力消耗的水平了。注意这个电力消耗和硬件进步没有关系，因为矿工和矿工之间是竞争关系，电力消耗唯一的影响因素是挖矿减半(halving)的时间。

这样的事情会不会发生呢？会发生而且已经发生了。北朝鲜最近已经开始启动国家之力挖掘比特币，用来获取外汇收入，这样可以避开贸易禁运和封锁。如果萨达姆和曾经的那些中东独裁者今天还活着，他们也会动用国家之力，获取比特币。因为相对于存储美元而言，美国政府拿他们没有任何办法。等到伊朗这样的被贸易制裁的国家开始自己烧油发电，挖比特币换外汇的时候，你就知道地球人又开始疯了。

纵观历史长河，半个地球都曾经相信资本家消灭了，人类就进入共产主义了。历时千年，中国有一亿妇女痛苦地裹小脚，只为嫁个好人家。一个信仰和价值观体系一旦建立起来，被大多数人接受，所有的人，任你有多么清醒的自由思想，都会裹挟其中，动弹不得。当大家都认为裹小脚有价值的时候，你的天足观念就会当作傻瓜。全世界都用比特币的时候，你口袋里的纸币就会一钱不值。现在也有越来越多的人相信比特币是解决人世间一切疾苦的良方。比如著名的比特币领袖 Roger Ver，他投身比特币运动的原动力在于他相信比特币能够消灭人间的战争，因为大家都用比特币，政府就没钱打仗了。听上去似曾相识那句"一个幽灵在欧洲游荡"，理想都很美好，带来的却全是苦难。

加密货币（Cryptocurrency）的浪潮汹涌澎湃。持有和使用过加密货币的人一般都再也不愿意转回 Fiat（法币）。因为加密货币在保值、投资、非国家化、流动性、跨境交易、隐私、持有成本等方面拥有很大的优势。就像车轮子、交流电、互联网一样，没有发明之前，人们也能正常生活。但是这些发明一旦出现，再想把它们塞回瓶子里，比登天还难。有了互联网，人们再也不愿意只看报纸了。Fiat money 流动到加密货币的这个单向阀恐怕一时半会是关不上的。再多的监管也是螳臂挡车，有点当年的"不许片板下海的味道"。Fiat 渐渐退出历史舞台，恐怕也是早晚的事情。

问题是比特币的挖矿只是为做数学题而做数学题，完全没有必要这样。比特币挖矿 POW(Proof of work)的本质就是你必须消耗电力资源来证明你做了工作，但是做这些数学题并不是实现去中心化交易所必需的。第二代的电子货币采用 POS(Proof of stake)，或者 proof of capacity，或者采用 Tangle 完全可以避开挖矿这个环节。可惜第二代电子货币可以实现零费用支付，实现智能合约，却似乎没有一个有潜力能够替代比特币，作为 Reserve currency 的候选人。因为 POW 是真金白银的投入，是最可靠的。让比特币改变算法从 proof of work 到 proof of stake 也是完全不可能，但是因为去中心化的特点，任何结构上的改动比登天还难。一个简单的扩容问题（Scaling problem），Segwit(隔离见证)派和 Big blocker(大区块)派已经是恶斗了四年，刚刚硬分叉(hard forking)，目前还在彼此哈希算力攻击中。

谁拥有廉价的能源，谁就拥有更多的比特币挖矿能力，这点上比特币本质上是能源币。国内倍受并网卖电约束所折磨的，开工不足的发电厂还没明白这点，等他们弄清楚了，就会开足马力挖比特币。

在可预见的未来，不论大家喜欢还是不喜欢，比特币能耗将会持续攀升。在能源结构调整和气候变化大背景下，它会成为一枚越来越不环保的货币。未来 10 年内也不可能涨到 100 万美元一枚。

　　我的博客在投资理财论坛发表之后，没有一个人回应。投资理财平时我的文章经常上万的点击数，然而99%的人对比特币的陌生程度就像对火星人一样。很多熟悉我的人当时可能会很吃惊，我怎么会突然搞起比特币来了？

　　每个社交媒体往往是圈住了一个固化人群。文学城的用户在一点点地衰老，年轻人越来越少，大部分人都是中年以上的人，和我的年龄相仿。我几乎是文学城成立的第一天就来访问这个网站的人，也见证了这个网站的用户变化。总的趋势是越来越老。二十年前的时候，谈情说爱的论坛最热闹。后来渐渐是子女教育、我爱我家、投资理财这样的BBS变得热闹起来。我想再过二三十年，可能是养老院、遗嘱葬礼这些话题变得热闹起来。我甚至怀疑每年文学城用户的平均年龄也是增长一岁。

　　2017年的时候，文学城的大部分读者都是年富力强的中年人，处于他们一生收入的最高阶段。可是竟然没人对我这样一篇博文有任何反应。所以我知道比特币还是一个非常小众的投资品，还没有引起普通投资人的关注，这个时候进场应该是很好的时机。

　　绝大部分的投资都是击鼓传花的游戏。关键是后面有没有人为你接棒。如果后面没有人接棒，你是最后一棒了，那你最好不要去碰这个投资品。如果你是最早接棒的几个人，后面你能看见乌泱乌泱的接棒队伍。那这可能就是一个好的投资品。

　　所以很关键的一点就是你要想一下，传递到你的信息到底是从哪里来的。大部分投资决定的正确与否其实都和我们获得的信息有关。信息不会免费地平白无故地到你耳朵里来。是主动获得的信息，还是被动获得的信息，以及你在整个社会人群中获得信息的快慢程度，决定了你的投资决定是否正确。

永远不要和旧钱(old money)、旧贵拼体力，要抢在新钱(New money)、新贵前面一步。New money 人群未来喜欢的东西，就是你现在要买入的投资品。无论是湾区的房子、中国古董，还是当下的比特币。

06 筹措资金

所以我决定投资比特币，但是怎么投呢，这却是一个令我伤脑筋的问题。

肯定不能断然一股脑儿地买进，那样风险太高，因为比特币的波动性太大，随时有可能下跌。分期投入也是一个好办法，如果你看清楚它是一个长期上涨的趋势。可是即使分期投入，我也不确定是否靠谱。因为长期到底是多长比较合适呢？比特币的税务问题也比较麻烦。当时 IRS 已经明确了比特币是 Asset。买卖赚钱了，需要按照投资的方式交税。

此外投资比特币的钱从哪里来呢？2016 年的时候我刚刚抄完湾区的次贷危机的底，手上也是完全没有现金的状态。首先我决定用我的 Roth IRA 来投资买比特币，就是前面第四章我说的那笔钱。我用那笔钱直接购买 GBTC。

GBTC 每年有 2%的管理费而且有很高的溢价。一枚比特币当时 GBTC 的价格整整比实际价格高 30%。但是 GBTC 的好处是比较方便，直接像股票一样购买就可以了。金额不多的话，不是什么问题。因为是 Roth IRA 账号，买卖不用交税。而且每次买卖的手续费极低。不像当时的主流比特币交易平台都是按照交易总额收取千分之一的费用的。买卖 GBTC 只需要每次交 6 美元的手续费即可。于是我用那笔钱分期分阶段买入比特币。

但是这点投入太少，我需要动用更大的资金量。除了 Cash out（抵押套现）小黑屋的钱，我只能动用 401K 的养老金来投资比特币。401K 涨了这么多年，已经形成了比较大的规模。我打算拿出 20%的 401K 来投资比特币。这个时候，直接购买 GBTC

就不再是一个好主意了。不单单是因为 GBTC 每年要收取 2%的管理费。更关键的是持有 GBTC 违反持有比特币的三个基本原则。

这三个基本原则是我在看过大量的比特币论坛上自己总结出来的。但是这些年过去了，我觉得这三条依旧是金科玉律。这三个原则是：

一、不直接持有私钥的比特币就不是你的币。只有持有私钥才真正是你的币；

二、不用把比特币放在交易所里。世界上一切 Hack proof (抗黑客)的交易所只是暂时还没被攻陷；

三、永远不要卖出你的比特币。

如果你对这三个原则还不理解，可能是因为对比特币的一些背景知识的不够熟悉。限于篇幅的限制，我在这本书里不再展开说明这三个原则的重要性。就比特币本身我也可以写厚厚的一本书来讨论，那不是本书的重点。

07 比特币退休金账户

于是那个时候，我又干了一件几乎所有人都没有干过的事情。我估计全美国恐怕不超过 50 人和我做了同样的事情。我之所以这样说，因为我当时问遍了所有的银行和交易机构。所有的回复都是这件事情做不了。我直到今天也不是很清楚我办的手续是否完全合乎管理法规。所以请读者不要盲目重复。

2016 年我打算给自己开一个 Solo 401K 的账号。把我的 401K rollover(转账)这个账号里，然后用这笔钱去买比特币。Solo 401K 开账号这件事情并不难，网上找代理机构，每年交一定的年费就可以帮你出具好文件。

问题是你有了 Solo 401K 文件，你需要去银行开一个同样名字的账号才能把钱从其他 401K 转过来。不然退休金转账

(Rollover)的支票没法兑现。钱转过来之后，我还需要同时在比特币的交易所开一个同样名字的 Solo 401K 账号，这样才能把这笔钱转到交易所。然后在交易所，我还需要买好比特币之后，把比特币提取到我的私人纸钱包里面，这样才算真正的完成整个流程。

我跑遍了我在的这个城市周围的所有银行，Bank of America，Union Bank，Wells Fargo，Citi Bank，US Bank 等等。每个办事人员一开始都是热情洋溢，告诉我说没有问题。不过听到我说要用 401K 的钱直接去买比特币，他们就像外星人一样的看我。不单单是他们，其实当时比特币的粉丝论坛上，也没有人提过如何直接用 401K 买比特币。当然这事我理解，因为那里都是一群穷学生。学生贷款还没还清呢。哪里来的钱买 401K。银行的人每次去后台请教一下经理该怎么办，随后就卡壳了。少则一天，多则几天，最后告诉我无法开这样的账号。

但是越是因为办不下来，越会让我越觉得这里有投资的机会。因为道理也很简单，GBTC 比比特币现货市场的价格有 30% 的溢价。这个溢价不是凭空而来的，是因为办不下来这些手续造成的。我在银行四处碰壁，就反映了30%溢价带来的困难。

不断碰壁反而坚定了我的决心。第一个吃螃蟹的人，肯定能拿到红利。当没人知道手续应该怎么办的时候，你办下来就是赢家。于是我就咨询给我开 Solo 401K 管理文件的人。问他们哪个银行可以开这样的一个账号，一个可以买比特币的账号。Solo 401K 的管理公司也不是特别清楚，但是他给我介绍了网上的一个网络银行，让我咨询一下。

我也不是特别清楚这个网络银行是不是靠谱，网站上看起来好像还可以，不像是诈骗。所以我想从小金额开始试一试。这个流程大概是这样的，我从 Fidelity 这样的管理公司申请rollover，他们会开出一张我名字加上 Solo 401K 的支票，然后我把这个支票存入这个网络银行。

　　然而下一步又卡住了，因为需要在比特币交易所开Solo 401K的退休账号。当时，所有比特币的交易所都不支持开设 Solo 401K 的账号。美国当时主要交易所只开设个人账户，2016 年能开设退休金账户交易所一个都没有。我打了一圈电话，碰了一鼻子灰。

　　就在几乎绝望的时候，终于找到了一个当时还是很不起眼的小交易所，他们愿意开这样的账户给我。可能是他们生意刚开张不久，所以并不拒绝每一个可能的客户。不过即使这样，他们还是严格地审查了我很久。我平时做咨询业务的往来账目都要给他看，客户电话也要给他们，生怕我是一个洗钱的。

　　这件事情来来回回折腾有三周的时间，渐渐终于我把所有的账户都开好了，路也走通了。我在办手续的每一个环节里碰到的人，都是瞪大了眼睛说，从来没有过这样的事情。我还记得当时我转第一笔钱从基金公司索要转账(rollover)支票的时候。因为我不知道那家网络银行是否靠谱，只要了 1000 美元。服务员再三和我确定这笔金额，可能是想这么点钱还瞎折腾个啥。

08 免费获得比特币

　　账户开好了，钱也转好了，新的问题又来了。如何买比特币这也是一个困难。资金小的时候，分阶段买进长期持有就好了。资金大的时候，我可不敢冒这样的风险。

　　我仔细研究了一下。最稳妥的方式是通过放债的方式去拥有比特币，而不是直接买。当时的比特币放贷利息非常高，因为投机活跃。就是说买比特币的人主要的任务就是投机，所以短线交易者会用杠杆买进卖出，导致贷款给他们可以获得比较高的利息。

但是如果直接在加密货币交易市场上去放贷款，那么就面临着税务上的风险，因为贷款获得的钱你需要去交税。但是 401K 账号没有这个问题。

放贷最好的办法是买入比特币，然后到衍生品交易市场上直接放空。这样的对冲方式叫 naked sale（裸空卖）。熟悉金融衍生品交易的人可能明白我在说什么。不熟悉的可以直接跳过这些技术细节。利息的来源在于现货市场和衍生品期货市场的价格差异。用做空的方式，当时贷款的回报年利率在 10%~20%之间。最高的时候有的时候一天就有 1%的利率回报。因为比特币每天价格起伏很大。所以对于那些做短线买卖的人 1%的利率不算什么，因为每天价格的震荡起伏就可以到 10%。

但是这样我可以免于比特币价格起伏的风险。涨了我也赚钱，跌了我也赚钱。我觉得我不是炒短线的人，对于炒短线需要专心坐在那儿，每天凌晨开机盯着屏幕，我还有自己的事业要做，炒短线对我来说是件不可能的事情。所以我要做的事情就是把机器设置好，然后比特币就可以哗啦哗啦的进到我的钱包里来了。

我小心翼翼地把我的对冲交易结构设置好，剩下的事情就全部交给机器了。机器会每天源源不断地生产出比特币给我。每 8 个小时作为单位结算一次，一天三次。按照我的计算，一年下来，也会收获相当可观，因为 2016 年之后比特币进入快速飞涨期。

一年后，我还把我的这个贷款办法写成博客分享给投资理财的朋友。虽然我知道这个市场非常小众。越多的人进来，我的利润率就越小。可是我抵挡不住与人分享挣钱方法的诱惑。独乐乐，与人乐乐，孰乐？看见因为我的分享，可以给其他人带来更多的财富与快乐，这会让我很开心。

然而好景不长，天有不测风云，就在我把机器和程序都设置好了，每天欢快地数钱的时候，另外一个新的打击就来了。

09 最赚钱的列车

中国把比特币给禁了。

历史上中国不知道多少次把比特币禁掉了，因为比特币采矿、交易一半以上的量都来自中国。所以每次中国禁止比特币，都会引起市场的恐慌，价格的下跌。

应该说，中国政府对比特币的看法一直是处在一种暧昧和犹豫之中。2013 年后一开始是暗中观察的阶段，只要不违反金融管制条例，基本上是睁一只眼闭一只眼，偶尔对大陆的三大交易商上各种各样的紧箍咒。2017 年初把 ICO 都禁了，用来防止非法集资。

但是 2017 年秋天的那次禁令是把所有的交易所全部封杀了。而且政府也搞不清楚什么是 utility token （功能代币），什么是 security token （证券代币）， 什么是 coin （币），什么是 cryptocurrency （加密货币）。把所有的代币和电子币通通一律禁掉。所有的挖矿和交易所统统都明令禁止。

这次国家出台的禁止令之狠是前所未有的。国家传递的信号很明显，就是和电子货币相关的任何商业行为都不要在中国出现，政府打算自己发行央行的电子货币。政策力度之狠以至于有一个非常大的比特币交易公司，宣布关闭的时候干脆把自己公司的平台代码全部公开。表明的意思是以后再不做交易平台了，交易的平台代码都拿出来了，任何人都可以一夜之间成立一个交易平台。

比特币价格一路下跌。从 7000 多美元一路跌到 3000 美元。我虽然是放债，所有本金没有任何损失。但是我的利息挣来的比特币价格却跌了一半。经验告诉我，历史上一次次出现像这样情况的时候，都是投资的最好时候，那就是当所有人都绝望和放弃的时候。这次也不例外。

　　你看好一个资产，需要侧重看它的长期发展潜力，而不被一时的大众情绪所困扰。就像 2017 年浑水公司搅局揭露美国上市的中国互联网公司财务作假一样。2017 年那个时候是买入阿里巴巴这些公司股票的最好时机。不过我从来不炒股，所以可能可以不带感情色彩，作为局外人可以清楚地看清这一点。

　　如果了解比特币的人就会知道，比特币从设计之初就是一个屌丝造反的工具。一个国家禁止，甚至多个国家禁止都是没有意义的。除非整个地球人齐心协力都来禁止它。比特币的整个设计和核心思想就是禁不掉的。但是大部分人此时还是猖狂逃出，我可以看到价格一轮一轮地下跌。

　　很快我就找到了一个满地捡钱的机会。中国的交易所要关闭，所以大家都在抛售，短期内形成海外市场和中国市场有 20% 的差价。中国市场买，海外市场卖。卖了再买，买了再卖。我还记得当时非常不巧在中国出差，市场崩盘的时候，我正坐在京沪高铁列车上。时不待我，一路下跌我就一路买，凭空做差价，转一圈就是 20% 的利润。那次火车大约是我这辈子坐过的最赚钱的火车了。忙得我都不想下火车，感觉自己怎么一抬头就到站了。

　　这是比特币交易的一个特点，它是 24 小时连续交易。当然也是因为这个原因，做短线的人会很痛苦，也会很兴奋，他们感觉每一分钟都在赚钱，每一分钟也都在输钱。因为两边市场的差价不会持续很久，只有几个小时，稍纵即逝，所以我只能是忙着在火车上捡钱。

　　当时同样持坚定信念的是赵长鹏，他和合伙人在中国出台全面禁止比特币，大家纷纷退出的时候，创立了 Binance。让这个名不见经传的小交易所一跃成为全球最大的比特币交易中心，让他自己的照片也登在了美国财富杂志的封面上。那年 Binance 号称赚了 10 亿美元。其实没有什么神奇的，投资永恒的真理就是不要随大流。逆流而上，特立独行才能有机会。

2017 年比特币经历了严重的内斗，分叉为比特币、比特币现金。后来比特币现金又分叉出 Bitcoin SV。每个人都表明自己的立场。我也就写了一篇博客，说明自己为什么是见证分离派。后来看来的的确确只有见证分离派站住了脚。比特币现金等其他分叉币价格都一落千丈。

我是隔离见证派 (2017 年 12 月 5 日)

by Bayfamily

我是隔离见证派(Segwit)，俗称核心党人。虽然我不齿于核心党的很多做法，比如 reddit 上的言论管制，开发组内部排斥异己。但是从技术角度来看，我认为隔离见证派技术路线是对的。

比特币扩容之争愈演愈烈。隔离见证派(Segwit)和大区块派（big blocker）的殊死搏斗从比特币创立之初就开始了，一直到今年 8-11 月份达到最高潮。现在虽然平淡了下去，但是恐怕两派之间的缠斗会持续几十年。世上很多伟大运动的开始到兴盛都符合这样一个规律。

1.一个奇特新颖的想法，横空出世

2.一群狂热铁杆份子追捧

3.渐渐势力变大，生存危机过去，狂热分子因为很小的一个事件，意见不统一，分成两派或者多派

4.进入主流，外部压力消失，两派为夺权进行生死搏斗

5.短期激烈矛盾告一段落，变成长期派系斗争，渐渐腐朽没落，成为社会进步的阻力

6.又一个新的想法，横空出世

有人说，比特币的发展史可以看到伊斯兰教的影子，逊尼派和什叶派因为继承人的事情，互相仇恨千年。也有人说比特币如中国革命，一开始，为了打倒满清和军阀，诞生了国民党和共产

党，随后分家。当然你可以把比特币的历史看成中国革命史。星星之火，可以燎原，但是革命胜利了，文革各派就开始撕斗了。

先简单科普一下技术层面的事情，什么是隔离见证，什么是大区块。

比特币在创立之初，一个 block 的大小被限定在 1M，中本聪自己的解释说，担心区块大了，会容易被黑客利用。他认为随着交易量的增大，block 的大小应该同步放大。这点上他的讨论被大区块派反复引用，认为见证分离派违背了创始人的意愿。如果从宗教情节上看，大区块派应该属于原旨主义者。而见证分离派认为，加大区块的容量是没有意义的，即使放大十倍，仍然无法最终满足全世界的交易。必须靠侧链和闪电网来扩容。而闪电网的扩容必须依靠修改原来主链上的数字签名的存储方式。需要把数字前面，就是支付的见证部分分离到另外一个文件中。这就是见证分离派这个名词的来源。从宗教意义上看，见证分离派属于改良派。

如果你把见证分离派和大区块派关在一个屋子里，他们争吵的对话内容大概是这样的。

核心党，"喂，老兄，咱们的队伍一天天壮大，法币(fiat)快被咱们颠覆了，庆祝一下？"

大块党，"庆祝个球啊，Visa 一秒钟的交易能力是几百万，咱们是七次，都堵成北京二环了，咱们把区块改改大吧，1MB 实在不适应人民日益增长的交易需要啦，不扩大区块大小，我怎么用比特币买咖啡啊"

核心党，"改改改，改你个头啊，你别忘了，比特币所有的交易都存在公共账簿(public ledger)上，俺家的硬盘都快爆炸了，网络的节点数越来越少，你再扩大比特币就全完了，节点要多大的硬盘啊。你没看见节点数年年在下降"

大块党，"你别吓唬我，摩尔定律你懂不懂，硬盘越来越便宜你知道不？就算明天咱们把区块扩大到 1 个 G，你买个 100T 的硬盘，要几十年才能填满，你有啥好担心的"

核心党，"那终极之战呢？你听说过中国的万里长城不？100T 的数据咋跨越长城呢？100T 的数据怎样上 TOR 呢？"

大块党，"别吓唬我，哪有啥终极之战，就算有终极之战，对付政府的最好办法是人海战术，你懂不懂，要是每个屌丝都用比特币买咖啡了，终极之战来临那天，政府不让大家买咖啡了，他们就会揭竿而起。你要是把比特币弄成一个结算网络，终极之战来临那天，谁管你啊"

核心党，"你是不是怀有二心啊，怎么天天想加大区块大小啊，我瞅你们那帮小子都是矿工，而且用 ASIC 挖矿，是不是为了你的矿场赚钱，天天催着扩大啊"

大块党，"你是不是申请了闪电网的专利啊，主链不让扩容，这样闪电网以后你就可以狠得劲的收费啊"

核心党，"狠得劲收费，我，我干吗要害死比特币啊，比特币可是我一手抚养大的啊"

大块党，"你小子是不是GMBOX那场风暴，把比特币都丢光了啊，这是堵死比特币，弄死比特币的节奏，然后趁机低价捡漏啊"

核心党，"你是不是偷偷买了不少以太坊,辣条啊，弄死比特币然后发财啊"

大块党，"血口喷人，你违背中本聪先生的训诫，算力为王"

核心党，"啥算力为王，俺们要的就是算力去中心化，特别你们是躲在万里长城后面的算力，我要弄个比特金(BTG)，终结你们 ASCI 的算力"

大块党"你们这是，开发中心化，也违背中本聪先生的原意，我要弄个比特现金(BCH),和你们分道扬镳"

你瞧，本来的一个技术问题，渐渐变成了一个政治问题，人格问题。吵到这里，你知道这已经是不可调和的矛盾了。我们人类解决不可调节的矛盾，经验丰富，最常用的办法就是在肉体上消灭对方。于是有了香港协议，纽约协议，于是有了硬分叉，Bitcoin Cash, Bitcoin Gold，有了算力攻击，有了 11 月份冻僵 BTC 的技术建议。

隔离见证派和大区块派的意见我看了很多。总的来说，我觉得隔离见证派占了上风。让比特币唯一能够灭亡的其实是政府，而且必须是大国的联合行动。可惜的是大部分政府现在可能还没明白过来这个问题。

明白过来最快的是各种专制政府。你瞧禁止比特币的急先锋是委瑞内拉，越南，摩洛哥。因为他们知道比特币最先动摇的是这些专制政府脆弱的法币。

天朝还有点稀里糊涂的。其实比特币终结的是美元霸权，天朝这样的比特币矿业大国趁机可以上位。不抓住时机，反而搞起来了不许片板下海的锁国政策。和当年烧了郑和宝船的傻瓜官员们是一个路数。

巴菲特（可能是谣传）说，如果中国政府都禁不了比特币，其他国家就不要想了。我觉得他说的不一定对，世上只有一个国家可以禁掉比特币，那就是三胖领导的国家。除非人类社会重回那个时代，比特币恐怕很难根除。

在我看来，比特币存在的价值在于美国这样的政府无法消灭它，而不是多快被大多数人使用。这点必须从技术层面保证才可以。再多的人使用比特币，政府一句话也就没有了。俺们在天朝上国待过，知道人多这事不一定靠谱。而大区块派的确会让比特币变得更加容易被技术上消灭和禁止。

当然比特币的信徒认为从技术上美国这样的政府也无法消灭比特币，美国政府可不一定这样认为。人世间一切战争都在于有一方误判了形势。如果胜负结果明显，战争是打不起来的。比特币如果开始全面流行和使用，最终政府会被逼到死角。因为现有的税收体系会崩溃，无论是企业税还是个人税，现有的几乎所有的金融体系基本上全部推倒重来。不但是华尔街基本要完全关门，连华盛顿都要关门。因为政府没有比特币，也无法从税收上获得比特币，除了能印没人认的美元，没有经济来源。

比特币要颠覆的不仅是金融体系，也包括现有的税收，政府体系。政府岂能善罢甘休，不殊死一搏呢？

像所有的货币一样，比特币的价值在于信心。未来遥远的事情，会映射到今天，影响到今天的价格。认为比特币是泡沫的人，选择不信比特币，可能是高估政府的能力。比特币的铁杆粉丝，Holder（持有者）们可能也是低估了政府可能的手段和决心。终极之战如何演绎，我后面会慢慢写来，一切还是未知数。

当人们想到终结之战的时候，一切能增加比特币胜算的，我觉得都是对比特币好的。所以仅凭这点，我就是核心党，隔离见证派。

10 长期持有

但是我也不是神仙。赚钱的事情让人永远难忘。亏损的事情我也没有少干，应该说电子货币在一开始鱼龙混杂，各种骗子都有。

2017 年的时候，我自己当时错误的想法就是觉得应该分散投资。因为比特币的分叉风波，让我感到比特币来自内部的风险要大于来自外部的风险。一个方法就是分散投资一部分资产，因为我也不确定比特币是不是能够获胜。我觉得未来的趋势肯定是电子货币，因为电子货币应用的功能太强大了，不单是点对点支付，更多的应用还包括财富的管理、会计、公司管理、保险证券的点对点分散化。

所以我把我拥有的比特币相当一部分拿出来分散投资去购买各种山寨币。现在看来这是一个错误的做法。分散投资并没有给我带来良好的收益。因为鱼龙混杂，骗子也多。很多山寨币在 17 年之后下跌了 100 倍之多。

山寨币风波之后，有一个观点我自己也不是特别肯定。那就是区块链唯一的应用可能只有比特币。除此之外，可能区块链没有其他的任何可以落地的功能。因为不管怎么说，区块链都是一个速度和效率非常低的数据库。这样一个数据库，总是不如集中式的数据库，或者不如几个集中式数据库更有效率。除了储蓄货币，其他所有的交易都可以在相对集中或者半集中的数据库中实现。比如中国和 Facebook 在研究发行的电子货币虽然也都是打着区块链的旗号，而实际上是一个集中或者半集中的数据库系统。

我在写这本书的时候，中国和 Facebook 的电子货币还没有出台。Libra 可能因为政府监管胎死腹中。但是在我看来，金融市场从传统的银行系统的垄断一直转到新的一种经营方式，新的一种货币方式恐怕是难免的。因为道理很简单，我们人类在过去 5000 多年甚至更久远的时间里，其实只用了一种货币就是黄金，我们用法币 Fiat 系统其实只是从 1972 年到今天，仅仅 50 年。

在美元黄金脱节之前，人们使用美元，本质上是使用黄金作为货币。而历史上所有的法币系统最终都失败了。去世界各地旅行的人们，无论是去西亚如伊朗、东亚如韩国、东南亚如越南、南美如阿根廷，都会注意到世界上的货币怎么那么多个零。数数全世界各国货币上零的个数，你就知道靠政府限制货币滥发是多么不靠谱的事情。历史上所有的法币最后都变得一钱不值。从中国元代的宝钞，到今年的委内瑞拉。历史上一个又一个国家印刷的法币最后都变成废纸。我没有任何理由会相信，现在拥有的货币系统会持续 200 年或 300 年的历史。

法币除了滥发的可能性之外的另外一个问题就是，今天的法币银行系统被政府给搞死了。比如我曾经有一个印度的客户，想购买我的一点商品，但是在印度要把卢比换成外汇，那是一件非常复杂和困难的事情。再比如我们普通人在商品交易的时候，每一笔钱都需要通过银行来中转。而政府为了税收和防止洗钱，可以追踪每一笔钱的运转。这让人觉得很烦。

因为我们社会上不是所有的事情都是那么清清白白的，可以说清楚的。也不是所有的事情，政府都会给你讲道理的。因为和政府讲道理本身就要花很高的成本。就像我当时没有办法把上海的房子卖掉，把钱转到美国来投资一样，因为我惧怕这些麻烦。

也许你的交易是一些游走在法律和非法之间的灰色地带的经济活动。比如你可能是卖大麻的。还有一些是来自某地区的跨境交易，比如也许你是一个政治犯。比如像我之前写的文章里头，也可能发生了战乱，你需要逃亡，这个时候比特币是比任何一种货币都方便储存和安全携带财富的方式。或者也许你就是天然地不喜欢政府，不想让政府知道太多你财产的事情。这个时候就会选择比特币。

所以不是比特币本身太强大了，而是法币的服务太差了。政府滥用了控制法币的能力，让所有的交易都需要走金融机构。今天你可以从中国订购一个商品，走 Fedex 24 小时就可以送到，你可以实时通讯和地球上的任何人视频对话。但是今天一个跨境的汇款往往要 3-5 天的时间。

11 什么是钱

在我小的时候，大家学物理的时候都很崇拜牛顿。我的物理老师当时曾用叹息的口吻说，牛顿在做完三大力学杰出贡献之后，去英国当钱币局的局长，实在太可惜了。

然而今天看来英国金融的霸权，全靠钱币局的牛顿局长。牛顿其实只是用了一个非常简单的方法就让英国实现了金融霸权。那就是金本位。让政府来管理货币发行量是一个很恐怖的事情，这就好像是让猫来管理金鱼一样。政府有一万个理由会愿意印出更多的货币，特别是在它缺钱的时候。而政府总是缺钱，有的时候还会特别缺钱。

投资理财到最后都不知道什么是钱，岂不是笑话。我为此专门写了一个博客，"什么是钱"。

什么是钱？(2017年11月2日)
by Bayfamily

投资理财的首要任务可能也是搞明白到底什么是财富，什么是钱。这个问题不搞清楚，就贸贸然投资理财，难免会犯各种投资错误。

财富和钱两个词通常大家都混用。房地产，食物这些实实在在为我们提供服务的物件，很容易理解他们是财富的一部分。这个道理连猴子都明白，所以动物会为领地大打出手。

股票虽然能够带来红利，对于猴子而言，恐怕难以理解这是财富。事实上，股票的财富是需要借助于现代社会的基础建设(infrastructure)，能够把未来的可能的收入折现到今天。这里面包括证券市场，包括政府保证股份公司按照法律运行，按照股份比例分红。当这个社会结构不再存在的时候，股票也就灰飞烟灭不值钱了。

提到财富，人们会很自然想到黄金，白银这些东西。黄金和白银数千年来作为流通工具而渐渐变成了财富的象征。你瞧，Trump总统都是一个黄金狂。啥东西都是金色的。

但是我想告诉大家，黄金，白银，宝石，艺术品，这些都不是财富。是的。我没有写错。他们不是真正意义上的财富。因为他们本质上不提供任何服务，不分红。对于猴子而言，他们一钱不值，一吨黄金都不如一个苹果。千万不要轻易觉得猴子傻，猴子恐怕觉得我们是神经病。到底谁傻，谁是神经病，恐怕很难说。我们觉得黄金是财富，有价值，是因为我们生活在幻影中，

这是一个持续了几千年的幻影。这个幻影可以用一句话概况，就是

"后面会有人可能用更高的价格买入。"

只要这个幻影一直持续下去，黄金白银宝石就会一直有价值下去。但是记住这只是一个幻影，一个持续千年的幻影。虽然可能还会持续几千年，但是终究是人类自欺欺人的幻影。

我们人类最擅长的就是编织故事，制造幻影。买卖过股票的都知道其中的道理。公司本身赚不赚钱不是特别重要，而是大家以为公司未来会不会赚钱，或者说，会不会未来有更多人觉得公司的未来会不会赚钱最重要。

拿物理学做比较，财富的多少好比位移。如果用 PE ratio 估算股价,好比是用速度估算位移。如果用预期的 PE 估计股价，那就好比是用加速度估计位移。如果用大家未来共同预期的 PE 来估价，那就是位移的四阶导数了。用四阶导数估算位移无论怎么说都是编织幻影。

你也许会说，黄金有首饰的功能啊，做装饰品啊。你需要明白那是因为先有这个幻影，才有黄金的装饰功能。世界上黄澄澄亮闪闪的东西很多。而且大家之所以选择黄色，不是蓝色作为财富的象征，也是因为这个幻影。黄金的真实价值，只是在工业品上做催化剂，而且需求量很小。

提到黄金不得不说的是货币。黄金的这个幻影之所以成立，是因为黄金几千年前率先成为了地球上唯一的跨越人类社会和地区的全球货币。所以我们不得不说说货币到底是什么。这样才能明白到底比特币有没有价值。

人们日常习惯使用美元，人民币这些货币，时间虽然不是很久远，但是已经足以让大家渐渐忘记了什么是货币了。

贝壳，青铜，黄金，白银，纸币的历史大家都耳熟能详，我们先看看人类历史上其他的一些货币的例子。

贝壳作为钱的历史过于遥远。当时没有记录下来，到底贝壳是怎样被用于钱的，怎样控制通货膨胀，怎样生产和消失的。结绳作为货币的方法在中国和南美洲的印加文化都有被记载过，但是细节也不是特别清楚。

曾经太平洋上的某个岛国，用巨石作为货币。这个岛国的面积很小，据说小到岛上的人真诚问前来访问的人类学家，说，"朋友，这世上真的有个地方听不到海风的声音么？"

这个岛上的人以巨石为货币。巨石一开始还搬来搬去，后来这些巨石连搬大家都懒得搬了。大家都知道那块巨石是哪家的。曾经有岛上的人去隔壁岛屿搬运巨石回来。快要上岸的时候，巨石不幸落入海里。那些落入海里的巨石也被大家承认为货币，平时只要指指说那些巨石是谁家的，就完成了交易。

再举一个例子，是眼前的活生生的例子。在加州的监狱里面，犯人把方便面作为货币。方便面有实际的作用，而且整齐便于携带。和在战俘营里面大家把香烟作为货币有异曲同工之妙。这不是最神奇的，神奇的是有些方便面流通太久，已经过了保质期，不能再食用，但是大家还是把它们作为货币。

我举这两个例子是为了清理我们头脑中很多关于货币的不一定正确的观点。这些观点有：

货币必须要政府背书。无论是监狱，海岛，战俘营，大家选择何种物质作为货币都是自愿行为。古代选择金银铜作为货币，也完全没有政府背书。历史上政府背书的货币屡屡崩溃，远的元代的宝钞。近的是民国的金元券，魏玛共和国的马克，委内瑞拉的货币。

货币必须有价值。沉默在海底的巨石，过期的方便面都没有价值。政府印刷出来的纸币也没有价值。电子货币从物理上也没有价值。黄金白银本质上物理功能的价值不如青铜。

货币必须有生产成本。货币不需要成本，成本越小越好。只要能控制住总量就可以。这点比特币比起其他的 POS 的货币没有优势。难以获得的是控制总量，而不是反过来。

货币和物理价值无关。货币的本质是记账工具。哪种记账工具最方便，最便捷，最便于携带，最有私密性，最不容易被篡改，那么那种货币就会胜出。这点电子货币无疑是胜利方。法币一方面是被政府滥发给害了，另外一方面是法币目前渐渐变成了一个实名制的货币。

从目前比特币投资现场情况来看，和买卖股票不同。进入电子货币的钱一般都是单向流。就是进入电子货币的钱，拥有者感受到了空前的自由。不愿意再回到法币的束缚。电子货币像一个巨大的黑洞。各国政府为了税收，为了防恐，为了防洗钱，为了莫名其妙的外汇管控，推广法币实名制，自己害死了自己的法币。

那么问题就来了，在一个市场里，会不会有混用的情况。就像艺术品和黄金同时被大家当作财富收藏起来。一个市场里，会不会有多个货币同时存在。这是比特币和法币之争，甚至比特币和 800 多个电子货币之争的关键问题。

目前也是大多数人持有的观点，那就是你比特币再牛，估计也就是服务一个小众市场，搞点黄赌毒。和美元会并存相当长的一个时间。所以对于大部分老百姓可以看热闹一样无忧。

我本人觉得这个不一定对。人类生活在同样的经济圈里，货币可能具备天生的排他性。法币和比特币如何演绎，以及平民老百姓如何防范风险。下文我再慢慢道来。

我对比特币也一直保持谨慎乐观的态度。就是未来也许很乐观，但是如果投资比特币一定要谨慎。不要一股脑倾家荡产买进去。反过来谨慎来自另外一方面，如果你是富人，你可能需要稍微分散一下自己的投资，特别是你的钱比较多的时候，分散一部分在比特币里。

为了这个我还专门写了一篇博客文章，叫作"如何规避比特币的风险"。

普通人如何规避比特币风险 (2017 年 11 月 28 日)
by Bayfamily

记得微信和支付宝刚刚出现的时候，很多中老年人的态度是不学习，不了解。觉得一辈子用纸币用习惯了。只要国家法律规定纸币还能用，自己可以一直保持下去。

后来的结果可想而知。只用纸币的人从一开始无法打车，无法网上消费。现在渐渐地到菜市场和售货机无法购物了。

如果你认为规避比特币最好的办法就是不学习，不了解，不买卖，捂着耳朵不看世界。认为自己反正不参与加密货币的买卖，不持有电子货币，就没有风险，那么结果可能最终就像那些几年前的老爷爷、老太太一样。

对于大多数的投资品，比如投资房和股票，的确不参与买卖就没有风险。但是对于刚需产品，比如自己的自住房，不买和不卖的风险是一样的高。因为最后你会不得不买。比特币等加密货币和普通投资品不太一样，因为它试图颠覆的是长久以来大多数人财富的赖以生存的基础，法币系统。

年轻的时候，自己第一次接触进化论的时候，一个观点花了相当的时间才想明白。达尔文老爷爷说，在一个生物节点上只能有一个物种存在。可是这和我们普通人的观察不一样啊，明明鸟儿都在吃虫子，为什么有那么多种飞鸟呢？明明虫子都在吃叶子，为什么有那么多虫子呢？地上所有的草都在干一件事，完成光合作用和释放种子，为何地上那么多种草呢？

后来随着自己观察的深入，渐渐理解了达尔文老爷爷的观察是对的。一个生物节点上，由于充分竞争的关系，经过足够长的时间，的确只能有一个物种存活下来。就像智人出现了，尼安特人就消亡了。白人在美洲出现了，印第安人就消亡或被同化了。

今天套用达尔文老爷爷的理论看待货币，你也会想明白同样的道理，经过足够长的时间，在一个特定的社会空间里，只能有一种货币存在下来。无论是监狱，还是世界上任何的主权国家，人们都很快在用什么货币这个问题上达成共识。共识以外的会被无情抛弃。贝壳和金属没有同时作为货币通用，是金属取代了贝壳。监狱里只有一种流通货币，或者是香烟或者是方便面。1949年国人突然一夜之间选择了袁大头作为实际的交易货币，取代了国民党的金元券。

今天在我看来，加密货币最终取代纸币应该是一个历史趋势。只是不知道哪种加密货币最终会胜出，何时现在的法币系统会被淘汰。如果硬要加一个概率是否比特币会成为主流世界货币的话，我觉得概率大约是10%。

10%的概率足以让我们每个人警惕。因为如果这个事件发生了，你手中的所有法币都会化为乌有。无论是当下你在银行的美元存款，还是未来的美元现金流，比如养老金，社会保险，养老金(pension)，债券股息等等。

我的投资策略是钱少的时候要胆大，钱多的时候需要谨慎。所以对待10%可能性的事件，还是需要认真对待的。

我不建议直接买入比特币。尤其是大量的买入。比特币当前的价格在我看来，20%是底层的趋势，80%是投机者疯狂。没人知道比特币应该值多少钱。那些告诉你他们能预测未来的都是在豪赌。回头像2013那样暴跌90%，你哭都来不及。

我的投资方式深受当年美国淘金时代，那个选择卖淘金工具而不是直接去淘金的人的影响。当很多人陷入比特币疯狂的时候，我选择出借给他们资金，获取高额利息，而不是去直接买卖比特币。然后用挣来的利息获得比特币。这样我的本金没有任何风险。

针对加密货币革命成功上位引发的风险，我建议的策略是这样的。

1）学习了解加密货币的机理，使用，买卖。获得更多的信息和知识总是对的。跟上时代，避免头脑僵化，对于中年人尤其如此。

2）如果比特币上位成功，你大约需要 0.1-1 个比特币就足够了。想办法获得这点币。

3）密切观察比特币发展，在法币崩溃的前夜，大举借债。法币如果崩溃了，房子还是一样值钱，股票一样的值钱，只是换了一个计价符号。所以利用房子最大限度地尽可能多的借债，是发国难财的最好办法。这些债务随着法币的崩溃而化为乌有。这点地主们深谙其道，很在行，我不用多说。

4）法币的崩溃会从最弱那些国家开始。比如津巴布韦，委内瑞拉，越南之类的。你看全面禁止比特币的国家名单就会明白为何比特币挑战的是法币，为什么这些国家会紧张。如果比特币能够颠覆 10-20 个小国家的货币，那就是美国中国这些法币崩溃的前夜了。

5）技术角度关注闪电网上线时刻表和点对点小额支付增长趋势，前夜会出现爆炸性增长。

这一切都取决于你对加密货币的理解，和终极之战胜负的判断。什么是终极之战，后面我再慢慢解释。

给你一个这几天的简单数据。Tether 的流入量每天增长率是2%。这是美元法币转化成美元加密代币(USTD)的增长速度。大家都明白指数增长的厉害。如果这个加速度持续下去，不用多久，所有的美元法币都会被变成加密货币。

当然，你也可以选择无视这一切，像几年前的老爷爷老奶奶们一样。马照跑，舞照跳。毕竟 90%的概率下，什么都不会发生。

关于比特币的讨论我在 2016 到 2018 年之间写了很多。其他的博客文章我贴在附录里面。感兴趣的读者可以去阅读。我们生活在一个科技快速发展，社会快速变化的世界。做一个与时俱进的投资者，你需要放眼世界，知晓世界每个角落发生的各种变化，这样才能把握更多的机会。无论是技术行业、房地产行业、还是股票金融市场。机会总是有的，每隔几年就有一次。

我自己在中国读研究生的时候。我的导师在 PC 机兴起的时候坚决不使用计算机。他认为没有什么东西比书本、杂志阅读起来更方便。久而久之，最后他错过了信息革命和互联网带来的所有好处与方便。

我不是比特币的死硬派，我认为比特币有一些的概率成为数字储备黄金。但是无论比特币能否成功，作为这个时代的我们，搞清楚区块链和比特币背后的一些算法以及一些使用方式，我认为是非常有意义的。不然你可能就会落后于整个时代。就像一开始有些老人坚持不使用手机和手机支付。但最后发现他们东西也没法买，甚至最后连现金都花不出去。

这可能是我投资比特币，除了获得直接投资回报以外的最大的收获了。

后记

　　一开始网友劝我写这本书的时候，我是想写一些投资理财的道理，一些初涉生活的年轻人需要掌握的基本常识。特别是供刚刚移民美国不久的中国人做参考。但是后来写着写着，变成了一本记录我和钱之间关系的自传书。

　　历史记录不可能完全真实，虽然我会努力这么做。但我不得不说随着岁月的推移，很多细节我可能记得不是那么准确。人的大脑就像一个巨大的过滤器，过滤网就是自己坚信的那些理念。过滤网会把一些有利于自己的证据保留下来，而滤除那些不利于自己信仰系统的内容。我自己恐怕也不能免俗，虽然我力求真实。写这本书的时候我的心态是一方面给我自己有个交代，也是给我们这个时代，我们这一代"洋插队"的人一个交代。

　　另外一方面，我想说的是我不是财务专家、投资专家。我从来不懂怎样帮其他人理财。"没有人比你更在意你的钱。" 这句话从我小时候失去第一个猪娃娃之后，一直是我的警语。

　　读者阅读我的博客过程中，可以看到我自己渐渐成长的过程。十多年前写的博客里面的细节内容，有些是错误的，或者幼稚可笑，或者是自相矛盾的。特别是在关于比特币上，很多想法当时也是欠考虑的。这都不要紧，我不想把自己伪装成一个未卜先知的财经算命师。所以无论是今天看来是对的还是错的观点，我都不作修改贴上来。但是随着时间的推移，我自己也在慢慢地成长。观点越来越成熟，也越来越成系统。文字能力有了很大的提高，文章越写越长。文思泉涌，写起文章来如马桶水一样滔滔不绝。冲了下去，又咕咕冒出来。最终到不得不写书的地步。

　　读这本书很重要的原则，就是不要试图复制我曾经的经历。每一代人每一个人的经历都是不可复制的，因为周围的环境也都不一样。复制他人的人生，哪怕是投资的经历，又有什么意义。读者最好把它当作一个历史故事来看，从我一个小人物看到我们这个时代的历史缩影。并借鉴里面的故事来思考自己的投资方法与原则。

　　投资理财其实不复杂，概括起来就这么几点。因为我是理工科背景，所以我用流程图的方式来说明。

　　Start：投资理财最重要的起步还是了解自己。知道自己是一个什么样的人，自己擅长什么，不擅长什么？如果看到不足，那就努力去改变。当你发现无法改变的时候，也要认清形势，做自己擅长的事情。最主要的是确定自己是勤快人，还是懒人？在充分效率的市场，就应该用懒人投资法。在非充分效率的市场，那就应该用勤快人投资法。

　　Step 1：牢记从机场接我的老中的美国五条生活指南，并付诸行动。这五条理财真经是：提高信用分数、避免超前消费、开二手车、亲自修理、不打官司多运动。

　　Step 2：勤俭是一种美德。虚荣是人性的弱点需要克服。热爱劳动的人是美的，四体不勤的人是丑陋的，树立积极向上的三观。

　　争取做一个特立独行的人。端正自己的价值观，不要人云亦云。不要在意别人怎么说，怎么看。人们往往被心魔所累。举个例子，祥林嫂辛辛苦苦挣来的钱本来可以吃好穿好用好，但是她为什么要到庙里去花自己那么多钱，去建一个门槛呢？因为她有心魔。她不确定人死后有没有鬼，于是便来问鲁迅先生。当她依旧不知道死后，她之前的两个丈夫会不会来抢她的时候，她就会倾其所有去捐一个门槛，寻找一些心灵的安静。

今天喜欢买爱马仕 LV 的人，能把这个公司的主人买成世界上第 3 首富。本质上就是千千万万个患有心魔的人捐款捐给他导致的。不同的时代有不同的心魔，现在我们回首看看祥林嫂觉得傻得可怜。未来的人看看我们今天省吃俭用购买奢侈品的行为，也会觉得我们傻得可怜。

财富是我们辛苦劳动获得的，我们应该用它去购买自己真正需要的东西。用财富获取生活的自由，而不是满足虚荣心。我自己虽然节俭，但是在我投资很紧张的时候，也无偿捐助过一个在美国的中国留学生。当时他博士学费有难处，我给了他 5000 美元，不求归还。钱需要用到真正值得用的地方上去。有了正确的三观，你就可以实现古人所说的不以物喜，不以己悲，知道自己要干什么，自己需要什么。

Step 3：你永远都是可以把三分之一的收入存下来的，因为比你收入低三分之一的人活得好好的。不要超前消费。除了房子，不要借债。投资是需要资本的。我们今天生活在资本主义的顶峰时代。靠出卖劳动力，赚取工资是永远不会财务自由的。想不明白这点可以多玩几次大富翁游戏。

Step 4：检查自己是否完成了 Step 1, Step 2, 和 Step 3。没有完成，回到 Start。

投资不要成为守财奴一样地守着现金，要勇敢地把存下来的钱投资出去。学习"会走路的钱"基本原理。找到合适你的投资机会。对于普通家庭，首先推荐住宅类建筑投资。因为那是政府给你的福利。

学习知识，至少需要系统学习微观经济学、宏观经济学、资产管理这三门课。不能只是当评书听听，最好是有作业的那种课。

Step 5：如果你是懒人。请参考懒人投资法。寻找充分效率市场，做一些税法优化。End。

Step 6：如果你是勤快人。请用勤快人投资法。寻找非充分效率市场，去 Step 7。

Step 7：造一个自己能够滚动起来的赚钱机器。可以通过 Timing 住宅市场实现这点。住宅市场是可以 Timing the market 的。股票市场是不可以的。保持杠杆，用银行的钱去挣钱。

End

你瞧，写起代码来不过 7 个步骤。那些理财产品、教育基金、养老保险都可以统统不用考虑。因为没有人会比你更在意你的钱。

我的"普通人家十年一千万理财计划"在 2018 年画上一个完美的句号。历时 11 年半。我写完了我的故事，有时会有一种幻觉。过去的投资故事，就像在玩一个大富翁的游戏。这个游戏很多人都玩儿过。一开始的时候你一圈圈地飞奔，忙着买地，逢地就买。这很像我们年轻的时候，年轻力壮，对未来充满期待。等地都买完了，互换地契取得垄断。很快你就面临人生重大抉择，你需要盖房子了。这时候，你开始捉襟见肘。好像我们三十而立，娶妻生子，安定下来需要解决自己的自住房问题了。再过几圈，好似人到中年。有的人居无定所，不断交房租。有的人房子越来越多，地越买越多。如果你不买房子，不盖房子，最终肯定就是一个输家。因为坐吃山空日子过得没有希望。

如果你选择买房子盖房子，一开始很辛苦，到后来就会越来越容易，因为你不断地有收入进来。房子越多收入越多，然后你就有机会买更多的地盖更多的房子。可是等你把台面上所有的房子都吃进的时候，打败了所有的对手。最终也是游戏结束，曲终人散。

回首往事。有时我这十几年的经历就像做梦一样，感觉也就像是玩了一个大富翁的游戏。因为本质上那些街上的房子，跟大富翁游戏里的红红绿绿的房子也没有什么区别。反正我也从来不去住。那些美元人民币真钱和游戏桌上的假钱又有什么区别呢？反正绝大多数时候我也不用它们。它们永远奔跑在各个银行账户之间。

说这话可能有些消极。我只是想说大家不要在投资理财赚钱的路上迷失了自己。钱是赚不完的。我更倾向把整个赚钱的过程，当作一个旅程，在过程中看看风景，而不是终点。另外一方面，很多人对投资感到害怕。其实如果你不玩这个游戏，肯定是人生输家。如果你玩这个游戏，最多你会输掉自己存下来的那一点钱，但是如果赢的话，你就可以赢到很大一个世界。

完成 100 万到 1000 万美元这段人生路程。我的"迈向一亿美元的旅途"又开始了。

附录：历年投资总结

普通家庭十年一千万的理财计划-（第二年 2008 年 2 月 3 日）
by Bayfamily

去年春节写了个未来十年的理财计划。有道是好事不出门，坏事传千里。写了这文章，害得我骂名远扬，挨了一年的砖头。砖头多的都够我再盖栋房子的了。

坛子上还有几位背功极好的朋友，拿出当年学习毛爷爷老三篇的毅力。现在已做到倒背如流，句句是典故，随手就能引用文章中的原话。在下实在是佩服。

既然是十年计划，就要不折不扣地执行。不然就成了政府领导，计划计划，墙上挂挂，领导一句话。一年过去了，写个猪年的总结与大家分享。

先学老地主，翻出地契、房契、股票、现金，先来算算净资产。

去年一年是个激动人心的一年。中国，美国，股市，房市震荡起伏，好不精彩。房市方面，美国全面下滑。湾区虽然总体情况比全国稍好，但中等学区和新开发区的房子下跌也很明显。旧金山和南湾个别好学区的房子目前还能岿然不动，甚至小幅上扬。个人投资虽在好学区，保守起见，以下跌 10% 计算。

401k 的投资回报丰厚。去年年底的年终回报达到 17%。今年开始一路下滑。但比起去年春节写十年理财计划的时候，大约增

225

长了 8%。中国房市的投资回报丰厚，房价全面翻翻，由于财富杠杆的原因，总体回报率更高。国内的房产投资，因为鞭长莫及的原因，错过很多好的机会，不然表现会更好一些。不过现在风险控制得不错，总体实现了 even cash flow（现金流平衡）。去年在 IPO 市场还发了点小财，回报率很高，到目前为止涨了 80%，但总量很小。

总体投资，此消彼长，鼠年来临之际，除去各项债务，家庭总净资产达到 135 万。算完变天账，再来合计合计鼠年的好日子。

美国房市短期前景很难预料。个人感觉旧金山的房子也许和纽约一样，是国际市场决定的，有欧洲和亚洲投资热钱涌入的可能。个人财务上，坚决执行一年前写的，十年一千万计划里面，三年不买房的计划。目前的首要任务是积累现金，等待房市的复苏。401K 上面，除了公司的匹配(match)以外，停止一切新的 contribution(养老金储蓄)，因为目前的 401K 总量三十年后已经够满足退休的基本生活了，多存实属无益。401k 是退休用的，不能指望它发财。 总的来看，第一年的理财计划总体执行情况良好。房市股市的走向和自己一年前计划的情况基本相符。净资产的增长率和预测的相符，因为盘子大了，净资产总体回报率持续下降，从早期的 50%，30%，一路降到现的 12%。未来随着现金流的改善，回报率有望重新提升到 30%。总结写好了，送各位打油诗一首。

人生有命语荒唐，贫富不可赖爹娘.
若是身为无能辈，坐拥金山也败光!
有钱难买少年穷，匹夫志气非寻常.
待到风云来际会，百姓亦变千万郎!

金银富贵本无种，身是男儿当自强！

人生如白驹过隙，财富如过眼云烟，生不带来，死不带走。金钱总量毫无意义，乐在游戏过程。大家鼠年玩好。

普通家庭十年一千万的理财计划-（第三年 2009 年 1 月 5 日）
By Bayfamily

年年写理财计划，最后还是计划不如变化快。2008 就是个风云突变的年头。

房地产、股票持续下跌。危机的总爆发在雷曼兄弟倒闭之后。大约算了一下，因为这场危机各种直接、间接的总损失在 30 万左右。一个不当心，差点一夜回到解放前。先学各位坛子里面的老地主，翻出地契、房契、股票、现金，来算算净资产。

401K 遭受重创。到 2008 年的最后一个交易日，总共比年初跌了 31.8%。幸亏过去两年没有存 401K，不然会更惨。公司 IPO 的股票，unrealized gain（未套现收益）基本归零。原本打算今年靠股票混个买菜钱，全部落空了。湾区的房地产持续下跌。虽然在好学区，但是至少下滑 10%。市场价值很难估算，因为最近成交量很小。

投资的亮点还是有的。年中的时候，在最高点上，成功将上海的房子抛出。

因为积极的存现金政策，现金情况明显改善，银行总存款 12 月底的时候达到 26 万。总体投资，此消彼长，牛年来临之际，除去各项债务，按照当前的市场价格，家庭总净资产达到 128 万，比去年下跌 7 万。个人感觉，在史无前例的房市危机面前，投资股市还是比房市要来得悲惨。普通投资人，买房子还是比较稳妥的。

回顾一下，从积极意义上来看，第二年的理财计划总体执行情况没有犯什么错误。风暴来临前，能做的事情，全做了。没有什么可以后悔的。

倒完了苦水，来合计合计来年的日子。

美国房市还会下行，未来一年的重灾区应该是好学区。对于湾区而言，坏学区的房子已经没有什么可跌的了。好学区的房子开始松动。

密切注意房市动态，随时准备抄底入市。今年年底是三年不买房政策的最后期限。年底，在适合的时候，开始考虑逐步进货。

从来不炒股票，股市行情难以预料。个人感觉还会有一个起伏，不可能就这样一路复苏过去了。继续少买 401K。

投资和庖丁解牛一样，要因势利导 顺应天时。不可以为之的事情，不用硬上。贝多芬说他要扼住命运的咽喉，我看最终是他扼住了自己的咽喉。2009 年乌云滚滚，风暴还没有退去。与其当弄潮儿，不如在家拿着望远镜，观潮、赏景。

祝大家看到美丽的风景，玩得开心。

普通家庭十年一千万投资计划 （第四年 2010）
by Bayfamily

时光过得真快了。一下子从写文章到现在已经是 3 年了。这三年发生了多少变故啊。美国地产泡沫的崩溃，金融机构的崩盘，中国人财富的迅速膨胀。按照惯例，每年写一个投资总结。

今年最大的变化就是间接地受金融危机的影响。不幸失业。失业是不幸的，对人心理的打击比较大。但是马克思说过，无产阶级失去的只是锁链，得到的是整个世界。稍稍想过，决定放弃寻找新的工作，做一个自由的人，走上了创业的道路。和朋友一起成立公司。

与其买股票，不如自己制造股票。你看看我买了这么多年的401K 股票，买到了什么下场。送进去的现金比现在市价资产都多。完全是无偿奉献给华尔街发奖金了。

228

公司成立之后，新的投资人入股价格已经比原始成立的价格涨了一倍。也许是投资人对我们的产品和服务的看好。也许是我们忽悠有功。当然了，一切都是纸上富贵。今年股市表现不错，把 2008 年崩溃掉了的 401K 和其他退休计划补偿了一些回来。继续坚持以前的观点，再也不买 401K。

美国房市持续低迷。好学区的房子 2009 一直处于持续阴跌中。价格大约下降 10%。2010 年前景看不清，坏学区也许已经触底，但是好学区的房子随着持续的失业率，一定是应该继续处于阴跌的下降通道中。三年不买房政策已经到期。2010 年，好学区的房子也许可以适当寻找机会。

中国房子的行情火爆。房价迅速飙升。2008 年底的时候，严重看空上海楼市。几乎犯下严重错误。忘了自己在 2006 年对上海长期行情的分析。看来老文章需要经常回去看看，保持头脑清醒。好在 2009 年初的时候，及时调整航向，及时入市，好在自己也有自由的时间来分配。要是工作缠身的话，估计是赶不上这波了。还是石头同志说的对。要发财，赶紧辞职。M 大说，投资不能有穷人心态，不能只看着工资小钱。

每年投资的结果都是此消彼长。股票和中国房价上涨。美国房价回落。到了年底，噼噼啪啪一算，扣除一切债务，纸上的富贵一共是 190 万美元。比去年上升 40% 左右。2010 年的展望。希望股价能继续翻倍。希望我买的一切资产都能迅速飙升。呵呵。梦想而已。1000 万的投资路需要慢慢走。明年收盘的时候，希望继续此消彼长，就是长的比消的多。突破 200 万的关口。

普通人家十年一千万理财计划（第五年 2011 年 1 月 21 日）
By Bayfamily

马克思说，无产阶级失去的只是锁链，得到是整个世界。这是理财到了第四年感受之一。通常人们只能看见自己拥有的。但是看不见自己未能拥有的。

这就是为什么很多人，总是觉得自己住的地方最好，不愿意动。住在加州的认为加州最好，住在纽约的，认为自己在宇宙的中心。住在 DC 的认为，自己这里的潜力最好，政府在膨胀，机会多多。住在 IOWA 的认为自己最安逸，用不着为房价烦恼。连住在明尼苏达的，都觉着自己生活在美国最好的州。

这让我想起一件事情，"为什么爱斯基摩人在北极"。发现新大陆的，大家都在往南走，水草丰美。为啥有人会留在北极？因为人都有惰性。害怕失去手中拥有的，看不见自己未能得到的。爱斯基摩人看见手中的海豹，无法判断远方草原上是否有野牛。即使有人传话过来，告诉他们有野牛，多得满地捡。他们第一未必信，第二觉着自己的日子蛮好的，老婆孩子热炕头，有吃有喝，小康生活，何必去搞攀比，野牛再多，也吃不完啊。自己虽然是冰屋子，可是空气新鲜啊，东西又不会坏。草原上泥巴多，尘土大，每天疲于奔命，有啥好的。

这点对于工程师尤其严重，特别是高学历，高技能的工程师们。英文叫 technology myopia（技术性短视）。拥有了一项手艺，过上小康生活，就不舍得放弃。如同最好的剃头师傅一样，只能做重复性的工作，不能开连锁店。马云不会写程序，却能指挥写程序的。不是马云手下的程序员不如马云聪明。而是因为一旦拥有一项技能，就不舍得放弃。

当大家努力让自己的孩子爬藤校，当医生，当工程师，拥有一技之长，金字招牌在社会谋生的时候。别忘了，这些技能同时对他也是有害的。因为，舍得，舍得，有舍，才有得。技能越多，越无法放弃。

春节到了，说说今年的理财成果。今年继续过着无业游民的漂泊日子。说起无业，当然是自嘲。主要是时间继续完全由自己控制。何时工作，做什么工作，在哪里工作，都是自己定。这样的日子一旦习惯了，很难回到坐办公室打瞌睡的日子。投资方面嘛。和我原先预测的 infiltrating （渗滤）理论一样。湾区好学区的房价开始放量下行。俺家美国的房子基本上过去 10 年的升值全部归零，从哪里来，到哪里去。俺在美国的确混得够惨的，要工作没工作，过去 10 年投资升值几乎都归零。

中国的房子房价继续飙升。加上人民币升值，所以账面上很好看。以前存的 401K 去年也涨了不少。自己的公司被投资人追捧，市值涨了几倍。去年的现金流情况全面好转，乱七八糟挣了不少，到年底的时候，手上的现金有 30 万美元。去年一年没有买房子。噼噼啪啪算了一下。此消彼长，把套现和未套现的都算在一起。扣除全部债务，总资产一共是 280 万美元。当然这里面有很多经常在变化的价格，有些价格不好评估。保守算，大约是260 万，往高里算，应该在 300 万左右。

账面上虽然不错。但是这里面有很多问题。一个问题就是中国占的比重太高。因为美国的房地产升值几乎全部被 wipe out（抹平）. 财富稀里糊涂地一下子都集中在中国。另外一个问题，就是财富的不确定性更高。因为资产价格变动很大，特别是公司股票。真正立刻可以变现的，估计在 150 万到 200 万之间。明年的计划是加强在美国的投入。特别是现金流比较好的房子的投入。不知不觉中，中国的一个房子卖了，就可以购买美国 10个正现金流的房子。所以今年计划开始动手，先期购房 2-3 间。争取到了明年这个时候，资产水平保持在 300 万左右，做到中美进一步平衡。

去年也有投资失败的例子。一个小项目上，公司破产，投入的几万块钱基本是血本无归。当然教训学了不少。明年再接再厉吧。去年著书一本，不知道今年销量如何，无论怎样，也算是对人类精神文明有所贡献吧。

普通人家十年一千万理财计划（第六年 2012）

by Bayfamily

会走路的钱

六年前开始写这个系列，一年发一篇。每到春节来临的时候总结一下。在这个坛子上久的人可能还会记得，坛子上新来的人恐怕都不知道是怎么回事了。

在过去六年里，如果说最让我自豪和骄傲的事情，那就是这个坛子，通过介绍经验和方法，给一大批人带来财富和信心。大家不再傻乎乎只存 401K 和 529，给华尔街送血汗钱。这些朋友大部分都是和我一样，十几年前来到美国，现在有了一定的积累，进入财富快速积累阶段。有时我会收到坛子里读者的短信和感谢，这是对写文章的人最好的慰劳了。

坛子成立之初，当年和我一起写文章的故友大部分已经离去，有的已经发财了，在沙滩上每天晒太阳数钞票。有的发财发到看破红尘，遁入空门，一边数钱，一边开始追求终极真理。

我的资金有限，能力也有限，所以还在这里可怜巴巴地年复一年总结自己的投资体会。我坚持写下来也是想看看当初一个疯狂的想法，经过十年的实践到底会变成啥样。

2012 年，按照 6 年前的方案继续我的投资计划。市场的确如6 年前预测的那样，也和加州过去经历过的 4 次房地产循环一样，先是大幅下跌，然后攀升和恢复到新的最高点。外部条件满足了当初的方案，但是我的投资脚步总是比计划的差一步。应了那句话，理想和现实总是有差距的。

今年最大的教训是不能书生气用事，不能靠数学模型指导投资。

举个例子，同样是买投资房，如果投资 A 的 IRR 回报是12%，投资 B 的 IRR 回报是15%。你买哪个？

如果其他条件都一样，任何一个学过数学的人都会毫不犹豫地回答 B。

在 2012 年，数次的经验和教训告诉我，上面答案的错误的。

如果你的资金很多的话，正确答案是 A 和 B。把他们都买了。因为他们都远远高于存款利率。

如果你的资金有限，只能购买一个的话，答案往往也是 A，而不是 B。因为对于 B，你会面临更多的竞争，最后导致的结果是拿不到这个 Deal，最后 A 和 B 都没拿到，竹篮打水一场空。对于 A，你面临的竞争比较少，你有更多的机会拿到。

这就是书本和现实的区别。另外一方面，人的精力是有限的。不可能在比较数个 Deal 的最后，选择你认为最佳的方案。

2012 年的湾区房市回到疯抢的阶段。2012 年下半年的上海和北京，一天一个价。在疯抢的阶段，抢到篮子就是菜。是否抢到是王道，抢到的是什么不重要。

这让我回想起 2000 年的时候中国的房市，关键不是你买了什么，而是你买了还是没有买。

过去一年，中国的房市渐渐回暖，未来应该可以看到上海和北京的房价如脱缰之马继续狂飙。道理很简单，温同学不懂经济。任何一个正常智商的人都知道，如果想让猪肉价格下来，应该做的事情是鼓励养猪户多养猪。可惜温同学过去几年一直认为，打击开发商，让他们日子不好过，甚至破产，房价会下跌。这样的政策后果就是房屋供应极度短缺，供求矛盾在 2013 年会集中爆发。

国家大事我们管不了，到了年底，算盘珠子噼里啪啦算算变天账。房子涨，股票涨，乱七八糟加在一起，终于总净资产过了 3 粒米（millions）。啥都涨，不是俺聪明，是因为票子发的太多。中国发得多，美国也发得多。回想过去，从身无分文到第一粒米，用了 6 年的时间，从一粒米到三粒米用了另外 6 年的时间。这样看来，10 粒米的梦想在未来 4 年里面实现的希望的确不大。未来四年争取再长两粒米，就阿弥陀佛了。等到 10 年到期的时候，比较靠谱的估计大约是 4-5 粒米左右。

在美国衡量一个人的财富其实挺简单，通过他的税表厚度就知道。刚到美国的时候，是 1040EZ，简单的两张纸。后来是 10 页，再后来是 20 几页，今年已经达到 50 几页了。所以吧，要致富，多填税表，后面自然钱也会随之而来。以后办相亲节目，不用数男生有多少房子，多高职位，问问税表厚度就知道对方家底了。哪位同学有机会可以把这个建议给"非诚勿扰"。

过去的几年里，其实大约有两三次的机会，如果能够正确把握住，现在就已经过 5 粒米了。可惜每次都是失之交臂。这些机会的共同特点是，当他们在你眼前的时候，你是那么浑然不觉，同时需要的资本投入又让你有些胆战心惊。于是机会就稍纵即逝。我说的不是豪赌股票和期货，只是房产投资，经历过的人，可能有同感。未来 4 年，希望自己能吸取教训，把握住这样的机会。

展望2013 年，超额发钞带来的资产泡沫会越来越大。抢到大额长期低息贷款的人，就是最终胜利的人。指望人民币升值的人，可以渐渐打消念头了。人民币未来贬值的压力会越来越大，中国在走韩国的老路。天佑天朝，希望通货膨胀的猛兽不要让政权崩溃。当然崩溃了也挺好的，投资人就喜欢泡沫和崩溃，不然哪有机会。

展望未来，身体是革命的本钱，身体是最好的投资。生锈的机器已经开始常常出问题，过去 6 年，2011 年是投资最失败的一年，这也和身体状态不佳有关。

投资是体力活，经历过的人都知道。请大家投入时间锻炼身体吧，留得青山在，不怕没柴烧，生命足够长，机会总会有，这是才是投资中的投资。

普通人家十年一千万理财计划（第七年 2013）

by Bayfamily

今年湾区的天热，樱桃已经开花了，春节要到了，又是写年终总结的时候了，这是第七年写这个系列。

在过去的 12 个月里面，股票涨，房子涨，美国的房子涨价，中国的房子涨价。坛子的各位大财主们都赚翻了天。我也是小小地搭上顺风车，各方面的业绩也不错。

今年让我很有体会的是两件事情，一个是人对经济和市场预期的正确判断到底从哪里来？一个是应该怎样做到可持续发展？

先说第一件事情，如果要在投资理财上获得成功，必须对大的市场有个正确的判断，但是这个判断往往事后容易，事先很难。

每天我们都能看到很多大牛，名人对市场未来的判断。有的是著名基金的经理，有的是著名学者。和很多人一样，我一开始也被他们的名头糊弄的不清，但是后来市场血淋淋的现实告诉我们。他们做的预测往往极其不靠谱，甚至根本就是南辕北辙。就那诺贝尔奖的新科状元 Robert J. Shiller 来说吧，因为 2008 年前判断楼市崩盘而出名，但是在房市回暖的时候，他依旧不断地认为新的 bubble 在形成，让很多投资者错失这次探底的良机。

大家可否还记得 2012 年底的时候，媒体和报纸也是充斥了 Foreclosure second wave(第二波法拍屋浪潮) 的说法？ 我随便翻出来一个。今天看着是否觉得可笑？

http://www.washingtonpost.com/wp-dyn/content/article/2010/03/11/AR2010031104866.html

http://www.zerohedge.com/news/second-foreclosure-tsunami-coming-and-about-kill-any-hopes-housing-bottom

两年前这个时候，我写过一篇文章，告诫大家不要去投资黄金。

当时是黄金的顶峰，没有人听，反而被嘲笑了一番。

加州大学的心理学家 Philip Tetlock 做了大量的统计数据，他发现越是在媒体上频繁出现的人，越是对自己的判断无比自信的人，做出的判断往往和市场的结果偏差越大。越是能够质疑自己的人，说出话带着犹豫和动摇的人，不断否定自己的人，预测的结果恐怕越正确。可惜这样的人在媒体上不出彩，没人看。普通投资人往往不明白其中的道理，往往是自己有了一套现成的 belief (信念)，然后通过电视媒体报纸去寻找这个结论的支持，迷信名人和专家，于是在错误的道上越走越远。

我自己也犯过同样的错误，在过去这些年里最失败的一次投资，也是在一个无人商量和挑战我的判断的情况下做出的。如果把各种机会成本的损失加起来，大约导致半粒米(millions)打水漂了。

如果总结第一件事情的话，就是对投资的判断千万不要被主流媒体所左右，也不要迷信任何著名人士的判断，虽然他们口若悬河，振振有词，但是实际上他们往往和你我一样无知。

再说说第二件事情吧。就是如何做到可持续发展，如何做到保证持续的增长，特别是自己的规模到达一定数量之后。

世间万事，不怕慢，就怕停。我发现投资也是，一次撞大运的投资容易，是否能够重复就变得很重要。以万达为例，其实模式很简单，就是在城市的边缘建设综合体。建一个赚一个，于是再去建下一个。

我们投资房地产也是这样。过去这些年里，在中国我的确找到一个可以简单复制的办法，这里和大家分享一下。

以上海为例，最简单的办法就是在地铁通车 1-2 年前，在地铁沿线偏远的地方购入房产。等到地铁通车，房价一般都会上扬50%到 100%。这个简单的规律屡试不爽。大约 20 年前，地铁一号线通车的时候，莘庄房价一年攀升一倍。2013 年夏天，我告诉大家应该去临港买房子，2013 年底，地铁 16 号线通车，如果你

2013 年中购入惠南到临港的任何一个小区的话，现在也差不多是涨一倍。这个规律和大盘的规律无关，几次经济的大起大落，都保持不变。过去 11 号线，10 号线通车，每次都是这样。这是个傻瓜都能发财的办法。如果你过去 20 年里一直利用这个规律，买进卖出的话，会变得很有规模。上海北京的地铁还要修很多年，大家还有机会。

在美国，作为可持续发展，我只想出来了一个 16 年退休的懒人投资法。

现在离写这篇文章的时候，已经过去了近 7 年，如果有人用我的懒人投资法的话，估计离胜利的终点已经过半了。不过懒人投资法看似容易，需要极其懒的人才行。懒得酱油瓶倒了都懒得扶才行，否则前功尽弃。

我自己是勤快人，无法用懒人投资法，作为勤快人，就使用勤快人投资法，我自己依旧在探索可持续发展的办法，如果只是靠工资积累去投资，一方面很辛苦，一方面还要时常有市场大环境的风险。希望今年能摸索出一些新路子。

啰啰嗦嗦写了这么多，到了数钱的时候。坛子里有钱人很多，我这里也不是为了和大家比阔。自己是湾区普通家庭，在过去几年里，还经常处于失业状态，身体也不好，错失很多投资机会。

2006 年，我第一次写普通家庭十年一千万理财计划的时候。当时我认为加州会重复以前四次房地产周期循环一样的模式，在下调之后，价格重新抬升。当时也是基于这样的判断，写了我的 10 年一千万的理财计划。有兴趣的读者可以回去翻翻看我过去的博客。理论增长和实际增长总是有很大的差距，很遗憾市场底部的时候，因为健康和工作调整错过一些机会，不然的确可以做的更好。噼里啪啦算了一下，已经到了 X 粒米(millions)，十年 10 粒米看来是无望了，估计需要 15 年左右吧。

普通人家十年一千万理财计划（第八年 2014）
by Bayfamily

人生苦短。想到未来 10 年是那么的漫长，可是回首往事 10 年就在弹指一挥间。每年总是春节开始写总结，今年春节晚，提前写了。

今年房价涨，股市涨。美国股市涨，中国股市涨。工资涨，外快涨。这些都没什么，最关键的是房租涨。今年湾区房租涨到连自己都不敢要价的地步，一个广告来了 50 多封邮件。你开什么样的房租，马上有人立刻接盘。什么都涨，唯有体重没有涨，微降数磅。人生还有什么能够再幸福的呢。

言归正传，说说投资。投资讲究的是信息优势。当任何一个项目，你不具备信息优势的时候，最好不要去碰。比如投资油井，投资黄金，比如你不了解行业股票。每次你获得某种投资信息的时候，需要思考一下，这个信息是怎样进入我的视野的，然后再做出投资判断。

老中在美国到底有什么样的信息优势呢？今年我的感受是，我们的视野比大多数的美国人更加宽阔。大部分美国人沉醉在美国的体育和娱乐新闻里，由于不关心，而不了解世界。不知道这个世界正在和已经发生了哪些变革。2012 年，我在买投资房的时候，一个老美中介带我看房。她感到非常惊讶，她说这个地区突然冒出来的投资者都是 Asian (亚裔)，她好奇怎么亚裔突然开始买这个地区的房子呢？我没有好意思和她仔细讲，因为她不知道我们能够感受到的 IT 行业复苏，她也不知道成千上万的中国家庭正在把他们的孩子送往美国中学的路上，她也不知道华人蜂拥而至的温哥华、悉尼曾经经历过怎样翻天覆地的房价变化。

238

在美国的老中因为受到比较好的教育，和全世界华人同呼吸共命运，又能够在欧洲、亚洲和美国到处走走，所以视野可能更加开阔一点。

赚钱其实是个简单的事情。往往是个偶然的机会，发现了某种投资机会。然后就是不断复制，一遍遍的重复。比如大富豪万达的王健林，无非就是把同样的万达广场一遍遍地重新建设。过去 5 年里，买银行拍卖屋的也是一样。一旦熟悉和了解法院的拍卖程序，一遍遍地复制。一次次 20-100%的收益，累计起来就很多。

这些投资机会肯定不是报纸媒体铺天盖地宣传的。铺天盖地宣传的 401K 是因为背后有利益团体金融公司在做广告。没人宣传的投资机会，才是有价值的机会。过去这些年，我靠的也是自己摸索出来的两个可复制的投资规律。可以反复复制。简单说一下。

一个是国内的房地产投资。只要跟着城市的基础建设开发，在北京和上海这样的城市，一般不会错。就是在地铁规划好，还没建成通车的时候，买下离地铁站非常近的楼盘。等到地铁开通，房价一般都会有 50%的增幅。投资周期一般是 1 年左右。

二是美国的房地产投资。其他州我不了解。加州过去四次房地产周期的循环特征非常像。和股票不同，房产周期的变化是可以预测，又有非常大的滞后性，也是可以捕捉的。每次复苏之后都是租金的狂飙，本来打平的房子立刻变成财源滚滚的正现金流。按照这个周期一遍遍地去复制就是了。

说说未来，我觉得对未来的美国会持续繁荣一阵子，至少有 5-10 年的成长空间。说出来也许你不信，但是我觉得未来 5-10 年里，湾区的房价会再有 50-100%的升幅。低价位的房子增值潜力更大。如果投资，稳妥地买正现金流的房子，会有很多机会。喜欢海边的同学们，经过了这么多年，夏威夷的房子终于开始有投资价值。变得负担得起(affordable). 感兴趣的同学可以去关注一下。

中国的近期经济形势看不清。文革背景下长大的同志。搞经济不行，整人都是一把好手。我个人估计，不出意外的话，中国未来几年里会爆发大的危机。根据经济学原理，几乎所有的交易都是好的，都是创造价值的。大家看到的是贪官拿了几千万，但是输送几千万的商人，项目能够批下来，产生的社会效益就是几个亿。腐败是过去这台破机器破体制还能运作下去的润滑油。当商人不上项目，官员天天喝茶看报搞清廉的时候，反腐会让这台经济的列车在缺少润滑油的情况下戛然而止。

经济和政治的风险很多，即使是北京上海同样存在风险。但是用我说的投资地铁沿线的办法过去 20 年里证明无论什么样的大的经济环境，都是适用的。北京的地铁已经是世界上里程最长的了，总共 500 多公里。可是到了 2020 年，这个数字还会翻一翻，达到 1000 公里。这是什么规模？相当于未来 5 年，新建一个完整的纽约地铁网络。如此巨大的地铁网络，会对市中心房价产生巨大压力，同时也是投资远郊地铁房的好机会。南边大兴在修新机场，会出现新的望京，北边在修往张家口的高铁，会出现新的雾霾移民。多看看规划，多看看地图，满眼都是财富。

中国远期的经济形势非常好。未来 10-20 年里，不出意外的话，中国的人均 GDP 会达到台湾相当的水平。中国没有任何道理比台湾更穷。上海北京这些中心地区的人均 GDP 会超过美国，达到香港新加坡的水平。上海和北京按照现在的成长速度，最终的人口会突破 4000 万的规模。如果你投资的时候，心中有这样的远景，就会明白，如果中国爆发大的政治经济危机，就几乎是此生最好的投资机会了。现在的当务之急是准备现金，等待那个激动人心的时刻。

年底噼噼啪啪算账，第 10 年的时候，完成原来预定任务的一半没有任何问题，因为现在已经很接近了。坛子里和我几乎同时起步的人，有些人已经或者很接近一千万了。自己没有实现一千万的目标的原因有这么几个。

1. 没有把投资赚钱作为生活的第一优先。没有打算做专业的房地产投资人。所以不搞商业地产，不搞开发。人生有很多其他的考虑，也有很多更加有趣的事情，比如自己的事业和爱好。很多时候没有为金钱做出牺牲。如果专业做投资，更加专注一点，成绩会再好一点。

2. 没有承担更多的风险。小富则安心理严重。觉得自己孩子上大学的钱够了，自己养老的钱也够了，自己又不是那么喜欢奢侈浪费的人，不需要那么急吼吼地实现目标。2012 年正确的做法是卖掉中国的一部分房产，拿到美国来投资，现在应该再多 1-2 粒米。年纪大了，渐渐开始懒得折腾。

3. 懒惰。有时明明看着是正确的房产投资。但是因买卖房屋手续复杂，涉及税财务等等一系列事情，放弃。还是那句老话，投资房地产，需要勤快人。投资股票需要懒人。

4. 的确是普通人家。一没股票，二无高工资。平均收入在湾区贫困线以下的以下。预祝各位新春愉快。实现一千万的同学们，别忘了出来吼几嗓子。

普通家庭十年一千万投资理财计划（第九年 2015）
by Bayfamily

又是春节了。日子一年年地过去了，年年汇报。这是第九个年头来汇报我的十年计划了。

这一年觉得过得格外的快。不对，应该说过去的九年里，自己觉得写汇报的间隔一次比一次短了。此时和百年孤独里面的乌苏拉有同感，她觉得人老了，就会发现孩子们一代比一代长得快。自己的儿子需要漫长的时间才能长大，等到重孙子的时候，觉得一眨眼孩子就长大成人了。

9 年过去了，昔日坛子里的战友只剩寥寥无几了，人换了一茬又一茬。当年他们各自的理想和目标，除了网友 va_landlord，不知道实现的怎样了。

拿老朽的话来说，人生就像坐火车，旅程一站又一站。只是发现后来站与站之间的间距越来越短。当然，这对投资理财其实是好事，就是发现自己的财富越长越快。头一个一百万是那么地漫长。后面的一百万转眼即过。如果人生再有重来的话，似乎我更喜欢最开始的那个一百万。人生若只如初见。呵呵。

今年基本什么都没有做，只是看自己的钱在生钱。因为以后不打算一个个买房子了，套句时髦的话，正在酝酿经济转型。常言道，有苗不愁长。房子也是，房子在手，剩下的事情就是静等市场推波助澜。一天天的涨上去就是了。

中国一线城市的房子在涨，湾区的房子也在涨。所以自己年底噼里啪啦一算，的确是原来的十年目标完成一半了。看来原定的目标十年内难以实现。大约需要 15 年左右的时间。

影响目标实现的最大原因，应该是第 4 年金融危机的时候，悟出来的一个重要教条——"剩者为王"。投资有 20%左右的成长，就不要追求再高的目标了。因为游戏能够一直进行下去，比游戏玩得更好更加重要。所以即使面临再好的投资机会，也要抱着谨慎稳妥的方式。在过去 9 年里，我从来还没有用投资挣的钱再去投资，也没有放大杠杆比例，也没有做全职投资的人。不然改变一下的话，也许已经实现目标，但也许也会一败涂地。毕竟，人生除了挣钱，还有那么多其他的重要事情要去做。

顺便说说这一年的投资感悟吧。最大的感悟就是发现原来说的，房地产就是"Location, Location, Location". 这话不完全对。如果只从表面意义上理解 Location，那么投资的回报不会特别理想。

正确的说法应该是 future location, future location, future location。就是说应该投资到因为各种原因，地区会变好的地方。比如东湾著名的 West Oakland。是一个犯罪率高，人人不敢涉足的地方，我的中介过去也屡次劝我到那边买房，我因为害怕流弹，从来都懒得去看。但是随着 gentrification，事实上过去几年 West Oakland 是东湾房价增长最快的地方。特别是在地铁站附近，到旧金山只有一站地，其实那边很安全。

同样的道理适合在中国。中国投资房地产不是买在市中心就好。而是要看市政府的轨道交通规划。就拿北京来说，金融街的房价目前是 15-20 万一平米左右。而未来几年马上要竣工的新机场快线，从南六环到金融街只有两站，耗时 20 分钟。而南六环的房价目前只有两万。可以想象，当过几年机场快线通车之际。机场快线各站附近的房价翻翻是很容易的事情。上海的虹桥商务中心，同样的道理，你打开地图和规划看看，到处都是翻翻挣钱的机会。这一切其实和宏观的经济环境没有太大的关系。

房地产的投资和股票不一样。有这样消息的公司股票，一夜之间就会涨价到位。根本不给投资人什么机会。房地产价格的变动非常有黏性(sticky)。就是眼睁着利好，价格需要好长一段时间才能上去。因为买房不是点点鼠标那么容易，需要走流程办手续。还是那句话，勤快人买房子，懒人买股票。

说到懒人买股票。如果用我 9 年前公布的 16 年懒人投资法。现在应该进程过半了，赚得盆满钵满，收获颇丰了。可是我知道大部分人只是看看，落实的人基本不会有。因为人改变自己的习性实在太难了。懒人变勤快人不可能，勤快人变懒人更难。所以投资看来还是需要认清自己的习性。

再说说宏观经济形势吧。去年预测的中国经济下滑正在愈演愈烈。但是一线城市的房价还是像打了鸡血一样，尤其是深圳。持币观望的还需要继续持币观望。不过今年要稍微说点反话，可能中国正在经历经济最糟糕的底部，并且在不知不觉中就会过去了。一般底部的底部就是一些极端事件(dramatic events). 比如破产，群众事件，大规模下岗之类的，我觉得未来几年可能就会有。大家看戏的时候，别忘了抄底。

好了，明年是 10 年计划的最后一年。到时候做个最终总结，能够和大家交流一些自己的心得体会，希望能够最终完成原计划的 60%。

普通家庭十年一千万理财计划 （第十年完 2016）
By Bayfamily

这是这个十年序列的最后一篇文章。此刻的投资理财论坛已经物是人非。十年前的大侠们所剩无几，剩下的，当然有赚的盆满钵满，早已过了一千万的，当然也有人看尽了热闹，耍够了嘴皮，最后两手空空。能坚持写十年的理财故事，能有几人？

先说成绩，再说道理。到了第十年写这篇文章，很遗憾，一千万的目标没有实现。打开账本噼里啪啦算了一下，共有双位数的房子和一些股票。接着国内房价去年的高歌猛进，总共净资产是七粒米不到一点。如果不出意外的话，按照最近几年的财富增长情况，应该在第 13 年到第 15 年实现一千万的目标。

没有实现目标的主要原因是自己没有去做更高风险的事情。比如，从来没有做过二次投资，就是用投资赚的钱再去投资。从来没有买过地，从来没有做过开发项目，从来没有碰过商业地产，从来没有大额在中国美国换汇。我做的都是力所能及，不用担惊受怕的事情。因为游戏的时间还长着呢，没必要为早两年实现目标去冒那么多的风险，让自己寝食难安。国内资产和美国资产正好各占 50%。所以汇率发生什么变化都完全和我无关。

还有一个原因是人算不如天算吧。过去 10 年里，有一个阶段身体不是很好。没有把握住几个机会。

最后一个原因就是投资一直不是生活的主旋律。投资其实是很容易的事情，也是很无聊的事情。人生是否快乐和钱的关系也不大。过去十年里做了两个公司．一个失败关门，一个奋斗了 8 年，终于可以活下来了，未来十年打算再做一个初创公司 (startup)。人生和玩游戏一样， 游戏是输赢本身其实不重要，能够让自己快乐地把各种游戏玩下去才是快乐所在。算算自己离退休还有 20 多年，还可以捡几个有趣的游戏玩玩。投资理财只是其中的一个。

在过去 10 年里，我的家庭现金收入情况不是很好。在湾区应该算是中下阶层。十年前的年总收入不超过 15 万，现在不到 20 万。从来没有过公司分配的原始股，没有发过大的横财。我们也不是特别勤劳的人，每周的工作时间也从来没有超过 40 个小时。每年也没耽误出国度假。

但是我的投资经历完完整整地呈现给大家。供后人参考。每年的记录，从来没有一丝的夸张，也没有一丝的掩饰。

过去十年，我只是按照自己 2006 年的计划，在中国和湾区买了一些房子，仅此而已。想看我何时何地买了房子的，可以 Google 一下过去这个系列的每年年终汇报。

要说要总结什么不成熟的经验的话，有如下几个：

1）对宏观大趋势需要有正确的判断。2006 年的时候，当时湾区的房价还在高歌猛进，我第一次提出 10 年一千万的理想。我的预测是未来 10 年，加州房地产会像之前四次的循环一样，经历下跌，恢复，再高涨的过程。所有的投资准备也都是按照这个预测做出的。虽然我没有办法预测到准确的时间，但是心里对大趋势需要有一个明确的概念。老实说，我自己也不知道正确的判断从哪里来。记得 2010 年的时候，国内房价大涨。当时正值美国房市破裂。在湾区跟一群人聊天，每个人都说国内房价很快就会崩盘。众人围着桌子举手表决，没有一个人认为中国房价会涨上去。我没好意思和大家抬杠，只说我不置可否。

我不知道很多人为什么对房价的未来形势总是看不清。我自己觉得市场很多时候是明明白白。再比如，2011 年湾区房价大涨。我觉得这一轮的上涨会持续 3-5 年，所以一路果断买进。但是还是有很多人看到涨了 20%就犹犹豫豫不再跟进。老实说，我不知道他们在犹豫什么。是什么影响了大家正确的判断。

2）不要停留在空谈。空谈误国。我也认识一些人，对形势的判断基本正确，但是停留在空谈。喜欢给自己找借口和理由不去做投资。投资股票最简单。点点鼠标就行了。房地产投资却是一个力气活。需要有坚韧不拔的态度和克服困难的决心。一个人不想做什么事情，可以找出一万个理由出来。一个人想做什么事情，上帝都会来帮忙。

3）不能傲慢。傲慢和偏见害死人。当然，每个深陷其中的人是不知道自己带着傲慢和偏见的。这点我也很困惑，时时照镜子问自己，是否自己也带着傲慢和偏见看投资。投资房地产最常见的傲慢和偏见就是对地段的态度。涨幅最大的永远是城市的边缘非核心地段。是 Future Location, 不是 Location。但是有地域歧视的人往往戴着有色眼镜看世界。这点在美国可以看到，在中国上海和北京也可以看到。我承认我自己对黄金和艺术品投资有很强的歧视偏见。尽管我自己有一堆的理由支持我的论证。

4）利用现有资源，做可重复的事。中国首富王健林的秘密就是找到一个成功的模式，一遍遍的复制。所以全国的万达广场看起来都一样。投资也是一样，找到一个自己可以复制的模式很重要。我自己 10 年前找到了这个适合自己模式，所以敢给自己树立一千万的目标。各位读者需要结合自己的实际情况，找到自己的模式。每个人的模式都不一样，不要只看着他人样子模仿，或者因为无法模仿而叹息。比如中部的人看着湾区和纽约的高房价觉得自己没有机会投资房地产。湾区和纽约的人看着中部的好现金流，觉得自己生活错了地方。同样的事情发生在中国，上海北京人面对已经是天价的房子和限购政策望洋兴叹。投资机会天天有，钻石就在自己后院。只是你没有找到它。你每做一个投资的决定，需要想一想，这个行为是否未来可复制，如何有可能，那还是去做吧。比如投资度假屋，很难 copy and paste. 所以还是看看就好，算了吧。

5）房地产市场是粘性很大的市场。就是人人都觉得市场要涨了，还需要 3-6 个月左右时间才能飞涨起来。比如 2016 年的上海和北京，比如 2011 年的湾区。因为买房子不是股票，不是简单鼠标点点就可以的。所以房地产投资赚钱的道理特别简单，就是不涨不买，一涨立刻买。你只需要比其他人速度快几个月就可以了。当市场前景不明朗的时候，比如现在的湾区和中国，持币观望就可以了。

既然说到未来的形势，不妨展望一下未来吧。

1）先说个大胆的预测。预测需要逐步调整。但是大方向需要正确。我有种感觉中国未来 10 年到 20 年可能会变得非常的富裕。 人均 GDP 会达到甚至超过美国的平均水平。一线城市高学历白领的收入会比美国高 2-3 倍。 中间的道理可以说很久也说不完。 最重要的原因是人口的规模和单一民族，其次是体制和商业环境。当然这不是一路平坦的，中国会遇到很多问题很多危机。能否在这些危机中把握机会，就看诸位各自的本事了。当国内发生大的危机的时候，对未来要有信心。曾几何时，也就是 20 年前，中国很穷的时候，多少美国华人想着将来老了回国养老，有用不完的钱。当时的人们有想到今天么？

2）中国一线城市，美国湾区房地产在未来 1-2 年里会短暂平静。应该是逐步建仓的好机会。中国限购政策是筑坝蓄水，添水止沸。湾区面临加息政策，未来价格应该相对平稳。

3）中国变化之快让人有些跟不上趟。以上海北京为例，未来会发生的事情是城市空心化。就是城市中心没有人了，商业凋零，没有新兴产业支撑。如果你想继续投资这些城市，要避开传统市中心和环线概念。北京可以买大兴，昌平，通州。上海可以买虹桥，青浦。要是你再有长远计划，可以买上海东站。

4）湾区变化也是非常快的。湾区的年均 GDP 成长是 7%-8% 的样子，一点都不输给中国。房地产未来大家也是基本可想而知。

说了很多。车轱辘话也说了十年了。所有发财的道理我觉得已经说尽了。爱听的也听烦了，不爱听的早已逃之夭夭。自己不知不觉随着年龄的成长爱唠叨，一开始是和身边的人说，后来不过瘾在网上写博客对更多的人说。最后是写书对全世界说。过去十年我写了两本书，过去十年，"普通人家十年一千万理财计划"和其他理财博客一共有 100 万左右人次的阅读量。基本满足我的唠叨欲望，当然我也从大家的回复中受益良多。

最后祝大家新年快乐，送上我体会的房地产投资四原则：

1）"Future Location, Future Location, Future Location"

2）不涨不买

3）正现金流

4）保持 leverage

普通家庭十年一千万理财计划（第十一年 2017）

by Bayfamily

微信公众号：WXC-Bayfamily

每年春节我都喜欢总结一下自己一年的投资。连续十一年没有变化。今年依旧是各种资产全面增长的一年。总体资产稳中有升。

有这样一句名言。"喊空的人只能做三天新闻头条的红人，终将一无所有。看多的人，才是默默每天捡钱的"。毕竟无论股市还是房市，价格增长的时段比例，远远超过价格暴跌的时候。只是默默地增长，上不了头条，博不来大家的关注。

　　总结一下，过去 11 年自己主要是把握住了三次机会。一个是 2000-2010 的中国京沪房地产。一个是 2010 以后的湾区房地产。一个是 2016-2018 年的加密货币。另外加上 401K 在过去 11 年持续的增长，所以最终获得了一个不错的积累。

　　我们家庭的收入一直不是很高，按照前一阵子投资理财坛子里面列的家庭收入，在湾区属于贫下中农。我想每个常年细心经营自己财务的人都会意识到，工资收入对财富的影响其实不是很大。真正有影响的是能否在关键的时间点，抓住关键的机会。而这些机会往往 2-3 年就会出现一次。

　　如果想总结如何抓住这些机会的话。我想就是如何提前把握未来可能出现的共识。建议大家不要跟着新闻和富人去拼财力。你需要到天涯海角，那些还未引人注意的地方，用你独特的眼睛发现那些机会。

　　财富的本质上是"共识"。就是大家都觉得这个值钱，这个东西就会值钱。而人们在不同的时代，不同的空间达成不同的共识。比如，现在大家达成共识觉得房子很值钱。曾经大家觉得猴年邮票很值钱。远一点，大家觉得三代贫农很值钱。再远一点，大家曾经觉得妇女小脚很值钱。很多共识，你仔细想一下其实没有什么道理，都是跟风起哄，都是想象出来的刚需，大部分时候都是为了面子。比如今天的日本，大家不再觉得必须拥有房子。年轻人对买房子没什么兴趣。而我天朝上国的年轻人，奇葩地形成了一个没房子不能结婚的共识。

　　有钱人达成共识的东西就会很值钱，比如最近 20 年中国的古董字画。同样的这些古董字画 20 年前很便宜，因为当时达成共识的人很穷。换句话说，我小时候小朋友达成共识觉得香烟壳子很珍贵。可是香烟壳子不值钱，因为我们小朋友当时口袋没有钱。投资人的任务就是成功地捕捉到这些共识在人群中的变化。

　　我举几个例子。

会走路的钱

首先说说我最熟悉的房地产的例子。在上海过去十几年买房子的人都会发现，增值幅度最大的不是市中心的传统好区，既不是徐家汇，也不是黄浦区静安区。当然这些地方的房价也很贵。如果算起百分比增长的话，涨幅最高的是上海的张江。

为什么是这样的呢，因为上海的高校每年毕业的高才生们，他们集中去的地方是张江高新区。这些年轻人很聪明，未来事业发展前途无量。可是在他们刚刚毕业的时候，他们很穷，所以你的钱和他们去竞争，非常占便宜。当然很快随着他们的事业起步，薪资增加，他们会把他们工作和生活的地方的价格抬升上去。这些智力超群的年轻人也硬生生靠着他们强大的基因，让他们的孩子把张江变成了浦东最好的学区。

同样的现象发生在北京，北京每年高校高才生们，他们集中去的地方是中关村，上地，五道口这些地方。这些地方房价的升值比例也超过了市中心三环里面。

如果你要投资，你需要跟着年轻人走，跟着未来走。跟着他们未来可能形成的共识，不要和 old money 去拼体力。

回首往事，我第一次意识到需要在上海买房子的时候，是在1998年，那个时候我刚到美国不久。但我意识到中美的收入巨大差距不会一成不变。你在美国挣的钱，和当地人比起来是没有什么竞争力的，但是和尚处于贫困和低收入的中国，实在是比较合算的买卖。当然，行动永远都会比自己的想法和计划差一点，我也是错过了很多京沪投资的机会，不过好歹总算是抓住了大头。

美国投资房地产也有同样类似的规律。大家跟着 Hipsters（赶时髦的人）买房子。哪里 Hipsters 最集中，未来房价爆发的可能性最大。这个 Hipsters 用现在流行的中文就是屌丝。文化程度高，屌丝集中的地方，就是一个城市的未来。所以有一个专门的研究发现，追踪屌丝最好的办法就是跟着星巴克。星巴克在那里开张，你就买附近的房子。星巴克开每一个店都会仔细计算周围的屌丝人群。像成功而有钱中年大叔大婶是很少去星巴克的。

湾区就是这样一个屌丝汇集的地方。每年无数世界各地来的受过高等教育的屌丝，带着他们的聪明和勤奋，到这里成就他们的梦想。可是在他们梦想实现之前，他们还很穷。这和纽约很不一样，曼哈顿虽然是寸土寸金。但是你需要和华尔街的 old money 去竞争。而你的钱不占优势。

时间一晃就到了 2016 年，我开始关注加密货币。我最终决定重仓加密货币主要的原因是我发现买卖加密货币的主流人群都很穷。我去研究比特币到底是怎么回事，发现玩家居然经常提起的梦想就是 pay off student loan（付清学生贷款），挖矿挣几个币吃顿免费批萨。虽然他们都是受的高等教育，名校云集。可惜他们或者是学生，或者是博士，或者刚刚毕业，还没有挣到钱。我的钱以一当十。虽然你在 MIT，未来前途无量，但是在你变成富人达成共识之前，我的钱还是很值钱的。

展望未来，我自己的投资趋向保守。我觉得湾区和上海北京的房子，按照现在的价格都不再有暴利的机会了。中国未来几年的经济和政策方向看不清。美国利率在提高。所以我打算停止房地产的投资，安心等待后面的机会。加密货币的投资也是不再增加仓位，保持长期持有。Ethereum 有一次 core programmers 开会，据说环顾四周，大家发现没有一个人不是千万富翁。我在文学城第一次写帖子介绍 Ethereum 的时候，价格是 10 美元。现在虽然历经暴跌，价格是 800 美元。

如果你实在忍不住想要投资的话，看看每年硅谷来的年轻人都住在哪里。不要跟谷歌和苹果的那些富豪们去成熟好区拼体力。远离 old money.

过去 11 年我笔耕不断，经常把自己的心得写出来和大家分享。BBS 上人多口杂，风凉话不断。如果感兴趣，大家可以翻翻 10 年前的帖子。我提出十年一千万的时候，冷嘲热讽远超过今天的加密货币。这些冷嘲热讽，负面作用就是常年非常打击我的写作积极性。中间很长一段时间几乎我都不写了。最近发现公众号挺有趣的，才重新捡起笔来。

2017我对加密货币的介绍，尤其争议颇多。好像我在搞传销一样。很多次我会想，也许算了，不写也罢。现在反思一下，这么多年能够坚持下来，其实原因只有一个。孟子见梁惠王，曰："独乐乐，与人乐乐，孰乐乎？"曰"独乐乐不如众乐乐。"这是中学背诵的课文。年轻时候被教育洗脑了，无法改变。

自己一个人闷头发财是个挺没意思的事情，最多只能说明你运气好，不能证明你水平高，可复制。换成一句土老冒的话，"一个人富不算本事，带着全村富才是共同富裕。"我想也许这就是我能写下去，能够身体力行实践下去的动力吧。

迈向一亿美元的旅程 （2018）

By Bayfamily

微信公众号：WXC-Bayfamily

过完年了，大家都有这样的体会。人如果没有目标，很容易被日常的琐事所左右。最后忙碌了一年，回头一想觉得自己一年什么都没有做。时间也就稀里糊涂消失了。而有目标的人，也许平时也不显得更忙，但是最后总有成果。

投资也是一样，有目标和没有目标，几个月的时间里面，没有什么区别。日子久了就可以显示出差别来了。

我自己也是，需要不断给自己设定目标点，给自己打气。如果一个人真的想做成什么，上帝都会跑来帮忙。如果一个人不想做什么事，很多理由会特别体贴地自动跑上门来，让你顺水推舟，借坡下驴。

应该说，我自己都为自己十年新目标吓了一跳。我开车走神的时候想到这个数字，差点闯了一个红灯。

一亿美元还是很多钱的。美国大约一千万的个人拥有 $1 million to $5 million 的财富。1.3 million 个人拥有 $5 million to $25 million 的财富。大约 15 万个家庭拥有 $25 million 以上的财富。但是只有 5000 个家庭拥有超过一亿美元的财富。

美国有 50 个州。如果你拥有一亿美元。对于大多数中等规模的州而言，平均下来，你可以是州里最有钱的 100 个家庭。

这可不是闹着玩的，不是简单拥有几个豪宅就可以做到的。所以我为自己的狂想也吓了一跳。

世上无难事，只怕肯攀登。

那么来看看现实情况，对于我而言有没有可能呢？

如果买房子，考虑通货膨胀等因素，按照湾区 100 万美元一套投资房子计算。你需要管理 100-200 套房子。才能净资产达到 1 亿美元。这理论上，可以做到。当然很难，这么多房子有很多不可控的风险。

如果在上海北京买房子，按照 1000 万人民币一套。你大约需要 60 套房子付清贷款。中国买房子是个体力活。买 60 套房子，先不说限购，就是跑这么多房子，哪怕雇了全职的经纪人也会把你累死。

常言道：

泥瓦匠，住草房；卖盐的，喝淡汤。种田的，吃米糠；做奶妈，卖儿郎。

钱是为人服务的。我也不想为了一个亿把自己累得半死。管钱变成全职工作，每天和淘粪的各种烦恼打交道。今年过节照镜子，发现鬓角第一根白发。人生苦短，还是及时行乐为好。

股票市场从一千万成长到一个亿会轻松很多。但是需要时间。股票是不可能 time market 的。所以按照 8%的成长率，你需要大约 20-30 年时间。

所以一个亿不是小数字。也是美国只有 5000 个家庭能做到的原因。如果是房地产的积累，大部分人止步于 2000 万这个数量级。做到一亿美元只有通过公司和股票。

苹果、谷歌、股票市值不到一万亿美元。如果你想拥有一亿美元，大约需要持有万分之一这些公司的股票。

对于我而言，我现在唯一能看到的渠道是加密货币。我觉得这也很难。但是至少是可能的。因为我觉得有一种很大的可能，整个金融业在未来 10-20 年，会被加密货币颠覆掉。

为了更好地理解加密货币，我先来说说过去 20 年的互联网发展历史。这段历史对加密货币的发展非常有借鉴意义。

整理一下思路，如果我没有记错的话。最近一些年，记忆力有时不好使。

在我看来，互联网的发展，大约有这么三个阶段：

1990-1995 年之间，大约互联网的"发现"阶段。就是大家都觉得这个是能够改变世界的东西。但是还不确定。互联网还很难用，最常见的用途是大家通过互联网传播黄色图片。我记得自己用过 telenet, gopher, ACT, 这些现在看来像石器时代一样的东西。和加密货币一样，那个时候，只有高校的年轻人玩互联网。我记得最搞笑的一次经验。一个国内的同学给我写信，居然把我给他的 email 地址写在信封上。他以为那是邮递员用的地址。

这个阶段结束的标志性事件，我觉得是 Netscape 横空出世。互联网开始在大众中普及。可是那个时候大家除了看看黄色图片，还是不知道有啥用。一个著名的诺奖经济学奖获得者总结说，互联网没啥了不起，就是一个大的 Fax machine。

1996-2000 年之间，这是互联网的"基础设施"建设阶段。这是互联网的第一次高潮。2001 年，Dotcom 泡沫破裂，是这个阶段的结束。我觉得应该叫基础设施阶段，那个时候报纸天天叫喊的是如何解决最后一公里的问题。就是如何让千家万户通上宽带。

那个时候如日中天的公司是美国在线 AOL，YAHOO。但是每个互联网公司都没解决自己的盈利模式。不知道怎样才能赚钱。

2001-2010 年，我觉得是互联网的"应用"阶段。这个阶段才是真正的庞然大物出现时候。在 Dotcom 的废墟上，出现了一批人们今天广泛使用，并且盈利的公司。比如 Google, Amazon, Facebook,腾讯，阿里巴巴。

如果你做类似的对比，你看加密货币的发展就很清晰了。应该也是类似的三个阶段。我觉得所有的变革性的技术都是这样三个阶段。加密货币现在处于 1998 左右的互联网阶段，即"基础设施"建设的中期。

2009-2015. 这是加密货币的"发现"阶段。就是一些年轻人，极客，发明了比特币这样神奇的东西，然后他们互相玩得很开心。比特币用了 8 年时间证明这个东西有生命力，很多人意识到区块链，加密货币会颠覆性改变人类的生产和合作方式，甚至颠覆掉整个人类的金融系统。但是怎样实现完全不知道。比特币和当年的互联网一样，主要任务是洗钱，涉及黄赌毒的买卖和交易，以及 Wikileak 这样的反政府机构。

2016-2019. 我觉得是加密货币的基础"设施"阶段。以太坊横空出世。ICO 解决了加密货币可以有什么用途的问题。一下子所有的主要区块链网络发生拥塞。大家比的是哪个加密货币速度快，容量大。哪个平台可以承载更多的交易。每天研究争吵的是扩容问题(scaling problem). 不过你别忘了，要想解决 scaling problem,你需要先有 scaling problem. 扩容问题斗争最激烈的就是比特币，整个 2017 几乎全部就是比特币扩容之争年。

如果不出意外的话。随着比特币闪电网上线，EOS 的纵横扩容，ETH 的 sharding, plasma 上线，而大量的后起之秀第三代加密货币，如 IOTA, Nano 等，扩容问题会在 2018 年末，2019 年初渐渐解决。

2019 年以后，我觉得是加密货币的"Deployment (应用)"真正开始出现的时候。那个时候会有 killer app 出来。Killer app 我觉得至少会有如下这些应用。

首当其冲的是华尔街的债券市场。债券市场是最容易用智能合约实现的。智能合约下的债券市场比现在的效率高出不知道多少倍。省去了大量中间商的费用。

其次是股票市场。股票市场会被 tokenize，或者叫作 ethereumized。24 小时连续交易，没有交易费用的股票平台，会渐渐成为主流平台。STO，或者监管下的 ICO，会取代风投和 ICO。

然后是点对点的支付 killer app。类似现在的微信支付宝的手机支付，但是去中心化手机支付会渐渐取代 Visa。Visa 5%的收费在加密货币面前毫无竞争力。大家支付的还是美元或者人民币，但是底层的交易支持全部是加密货币。其他的应用场景很多。比如房地产，房地产的交易模式，贷款方式和 Title 的保存方式都会被改变。2018 已经有四个 ICO 涉及这个领域。不展开写了。

最后我觉得才是，Reserve currency。就是让加密货币取代法币成为真正的全球储蓄货币。我觉得这是最后一步，也是最难的一步，牵涉到的税务，政治文化因素太多。希望比特币能完成这个光荣的使命，不过一切尚且未知。

未来的事情太远了看不清。历史会重演，但是一般不会简单重复。

如果历史有什么可以借鉴的话，我觉得会在完成加密货币基础设施建设，到 Deployment 阶段之间有一次大的泡沫崩溃。这个时间节点应该在 2018 年末到 2020 年初某个时候。需要等到整个华尔街都 fear of missing out （恐慌错过上车）的时候。

如果这个时间节点有什么历史案例可循的话，就是当年的 AOL 吞并了时代华纳。在我看来，当年的时代华纳是处于极度的恐惧才被 AOL 用很低廉的价格合并掉的。时代华纳是做传媒的，而当时的互联网的架势是能够把所有的传媒一网打尽。

能让华尔街感到恐惧的时候，就是华尔街意识到加密货币会把传统金融一网打尽的时候。那个时候会出现大规模的兼并重组。人人都想逃离传统的金融模式。我想那个时候，应该是泡沫吹到最大的时候。

在这个大的泡沫崩溃的前夜，如果我能顺利高点逃出，并且用逃出的资金成功抓到下一个加密货币 Deployment 阶段的 Google，下一个 Facebook，拥有它们的万分之一。那么我可能可以走上 5000 万到一亿美元这个台阶。而且我需要做的事情很少很少。只需要点点鼠标卖出和买入各一次即可。一点也不累。有大把的时间享受人生。只是这个时机的判断我自己也不知道能否把握好。

这很难，不但需要头脑清晰，还需要命好。因为如意算盘你可以随便打，事情发展也许完全和你想的不一样。也是只能走一步看一步。

虽然很难很难，但是不是不可能。

不过，即使失败也没啥，继续收租子当老地主。

计划写完了，加州阳光这么好，掸掸灰尘迎接春天。

Disclaimer (友情提醒)：本人非专业财经人士，所有言论只供娱乐和酒后吹牛使用，没有任何财经参考价值。千万不要轻易模仿和跟随投资。加密货币投资风险极高极高，随时会暴跌 90%-100%。因为不受政府监管，所以市场价格操纵现象严重，市场充斥大量非法集资与传销。比特币等加密货币源代码公开，任何人都可以 copy-paste 滥发。历史上 90% 的加密货币最终都已死掉和清零，未来也会如此。加密货币技术非常不成熟。Coinbase 每天平均有六个客户被盗。几乎每月都有大型 coin exchange(币交易所)被黑客攻陷。因为本人持有加密货币，你的每笔买进都是直接间接在帮我抬轿子。

比特币政策风险很高，随时会被各国政府取缔而清零。加密货币涉嫌大量的黄、赌、毒、洗钱等非法交易。你的币来源可能涉嫌非法活动，所以随时会被执法人员抄没，被 FBI 破门而入，被 CIA 跟踪调查，被银监会或 IRS 查封银行账户，被支付宝删除账号，被朝阳区吃瓜群众暴力扭送司法机关。

比特币等加密货币被 5000 年历史悠久的东方巨龙级文明古国明文严令取缔，被历史更悠久的金字塔国埃及认定违反神圣教义，被风景优美的湄公河国越南定为非法，被风景更优美的珠穆朗玛峰尼泊尔国定为违规，被风景最最优美的美女之国委内瑞拉禁止，被同志加兄弟的朝鲜国认定为帝国主义阴谋，被亡我之心不死的樱花国日本认定为合法货币支付手段。希望自觉遵守当地法律，保持和世界五大洲各国真理局统帅部思想始终高度一致。

加密货币投资和毒品一样极其容易上瘾，和邪教传销模式一样让人无法自拔，倾家荡产。加密货币制幻作用强烈，让人无法分清什么是真假，什么是钱什么是数字，什么是虚拟什么是现实。故名虚拟货币，魔幻现实。

总之，请勿在现在和将来买进、持有任何一种加密货币。远离毒品，远离虚拟货币。

微信公众号：WXC-Bayfamily

微信号：key-east

邮箱：Bayfamily2020@gmail.com

免责声明：本人非专业财经人士，本书所有内容只是提供信息为目的，你不能用本书中的任何内容作为你法律，税务，投资和理财的依据。所有的信息都是泛泛而谈的广义使用的信息，不适用于你所处的特定环境和特定的个人，和特定的投资项目。历史也不代表未来。本作者对你的理财决策不负任何责任，风险自担。

www.ingramcontent.com/pod-product-compliance
Lightning Source LLC
Chambersburg PA
CBHW022054210326
41519CB00054B/384